Arthur Kleinschmidt

Augsburg, Nürnberg, und ihre Handelsfürsten im fünfzehnten und sechzehnten Jahrhundert

Arthur Kleinschmidt

Augsburg, Nürnberg, und ihre Handelsfürsten im fünfzehnten und sechzehnten Jahrhundert

ISBN/EAN: 9783742811479

Hergestellt in Europa, USA, Kanada, Australien, Japan

Cover: Foto ©ninafisch / pixelio.de

Manufactured and distributed by brebook publishing software (www.brebook.com)

Arthur Kleinschmidt

Augsburg, Nürnberg, und ihre Handelsfürsten im fünfzehnten und sechzehnten Jahrhundert

Augsburg, Nürnberg

und ihre

Handelsfürsten

im

fünfzehnten und sechzehnten Jahrhunderte

von

Dr. Arthur Kleinschmidt,
Docenten der Geschichte an der Universität Heidelberg.

Cassel 1881.

Verlag von Theodor Kay,

Königlichem Hof-Kunst- und Buchhändler.

J.Q.

Berichtigung zu Seite 179 Zeile 17.

Der Merkel'sche Tafelaufsatz Jamnitzer's kam schließlich 1880 für 800,000 Mark in den Besitz des Frankfurter Ban-quiers Freiherrn von Rothschild.

Vorrede.

Fragt man mich, warum ich Augsburgs und Nürnbergs Blüthezeit zum Gegenstande meiner Betrachtung erwählte, so fällt mir die Antwort nicht schwer. Der Glanz, den beide Städte in dem von mir geschilderten Zeitraume ausstrahlten, blendete auch mich, da ich mir ihn vor die Seele zauberte; der Ruhm, die höchste Staffel der Ehren, zu der sie emporgekommen waren, bestach mich und führte mich von der neuesten Geschichte, meiner eigentlichen Domaine, in frühere Jahrhunderte zurück, um zu schauen, zu lernen und zu genießen. Ich bin erstaunt, daß mein interessereiches Thema noch so wenig Pflege gefunden hat, die große Zeit, wo neben den Dürer und Holbein die Fugger und Welser herrschten, ein verhältnißmäßig schwach bebautes Terrain ist. Möge es meinem Werke, an dem ich mit vieler Liebe gearbeitet, beschieden sein, diese Lücke in der Geschichtschreibung auszufüllen und zum ehrenden Gedächtnisse großer Vorfahren wirksam beizutragen; möge es als Huldigung an eine gute alte Zeit gelten!

Ungedrucktes Material stand mir nicht zu Gebote, desto mehr und gewissenhafter benutzte ich alle Druckwerke von Belang; ihr Verzeichniß ist hinten angefügt.

Heidelberg, am Todestage Philippine Welser's.

Kleinschmidt.

Inhalt.

Erstes Kapitel.

Weltstellung und Welthandel von Augsburg und Nürnberg.

———

Wenn auch nicht mehr auf dem Gipfel ihres Glanzes, auf dem Throne einstiger Größe, sind doch Augsburg und Nürnberg heute Warten, die zurückschauen auf eine stolze und reiche Vergangenheit. Sie theilen das Loos der Entthronung nicht nur mit allen Genossinnen, sondern vorzüglich auch mit ihren erklärten Feinden, jenen lecken Ritterburgen auf schwindelndem Felsen, deren Thore sich so gerne bei nächtlicher Weile öffneten, um einen Trupp Rei- siger auf die friedlich vorbeiziehenden Kaufleute und ihre Waaren herabzuschicken. Wohin wir sehen im deutschen Vaterlande, ragen Raubschlösser in Ruinen empor; in die öden Räume, in denen der Jubel nie voller vom Herzen klang, als wenn ein tüchtiger Steg- reifzug gelungen, scheint derselbe Himmel, dieselbe Sonne wie in die Städte, denen die Zeit den Königsmantel abgestreift hat; das gleiche Schicksal hat sie gleich gemacht: die übermüthigen Gesellen auf der Burg wie die weltbeherrschenden Kaufmannsfürsten im Thale sind begraben, die Enkel Beider aber wurden die treuen Diener und Glieder desselben großen Gemeinwesens, derselben weltgewaltigen Nation.

Eine Eigenthümlichkeit des deutschen Reichs war die große Zahl bedeutender und politisch namhafter Städte, deren einige geradezu Weltruf hatten; unser Städteleben war reich ausgebildet, seine Blüthe entfaltete sich seit dem Interregnum des 13. Jahrhunderts immer mehr. Auf dem Städtewesen beruhte im Mittelalter die materielle Wohlfahrt Deutschlands und es war ein wohl berechtigtes Wort, welches der scharfsinnige Nicolo Macchiavelli 1508 nach Hause

1

berichtete, die deutschen Städte seien der Nerv des Reichs, in ihnen
finde man Ordnung und Geld die Fülle; ihre treffliche Verwaltung,
ihre Wohlbehäbigkeit, ihr Selbstgefühl imponirten dem feinen Florentiner. Die Pflege der neuen Ideen der Zeit war ebenfalls vorzüglich Herzenssache des Bürgerthums, eines frisch aufstrebenden
Standes, den wahre Liebe an der Bildung und Vervollkommnung
beseelte, den der Stolz zu Reform und Unternehmung anspornte
und Reichthum im Wagen und Gewinnen unterstützte.

Während das deutsche Reich unausgesetzt an schweren inneren
Gebrechen krankte und manchen herben Schlag erlitt, der seine Schwäche
offenbarte, hielten die Reichsstädte als die hervorragendsten unter
den Städten das Gesammtbewußtsein der Nation aufrecht, betonten
den Gedanken der Zusammengehörigkeit Aller unter einem kaiserlichen Haupte, den Gedanken der Reichseinheit, wehrten nach Kräften
den zersetzenden Gelüsten der Territorialfürsten und hüteten sorgsam
die idealen Güter unseres Volkes. Die Reichsstädte wurden der
That nach unabhängige Republiken; sie begeisterten sich für das Gefühl der Selbständigkeit und Macht und bald galt ihnen als höchste
zu erstrebende Aufgabe die Erhaltung und Vertheidigung freier
Selbstbestimmung und Selbstverwaltung. Die Streitmacht solcher
Städte konnte sich mit der mancher Fürsten messen, berühmte Kriegsleute traten gerne in ihren reichen Sold, um so lieber als sie das Ehrgefühl der Bürger, denen ihr Stadtbanner als Zeichen ihres Selbst
hehr und heilig galt, als echt soldatisch begrüßen durften; so führten
Schertlin von Burtenbach und Georg von Frundsberg die Truppen
Augsburgs in Krieg und Sieg.

Die reichen Handelsherren und Patricierfamilien empfanden
voll Stolz und Genugthuung, daß ihr Ruf in erster Linie die
Reichsstädte zum Bollwerke bürgerlicher Freiheit gegen fürstliche
Herrschsucht und adelige Gewaltthat erhebe; sie sahen nichts Standes-
widriges darin, große Handelsgeschäfte zu treiben, auch wenn sie
ein Adelsprädikat besaßen, denn ihr Handel war kein Kram, sondern
ein Weltgeschäft, wie es in Italien und England unzählige Male
von Edlen betrieben wurde; sie trugen darum eine ebenso hohe
Meinung von ihrem Namen in der Brust wie der ahnenreiche Edel-
herr und der Fürst. Mit der Zeit that den Städten die aufsteigende
Territorialhoheit der Fürsten großen Abbruch; mit ihr mußten sie

die heftigsten Kämpfe bestehen, unter denen sie gleich dem Kaiser bluteten. Schwere Kriegsnöthe, besonders die Schreckensperiode des dreißigjährigen Krieges trugen ihr Theil bei und so zeigen die oberdeutschen Städte in der zweiten Hälfte des 17. Jahrhunderts nur noch kümmerliche Spuren ihrer einstigen Macht und industriellen Bedeutung; ihr Handel, durch die Entdeckungen an der Schwelle des 15. und 16. Jahrhunderts in andere Bahnen gelenkt, fristet ein im Verhältniß zu den gewesenen Tagen schwächliches Dasein; ihre Verbindung mit Italien, den Niederlanden, Frankreich, Spanien wird loser und loser; das „Fuimus Troes" entschlüpft ihrer klagenden Seele. Vorbei war die Zeit, da das Volkslied sang von

> „Der Veneter Macht,
> Der Augsburger Pracht,
> Der Nürnberger Witz,
> Der Straßburger Geschütz."

Schon von der Natur war Augsburg seine Bestimmung angewiesen. Der Hauptvortheil seiner Lage ist sein ungewöhnlicher Wasserreichthum; durch ihr großes natürliches Gefälle dienen der Lech und die Wertach, die sich unterhalb der Stadt vereinigen, dem Gewerbe nach jeder Richtung hin, und nur auf der breiten Grundlage gesunder gewerblicher Verhältnisse konnte sich dann ein glanzvoller Handel entfalten; erst als die Gewerbe Augsburgs im 14. Jahrhunderte in Flor standen, durfte es sich als Handelsplatz eben so gut wie die Zierden der Hansa und des rheinischen Städtebundes fühlen. Weniger günstig war die Lage Nürnbergs; sein Boden war sehr hart und erst der Cultur gewonnen, die Umgebung sandig und unfruchtbar, weder Weinberge noch Schifffahrt warteten der Ausbeutung, wenn auch die Pegnitz dahinfloß; durch diese geringe Mitgift der Natur gerade sind aber die Nürnberger angespornt und gezwungen worden, ihre sämmtlichen Fähigkeiten und Kräfte zu entfalten und der köstliche Lohn blieb nicht aus; die Stadt wurde „das Auge und Ohr Deutschlands, der glänzendste Edelstein des Reichs, der Mittelpunkt des Völkerverkehrs, der Sammelplatz der Künste und Gewerbe." Ja Regiomontanus durfte dem Mathematiker Rober im 15. Jahrhundert nach Erfurt schreiben, Nürnberg sei wegen der Weltreisen seiner Kaufleute als der Mittelpunkt Europas anzusehen.

Die Stadt Nürnberg stand in mancherlei Verpflichtungen

1*

zu den Burggrafen, die auf der Reichsburg saßen. 1062 erhielt
sie von Kaiser Heinrich IV. das Zoll-, Markt- und Münzrecht und
etwa zehn Jahre später zogen die Wunder, welche am Grabe des
heiligen Sebaldus geschahen, Tausende Frommer und Neugieriger
herbei. Wiederholt hielten sich die Kaiser in Nürnberg auf, ließen
Gunstbezeugungen zurück und immer nahm die Bevölkerung zu. Die
Hohenstaufen waren Nürnberg sehr geneigt und schon zur Zeit Heinrich's VI. müssen seine Handelsherren eine hervorragende Rolle gespielt haben, denn der Chronist Meisterlin hat sicher die Geschichte
von dem reichen Nürnberger Kaufmanne, der um den Adeligen zu
spielen an des Kaisers Hofe voll Prunk lebte, dabei verarmte,
schließlich aber auf kaiserlichen Rath sich den Geschäften und zwar
erfolgreich wieder zuwandte, nicht aus der Luft gegriffen. Friedrich II.
wurde der große Wohlthäter der Stadt; sein Freiheitsbrief von
1219 stellte sie unmittelbar unter den Kaiser, machte der bisherigen
Reichsvogtei ein Ende, übertrug die Regierung der Reichsstadt auf
Schultheiß und Rath, schützte sie gegen die Nachtheile des Lehenrechts
und erhob sie zu einem solidarischen Gemeinwesen mit eigenem
Stadtrechte. Allmälig erwarb die Stadt auch alle Hoheitsrechte,
die in ihrer näheren Umgebung an Andere verliehen waren, und in
der Mitte des 15. Jahrhunderts erfreute sie sich vollster Selbst-
herrlichkeit. Nürnberg knüpfte Handelsverbindungen mit Speier und
Regensburg an und trat 1256 dem rheinischen Städtebunde bei,
welcher den Verkehr auf und am Rheine sichern und die Städte vor
Bedrückungen schützen wollte. Nürnberg wurde die Vermittlerin
zwischen Mittelrhein und Mitteldonau.

Im 13. Jahrhunderte erhoben sich prachtvolle Kirchen, gut
dotirte Klöster in der sich entwickelnden Reichsstadt; auch begegnen
uns bereits die Namen zahlreicher Familien, die in ihr und über
sie hinaus eine Rolle spielen sollten, so die Holzschuher, Ebner,
Stromer, Grundherr, Fürer, Haller, Behaim, Imhof, Tucher, Groß,
Tetzel, Baumgärtner, denen sich bald die Hirschvogel, Pirkheimer,
Welser u. A. anschlossen. Das städtische Regiment lag in den Händen des Patriciats oder der „ehrbaren Geschlechter"; aus ihnen
allein wurde alljährlich zu Ostern der Rath, der kleinere wie der
größere, gewählt. Die Handelsthätigkeit und Betriebsamkeit der
Stadt nahm seit dem 13. Jahrhunderte einen energischen Aufschwung

und sie begann glücklich mit Ulm und Augsburg zu rivalisiren; „die Bürger fingen an, ehrbare Kaufmannschaft zu treiben in fremde Land". Seit dem 13. Jahrhunderte war die Färberei in Nürnberg wie in Augsburg im Schwunge, der Tuchhandel ging stark, Gewerbe und Handel entfalteten sich ungemein rasch und kräftig. Gesucht und hochgehalten waren die Metallarbeiter aller Art aus Nürnberg und Augsburg, wo man mit besonderer künstlerischer Vollendung ausgerüstet schien; hier gab es Geräthe die Menge von Gold, Silber, Kupfer, Eisen und Holz; die Bildhauer, Bildgießer, Goldschläger, Juweliere, Gold= und Silberdrahtzieher, Gelbgießer, Holzdrechsler, Schreiner überschwemmten die nahen und fernen Märkte, auf denen sie bereits heimische Kürschner=, Wollen= und Leineweber=Arbeiten antrafen. Was die Heimath an Material zu diesen Gegenständen entbehrte, wurde nicht nur aus der Nachbarschaft, sondern selbst aus Thyrol, Ungarn, Böhmen, Schlesien, Oesterreich beschafft. Fremde Handwerker besuchten bald Nürnberg, um hier den Fortschritten der Gewerbe nachzuspüren, ließen sich wohl auch zeitweilig oder dauernd nieder und trugen, da sie ihre Verbindung mit dem Vaterlande nicht aufgaben, wesentlich zur Steigerung des auswärtigen Verkehrs von Nürnberg bei. Sein Gewerbe= und Kunstfleiß durfte als unübertroffen gelten. Hoch und Nieder beseelte die gleiche Liebe am Schaffen. Der große Reichthum, der aus aller Welt in die Taschen der Kaufherren strömte, wurde alsbald in neuer Industrie umgesetzt und abermals produktiv gemacht; es war ein stetes Geben und Empfangen, Erwerben und Mehren. Der in den behäbigen Häusern eingebürgerte Wohlstand verlockte nicht zum Ausruhen und Müßiggang; er bot nur Muße zur Vertiefung und Veredelung der Thätigkeit; diese galt den Bürgern von Nürnberg als ihr schönster Ruhmestitel. Aus der Liebe zur Arbeit, die man mit der Luft einzuathmen schien, entsprang echte Schätzung hohen Erbenguts; sie führte den Arbeiter zur Ausübung seines Handwerks und trieb ihn an, es zur Kunst zu adeln; sie machte den Reichen zum Freund und Mäcene von Kunst und Wissenschaft. So hat denn auch ein kleines Gemeinwesen von höchstens 100,000 Seelen in einträchtigem wohlgeordnetem Zusammenleben nach dem Erhabenen auf allen geistigen Gebieten gerungen.

Zu einer Zeit, da die Gewerbe bereits zurückgingen, erfand

der Nürnberger Peter Hele die Taschenuhr, das „Nürnberger Ei“, 1510, ein anderer das Feuerschloß an den Gewehren (1517). Be= sonders rege ging seit der zweiten Hälfte des 14. Jahrhunderts die Briefmalerei. Zunächst auf Heiligenbilder, Gebete und Andachts= bücher angewendet, verfolgte die Kunst der Holzschneiderei und des Metallstichs nun viel weltlichere Zwecke; anstatt der Heiligen setzte man auf die Blätter in Briefform „Letrones“, Bilder zum Spielen, die bald weit stärker verlangt wurden und die Bezeichnung „Charten“ empfingen. Viele Künstler malten nur solche, trennten sich von den bisherigen Briefmalern und bildeten eine eigene Zunft der Karten= maler. Die Nürnberger besaßen auch in dieser Malerei hervor= stechende Fertigkeit, „der Nürnberger Witz“ erprobte sich und ihre Karten fanden mit denen von Augsburg und Ulm großen Absatz bis nach den Niederlanden und Sicilien hin; in Italien wurden gerne Gewürze, Südfrüchte u. s. w. dagegen eingetauscht und die venetianischen Kartenmaler waren so erbost über die starke Concur= renz, daß 1441 ihr Rath die Einfuhr fremder Spielkarten ver= bieten mußte. Mit dieser Kunst war die Anregung zur Typographie gegeben und somit sind die Briefmaler die Vorläufer der Buch= druckerkunst gewesen. Culturhistorisch merkwürdig ist auch, daß der Nürnberger Chronist Ulman Stromer die erste Papiermühle in Deutschland 1390 anlegte, die rasch bedeutenden Aufschwung nahm. Mehr und mehr übertraf der Handel von Nürnberg den aller Bin= nenstädte; seine unverdrossenen Kaufleute, auch mit kleinem Gewinne zufrieden, häuften Geld auf Geld; durch prachtvolle Geschenke an Kunstsachen und Geräthen wie durch Vorschüsse an Kapital erlangten die Nürnberger von Bischöfen, Fürsten und Kaisern mehr Zollfrei= heiten als jede andere deutsche Handelsstadt; Nürnberg hieß im 16. Jahrhunderte die volkreichste und blühendste unter Deutschlands Städten; in ihrem Inneren gedieh Alles, nach Außen strahlte die Königin der Städte im Binnenlande ihre Macht und Pracht aus; um ihre Freundschaft buhlten geistliche und weltliche Potentaten; die Kaiser liebten sie aus vielen Gründen; der Adel sah scheel nach ihren „Geldsäcken“. Nürnberg war Weltstadt, seine Patricier hatten einen weiten Gesichtskreis: dies bewies Martin Behaim, als er allein unter einer ganzen Commission 1484, freilich vergebens, König Johann II. von Portugal empfahl, er möge auf den Vorschlag Co=

lombo's eingehen, der das Morgenland in westlicher Richtung aufsuchen wollte. Er war nach dem Urtheil des Kaisers Maximilian
der weitest gereiste Deutsche, dabei ein wissenschaftlich-praktischer Forscher, der das Astrolabium zum Hauptwerkzeuge bei den Entdeckungs-
reisen erhob, genaue Weltkarten zeichnete und Nürnberg mit dem
allberühmten Erdglobus beschenkte, gewissermaßen ein geistiger Pathe
bei der Taufe Amerikas. 1510 waren in Nürnberg schon zwanzig
Meister-Compaßmacher. In Nürnberg entstanden die ersten gewerblichen Bildungsinstitute, an denen in den polytechnischen Wissenschaften unterwiesen wurde, wie allem Anscheine nach hier auch zuerst
die Industrie einen fabrikmäßigen Betrieb fand. Die Handwerks-
ordnungen der Stadt waren vortrefflich; eine Reihe gewerbepolizei-
licher Verfügungen schützten das Handwerk, dessen Boden wahrlich
ein goldener genannt werden mußte.

Unter den Kaisern des 14. Jahrhunderts waren Heinrich VII.,
Ludwig der Baier und Karl IV. ganz besondere Gönner der blühenden Gewerbestadt; Heinrich VII. gab ihrem Reichsschultheißen 1313
das Geleitsrecht auf den Reichsstraßen und beseitigte den Einfluß
der Burggrafen auf ihre Rechtspflege; Ludwig der Baier, der Freund
der Städte, war Nürnberg von Herzen zugethan, wird als der eigentliche Gründer der dortigen Ostermesse angesehen und wohnte bei
seiner häufigen Anwesenheit in der Pegnitz-Stadt gewöhnlich bei
einem der behäbigen Patricier, am liebsten bei Konrad Groß im
Plobenhof, der seinem Reichthume erst den Familiennamen Groß
verdankte und das Spital zum heiligen Geiste stiftete. Als der
Kaiser dem Burggrafen von Nürnberg das Reichsschultheißenamt
für 1100 Pfund Heller verpfändet hatte, konnte es Groß 1330
einlösen und ließ sich dazu Bann und Zoll für 6000 Pfund ver-
pfänden; bald darauf stiftete er mit seinem kaiserlichen Freunde das
Kloster Pillenreuth. Ludwig gab Nürnberg volle Handels- und
Marktfreiheit, war hier äußerst populär und scheint den Handwerkern
gestattet zu haben, daß sie eigene Zech- und Trinkstuben wie die
Geschlechter hielten. Darum wurde sein Feind Karl IV. kalt aufgenommen, bald aber wußte auch er sich die Herzen zu erobern; er
gab zu den alten neue Privilegien, befreite die Nürnberger von
jeder fremden Gerichtsbarkeit und verlieh ihnen dieselbe Zollfreiheit
wie den Städtern seiner Erblande.

Der hohe Aufſchwung, den die Gewerbe genommen hatten, trug das Samenkorn bitterer Unzufriedenheit mit der bisherigen unmündigen Stellung in die Reihen der Handwerker; warum ſollten ſie ſich von den Geſchlechtern „beherren" laſſen, warum nicht auch Theil haben am Stadtregimente? Der demokratiſche Zug der Zeit, dem wir auch in Augsburg und vielen deutſchen Städten begegnen, war in Nürnberg ſo ausgeſprochen mächtig geworden, daß er ſich nicht mehr ablenken oder hemmen ließ. Die Gewerbe, viele reiche Bürger und neben ihnen beuteluſtiges Geſindel erhoben ſich 1348 gegen den Rath, um an ſeiner Stelle ein neues Regiment einzuführen. Sie ſiegten zwar und wählten einen neuen Rath, doch konnte ſich derſelbe nicht halten und Karl IV. führte 1349 den alten zurück. Für die Juden, die in Nürnberg ſehr wohlhabend und darum verhaßt geworden, kamen ſchlimme Tage; der Pöbel ging blut- und geldgierig gegen ihren Beſitz und ihr Leben vor und gar mancher mag auf dem Judenbühl ſchmählich geendet haben. Trotz der Niederlage der demokratiſchen Richtung führte der Aufruhr von 1348 zur Bildung der Zünfte in Nürnberg; die herrſchenden Geſchlechter wußten ſich in ihrem Siegesgefühle geſchickt zu mäßigen und wir finden gegen Ende dieſes Jahrhunderts Handwerker im engeren Rathe, ja vereinzelt ſelbſt an der Seite der höchſten Würdenträger der Reichsſtadt, der beiden Loſunger. Freilich war ihre Theilnahme an der Regierung einfach Ehrentitel; die oligarchiſche Verfaſſung verſchloß ſich thatſächlich nach wie vor ihrer Einmiſchung. Der Wohlſtand der Stadt ſtieg augenſcheinlich, ſo ſehr auch die Stegreifritter ſich bemühten, ihrem Waarenverkehr gefährlich zu ſein und an den „Pfefferſäcken und Pfahlbürgern" ihr Müthchen zu kühlen. Wie ſehr ſtellten die reichen Kaufherren den Landedelmann in den Schatten; wie demüthigend fiel der Vergleich aus, den er zwiſchen ſeiner beſcheiden um ihren Viehſtand bekümmerten Gemahlin und den Frauen der Ebner und Behaim anſtellte, die in Sammet und Seide prangten, ſchwere goldene Ketten trugen und in ihren Zimmern Schätze der Kunſt und des Handwerks vereinigten. Karl IV., der in Nürnberg die goldene Bulle erließ und ſich für den Landfrieden abſann, ohne ihn zur Herrſchaft bringen zu dürfen, ſah mit Wohlgefallen das Steigen der ſchönen Stadt, der erſten im Reiche, deren Straßen gepflaſtert waren und in der eine Reihe prächtiger

Gebäude vom Geschmacke und Besitze der Bürger Zeugniß ablegten;
sein Sohn Wenzel wurde in Nürnberg geboren. Die Stadt war
ein Liebling Karl's, sein Haus förderte überhaupt kräftigst ihren
Aufschwung und brachte sie in rege Beziehungen zu Prag; von hier
aus strömte viel künstlerische Anregung unmittelbar nach Nürnberg,
was sich in den Kunstleistungen deutlich ausspricht. Mit der Erhebung des Burggrafen Friedrich VI. zum Kurfürsten von Brandenburg erblühte der Reichsstadt ein großer Gewinn, denn die Burggrafen verkauften das in einer Fehde eingeäscherte Schloß mit allem
Zubehör, einigen Ortschaften, Rechten u. s. w. für 120,000 Gulden
1427 an die Stadt, die nun freilich in unendlich lange Kriege
und Streitigkeiten mit den Brandenburger Markgrafen kam. Kaiser
Sigismund flüchtete die kostbaren Reichskleinodien und -Heiligthümer
1424 vor den Hussiten nach Nürnberg, wo sie in der neuen Spital-
kirche zum Heiligen Geist beigesetzt wurden und bis 1796 blieben;
in Folge der französischen Revolution kamen sie dann wie die aus
Aachen nach Wien. So war Nürnberg auch eine heilige Weihestätte
im Reiche geworden; es barg neben Krone, Schwert und Ring
Karl's des Großen Dornen aus Christi Dornenkrone und den Speer,
der den Gottesleib durchbohrt hatte. St. Sebaldus trat in den
Schatten vor Reliquien, welche das Erhabenste aus dem Reiche des
Uebersinnlichen und Göttlichen und den höchsten Ruhm des weltlichen
Reichs versinnbildlichten. Trotzdem sollte Nürnberg eine Burg der
Reformation werden, entschieden abgeneigt der römischen Kirche, wie
wir in einem späteren Kapitel sehen wollen. Strenge gegen sich
selbst, Milde gegen die Regierten — war die schöne Losung des
weisen Patriciats von Nürnberg. Es setzte sich immer ausschließ-
licher in den Besitz der Ehrenämter und gewann durch die gleichsam ererbte Uebung und überlieferte Heranbildung vorzügliche Fähig-
keit zur Führung der öffentlichen Angelegenheiten. Die Geschlechter
hoben Bewußtsein und Gemeinsinn der Bürgerschaft, beugten ernsten
Zerwürfnissen nach bestem Wissen und Gewissen vor, beförderten den
Gewerbefleiß und die Kunstentwickelung in regster Weise und mit
warmem Wetteifer und wenn sie auch mit aus egoistischen Motiven
jede zünftische Verbindung im Kunstgewerbe verhinderten, so schlug
es gleichwohl zum Segen aus; das Schablonenhafte, das Einge-
grenzte blieb der Kunst ferne, sie durfte wie ein junger Adler frei

die Schwingen entfalten; so blieb die Malerei in Nürnberg eine
freie Kunst. Das Bürgerrecht war für Fremde sehr leicht zu erlangen und die arbeitende Bevölkerung mehrte sich rasch in Folge
der Freizügigkeit. Das Heirathen wurde sehr begünstigt, in die Werkstätten der Handwerker durften nur verheirathete Meister aufgenommen werden, nur ein verheiratheter Patricier konnte sich um die
Assessur bei einem Gerichte bewerben oder in den Senat (Rath) gewählt werden. Mit wahrer Bewunderung betrachteten In- und Aus-
länder die trefflich geordnete, von Reichthum strotzende Stadt mit
ihren hohen Kirchen, ihren Mauern und Gräben, ihren glänzenden
Privatgebäuden, welche wie Paläste ausschauten. Der weltgewandte
und feine Aeneas Sylvius Piccolomini, der als Papst Pius II.
hieß, konnte sich an Nürnberg nicht satt sehen und rief aus, die
Könige von Schottland würden sich glücklich preisen, wenn sie wie
mittelmäßige Bürger von Nürnberg wohnen könnten; der venetianische
Gesandte Alvise Mocenigo schrieb ein Jahrhundert später (1548):
„Diese Stadt genießt den Ruf, sich besser zu regieren als jede andere in Deutschland, weßhalb sie auch von Vielen das Venedig
Deutschlands genannt wird." In Venedig cursirte das Sprüchwort,
alle deutschen Städte seien blind, nur Nürnberg sehe doch auf einem
Auge, und während Christoph Scheurl 1506 hervorhob: was Venedigs Namen bei den Italienern bedeute, klinge im Namen Nürnberg bei den Deutschen wieder, faßte der Volksgeist alle die über-
gewaltigen Eindrücke in dem einen Jubelrufe zusammen: „Es giebt
nur ein Nürnberg." Hans Rosenplüt der Schnepperer redet 1447
seine Vaterstadt begeistert an:

> „O Nürnberg, Du viel edler Fleck! — —
> Deines Gleichen wird nicht gefunden, nein!"

Bietet uns Nürnberg heute noch das schärfst ausgeprägte Bild
einer Reichsstadt des Mittelalters mit ihrem vollen Kunst- und
Schönheitssinne, der höchsten Entwickelung der Malerei des deutschen
Bürgerthums, so mahnt uns hingegen jeder Schritt, den wir durch
Augsburg machen, an die dem Mittelalter folgende Epoche der Renaissance; darum hat Riehl Augsburg geradezu „das deutsche Pompeji der Renaissance" genannt. Hier brach sich die Renaissance so

frühe und so absolut Bahn wie nirgends sonst im deutschen Reiche, und während sie fast alle Spuren früherer Perioden verwischte, mußte sie selbst dem Einflusse der Zukunft zu trotzen. Ein Gang durch die Straßen zeigt uns überall ihr Werk; wir fühlen uns in jene gewaltigen Tage, der Reichsstadt glorreichste, versetzt. Selbst die großen Kirchenbauten, die herrlichen Dome verschenchen diesen Eindruck nicht; überall tritt das kirchlich Mittelalterliche zurück vor dem weltlich Modernen. Sir Robert Peel, der vom Perlachthurme herab Augsburg für die schönste Stadt Deutschlands erklärte, sah mit Entzücken ihre Palastreihen aus der Renaissance. Das einzige mittelalterliche Patricierhaus aus jener Zeit, wo in den Städten wie Festungen verschanzt die Wohnungen der Großen standen, das der Imhof, ist jetzt zum Miethhause degradirt und mit Kaufläden ausgestattet worden. „Sonst überall" — sagt Woltmann — „der heitere Glanz des sechszehnten und siebzehnten Jahrhunderts. Alles breite und wohlgemessene Verhältnisse, kräftig auslabende Formen, reiche, energische Verzierungen voll üppiger Lebendigkeit. Ab und zu noch ein Haus mit den Fresken geschmückt, welche damals glühende Phantasie und sinnige Prachtliebe auf die breiten Wandflächen gezaubert. Allegorie und Mythologie bunt durcheinander; oben und unten übermüthige Liebesgötter, für beides verwendbar, ein schimmernder und strotzender Olymp sinnlich schöner Gestalten, Alles in Rausch und Bewegung. Einst war nach dem schönen Brauch, der einem glücklicheren Himmel entlehnt ist, durch solche Gemälde die ganze Stadt zu einem bunten Bilderbuche gemacht; aber jedes Jahr und Jahrzehnt hat daran rücksichtslos zerstört und geplündert, und das noch Vorhandene mindert jeder Tag." Als erhabenstes Werk der nachmittelalterlichen Baukunst begrüßt uns das von dem großen Elias Holl 1615—20 aufgeführte Rathhaus mit dem weltberühmten goldenen Saale, dem drei Reihen Fenster übereinander Licht spenden und welcher der würdige Pair der glänzendsten Festräume der Welt ist. Zum Theile sind Holl's Werk auch die kostbaren Zunfthäuser, die trotzig neben den Palästen der Patricier ihren Platz eingenommen haben; bedeutungsvoll steht unter den Palästen der Großen in der Maximiliansstraße das Zunfthaus der Weber, welche in Augsburg zur ersten Rolle gelangten und stolz die Fugger die Ihren nannten. Unter die Wahrzeichen der Stadt gehören die

überaus zahlreichen Brunnen, welche oft mit schönen Metallfiguren
geschmückt sind, wie vor allen die drei in der Maximiliansstraße. Das
allbekannte Gasthaus „zu den drei Mohren", in dem das „Heilige
Römische Reich" so manchen Tanz mitgemacht und unser Bundes-
tag seinen Kehraus getanzt hat, mußte vor Kurzem einem Neubau
von höchster Vollendung weichen; mit ihm schied wieder ein köstliches Stück des alten Augsburg. Nicht das Mittelalter, sondern
der Bruch mit demselben führte Augsburg zu tiefer und echter Originalität; erst durch ihn wurde es zu einer individuellen, wirklich
weltgeschichtlichen Stadt, zu einem Mikrokosmos. Von der alten
Frömmigkeit der Bürger aber zeugen die prächtigen Dome, Pfarr-
und Klosterkirchen mit den wundervollen Bildern, den Chorstühlen,
Glasgemälden u. s. w. Die Stadt war gleich Ulm und Nördlingen bis in's 16. Jahrhundert ein Sitz kirchlicher Baukunst, Kunst
und Malerei, der beliebte Aufenthalt von Bettelmönchen, z. B.
Franziskanern; der Name David's von Augsburg, ihres gefeierten
Lesemeisters, des Freundes Berthold's von Regensburg, kennzeichnet
genug jene mystisch fromme Richtung des 13. Jahrhunderts. Durch
ganz Schwaben hin glühte eine mächtige Liebe zur Wissenschaft, ein
gebieterischer Trieb nach Erkenntniß, überall dienten große wohlge-
pflegte Bibliotheken dem Bedürfnisse nach Belehrung; selbst in kleinen
Städtchen wirkten im 13. und 14. Jahrhundert Lateinschulen.
Hand in Hand ging hiermit eine überaus kräftige und selbstbewußte
Entwickelung des reichsstädtischen Lebens, die dann zum Widerspruche
gegen eine hierarchische Kirche führen mußte wie die Roms war;
griff doch letztere gar zu gerne in Jurisdiktion und Besitz der
Bürger dieser Städte ein, um sie aller Lebensenergie als ihr gefährlich zu berauben!

Gewissermaßen lösten die aufblühenden Reichsstädte die zer-
fallende Kirche in der Entwickelung der Cultur ab; es beseelte sie
bald eine Art Rivalität gegen die Kirche, welche wegen der lang
bewährten und betonten Frömmigkeit derselben unbedingt ihre Meisterin
zu sein glaubte und ihre Uebermacht mißbrauchte. Darum hat auch
Augsburg ähnlich den Nürnbergern sich der Reformation, wie wir
seiner Zeit sehen werden, einmüthig in die Arme geworfen; sie war
ein Akt geistlicher und weltlicher Befreiung der Städte von der
Hierarchie. Merkwürdig scharf schied sich das alte Augsburg in die

bürgerliche Republik und die Stadt des Fürst-Bischofs; das Domkapitel machte sogar im 14. Jahrhunderte das absonderliche Statut,
es dürfe kein Bürger, ja 1474 das weitere, auch kein Bürgerssohn
von Augsburg darin aufgenommen werden. Um den Dom herum
gruppirten sich „die Pfaffengäßchen" und vielfach schied die Reformation auch örtlich die Bürgerschaft in eine protestantische und
katholische; ja alte Leute wollen sich noch erinnern, daß die Schei-
dung sich bis auf die Schweineställe der Bäckerzunft erstreckte und
über benen der protestantischen Zunftgenossen ein A C (Augsburgische
Confession), über denen der katholischen ein C (Catholisch) stand.

Das Andenken an ihre römische Geschichte lebt noch heute
in den Augsburgern, weittragend war die Bedeutung der Stadt für
die Stellung der Römer in den Ländern zwischen den Alpen und
der Donau. Als älteste Blutzeugin des Christenthums erscheint die
heilige Afra und der Verehrung ihrer Gebeine verdankte Augsburg
sein kirchliches immer steigendes Ansehen, wie Nürnberg dem heiligen
Sebaldus. Seit dem 8. Jahrhunderte lassen sich einzelne Bischöfe
von Augsburg nachweisen; der Vater des mittelalterlichen Augsburg
aber, St. Ulrich, führte erst im 10. Jahrhundert die Geschichte des
Bisthums und der Stadt in's helle Licht; das Rembrandt'sche Halb-
dunkel schwindet, St. Ulrich erhebt die Leuchte der Geschichte. Frühe
trat der Handel in der Stadt in den Vordergrund, mit Regensburg
wurde sie der bedeutendste Verkehrsplatz im Donaugebiete und schon
St. Ulrich erhielt das Münzrecht, was für die Stadt sehr wichtig
war. Unter den salischen Kaisern stieg ihr Ansehen und zumal
Heinrich IV. verweilte gerne hier, wo allmälig eine Reihe schöner
Kirchen emporstiegen, mit Kunstwerken geziert, würdig der „Ala-
manniae metropolis." Kaiser Friedrich Barbarossa ordnete und
verbriefte der Stadt öffentliches und privates Recht. Dem Bischofe
gegenüber brachten es die Bürger ziemlich zeitig zum Besitze einer
selbständigen, auf verliehenen Rechten basirten Stellung, doch waren
lange Kämpfe durchzukämpfen, bis das Verhältniß der Stadt zum
Bisthum derart gelockert war, um aus der bischöflichen eine Reichsstadt zu machen. Unter den Hohenstaufen verlebte Augsburg, dessen
„fröhliches Volk und sonderlich schöne Weibspersonen" die Sänger
begeisterten, manchen glücklichen Tag. Dafür hing es ihnen auch
treu in den Zeiten der Stürme an; als der Papst Friedrich II.

bannte und verfluchte, harrte Augsburg unerschrocken bei dem Kaiser
aus. Die schon erwähnte Opposition gegen die römische Hierarchie
verband sich mit dem innigen Gefühle der Reichstreue und gleichzeitig wurde der Augenblick benutzt, um wiederum die bischöflichen
Rechte zu vermindern. Seit Kaiser Rudolph I. war die Augsburger
Landvogtei bei dem Reiche. In den bitteren Fehden mit den Bischöfen kam die Gemeindeverfassung ihrer Ausbildung näher, 1266
tritt eine Rathsbehörde, die Consuln, auf und spätestens 1281 war
das Stadtrecht vollendet. Die Stadt gedieh immer mehr zu einer
unmittelbaren Reichsstellung, ihre Steuern an das Bisthum schwan-
den, die bischöflichen Rechte wurden eingeengt und nach Kräften für
die Stadt erworben, die gleichzeitig aus kaiserlichen Händen manche
Privilegien zu erlangen wußte. Die Bürger legten besonderen
Werth auf solche, die sie von auswärtigen Gerichten befreiten. Ludwig der Baier, der Nürnberg so wohl gesinnt war, erwies sich auch
Augsburg sehr gnädig; er erklärte 1316 die angesehene Stadt für
ewig unveräußerlich vom Reiche, stellte die Bürger den Reichsmini-
sterialen gleich und sicherte den Verkehr der Handelsstadt. Unter
den vornehmen Familien finden wir besonders die Schongauer,
Stolzhirz, Bitschlin, Langenmantel, Rehlinger. Nur Mitglieder der
Geschlechter waren rathsfähig; Rath und städtische Aemter wurden
nur aus ihnen besetzt. Bei dem großen Aufschwunge aber, den die
Gewerke genommen hatten, bei ihrem Wohlstande und Drange nach
Selbständigkeit konnte dies Verhältniß nicht in Kraft bleiben; unwillig ertrugen die Handwerker den Ausschluß von allen Aemtern.
Schon im 10. Jahrhunderte wurde in Augsburg aus feinem Hanfe
Leinwand gefertigt; seit dem 11. Jahrhunderte waren seine Märkte
berühmt und wenn man auch Zinngeschirre, Glaswaaren, Spiegel
u. s. w. sehr kunstvoll anfertigte, so wurden doch der Hauptfleiß
und das meiste Baargeld auf Kleidungs- und Wäschezeug verwendet;
1466 fertigten 700 Webermeister leinene, baumwollene und seidene
Stoffe an; für die großen Barchentwebereien wurde viel Baum-
wolle aus Cypern und Kreta über Venedig bezogen und vor dem
dreißigjährigen Kriege trieben noch 6,000 Meister den einträglichen
Barchenthandel. In Augsburg, Memmingen, Kempten, Kaufbeuren
blühte die Linneninbustrie; auch die Färberei war frühe in Augsburg im Gange. Sehr zeitig finden wir bedeutende Goldschmiede

und für die Meisterschaft der Erzgießer des 11. Jahrhunderts bürgen
die wunderbaren broncenen Thorflügel am südlichen Seitenschiffe
des Doms. Gewerbe und Industrie strebten stetig empor, der
Reichthum und das Ansehen der Stadt wuchsen; sie fühlte sich und
sah mit Ingrimm, wie die eifersüchtigen Herzoge von Baiern, ihre
unverholenen Feinde, sie durch das Grenzdorf und die Feste Friedberg, ein Trutz-Augsburg, bedrohten und höhnten; Augsburgs Ver-
brecher und Schuldner fanden dort und in Wasserburg am Inn
stets ein bereites Asyl. Mit dem 14. Jahrhunderte begannen die
Zunftunruhen gegen das Geschlechterregiment; 1303 scheiterte die
Verschwörung der Stolzhirz, die gegen ihren eigenen Stand die
Opposition der Zünfte anführten. Der Rath erweiterte sich bald
darauf aus zwölf zu vierundzwanzig Mitgliedern und schon 1342
wurde verordnet, es solle in Zukunft kein Frember mehr in denselben gewählt werden. Für angesehene Bürger, die ohne ihr Ver-
schulden in Armuth geriethen, wurde die St. Jakobs-Pfründe 1348
vom Rathe gegründet, deren Nutzen sich immer mehr herausstellte.
Ein düsteres Gegenbild hierzu war die gleichzeitig eintretende Juden-
verfolgung mit ihren bestialischen Greueln.

   1352 regten sich abermals Mißvergnügte in der Bürgerschaft,
versammelten sich Nachts in der St. Jakobs-Kapelle und schmiedeten
hier ihre Pläne gegen das Stadtregiment. Doch gelang es, sie unschädlich zu machen, und der Rath verbot für die Zukunft jede
Bruderschaft und Einung. Da der Landfriede trotz aller kaiserlichen
Befehle nie zur Wahrheit und zum Leben gelangte, mußten die
Städte, in ihrem Verkehre vom raublustigen Adel unaufhörlich gefährdet, sich selbst helfen und so trat Augsburg 1356 mit Geneh-
migung Karl's IV. in einen Bund mit Ulm, Memmingen, Kempten
und anderen Städten. Das Leben in Augsburg war schon in dieser
Zeit ein sehr opulentes; man trank mit Vorliebe italienischen Wein,
verfeinerte die Speisen durch fremdländische Gewürze, zahlte gerne
einen bedeutenden Eingangszoll für Häringe, schwelgte bei den köstlichen Forellen, welche neben anderen Fischen die quellenklaren
Wasser bei Augsburg lieferten und in denen bis 1643 ein Theil
des Gehaltes den städtischen Beamten gezahlt wurde. Auf dem
Tische so reicher und prunksüchtiger Bürger, wie der von Ludwig
dem Baier ausgezeichnete Heinrich Portner und der unter Sigismund

angesehene Peter von Argon waren, standen bei festlichen Gelegen=
heiten ganze Kälber und Schweine und in der Nachahmung von
Thieren und Fleischwaaren müssen die Conditoren des Mittelalters
und der Reformationszeit eine unglaubliche Fertigkeit besessen haben.
Bald trugen die Reichen kostbare Kleider und trieben wetteifernd
Prunk. Als echte Deutsche waren die Augsburger wackere Zecher
und die Trinkstuben, welche sowohl die Patricier als der Bür=
gerstand zeitig errichteten, hallten von lustigem Becherklange und
kräftigem Zurufe wieder. Noch oft werden wir der leichtlebigen
Gesellschaft begegnen, die auf ihren Reichthümern nicht den Schlaf
der Indolenz schlief, sondern mit vollen Zügen das schöne Dasein
genoß und in immer neuem Erwerben und Unternehmen ihre höchste
Ehre suchte und fand; sie fühlte, daß das Recht, Bürger von Augs=
burg zu heißen, auch Pflichten auferlegte, daß sie sich dieses Na=
mens würdig bezeugen und durch ihren Fleiß, ihre industrielle
Capacität zur Erhöhung seines Glanzes beitragen müßte. Wie in
den italienischen Stadtstaaten hatte sich in den Republiken des Reichs,
den Reichsstädten, ein Selbstgefühl entwickelt, welches auf die eigene
Tüchtigkeit, auf die eigene Faust pochte. Wie sich die Städte an
Pracht und Pomp ihrer Bauten zu überstrahlen suchten, um die
Wette dem feinsten und kostspieligsten Geschmacke Rechnung tragend,
so erhoben sie auch trotzig ihr Haupt gegenüber der fürstlichen
Aristokratie, welche im Reiche über das Kaiserthum emporwucherte,
und sahen in ihr die mächtige Feindin, welche sie und den Kaiser ge=
meinsam bedrohte. In Folge der hohen Opulenz, die überall in Augs=
burg hervortrat, steigerte sich natürlich auch das Bewußtsein ihrer Wich=
tigkeit bei den gewerbetreibenden Klassen, auf deren starken Schul=
tern das reiche Gemeinwesen emporstieg; besonders die Weber be=
anspruchten die ihrer Industrie als der ausgebildetsten gebührende
Werthachtung.

Die Concessionen, welche der Rath den Zünften machte, er=
schienen ihnen ungenügend; was bedeutete es, daß er ihre Vertreter
zur Controle und Verwaltung der städtischen Finanzen zuzog und
aus ihnen sechs Mitglieder in seine Mitte aufnahm; man wußte
wohl, daß dies nur solche waren, die nach dem bezeichnenden Worte
des heimischen Historikers David Langenmantel „ihm (dem Rathe)
gefuhl", sogenannte Ja=Herren. Die Bürger der Gemeinde verlangten

einen überwiegenden Einfluß in der Verfassung und Administration
des Gemeinwesens, aber das Patriciat achtete ihrer Klagen und
Ansprüche nicht. Das Volk schritt nun zur That, rückte in bewaffneten Haufen am 30. Oktober 1368 vor das Rathhaus, enthielt
sich aber ehrenhaft jeden Excesses. Bürgermeister und Rath erfaßte
Kleinmuth, sie ließen sich auf Unterhandlungen mit sechs Deputirten
des Volks ein, an deren Spitze ein „witziger" Weber stand, und
die unblutige Revolution endete mit dem vollen Siege der Zünfte.
Die ganze Bürgerschaft wurde in 18 Zünfte abgetheilt, die Zunftmeister erhielten Sitz und Stimme im Rathe und jährlich wurde
einer der beiden Bürgermeister aus den Zünften gewählt. Der
Rath war so froh über das ruhige Ende der Revolution, daß er
unter die Bürgerschaft Wein vertheilen ließ, den sie in hellem Jubel
vertrank. Unter den Namen, die uns bei diesem Ereignisse entgegen springen, finden sich die angesehensten der Reichsstadt: Bitschlin,
Böhlin, Welser, Rehlinger, Gossembrot, Ilsung, Rem, Hörwart,
Langenmantel, Bach u. a. Die Weber bildeten von nun an die
zweite Zunft, bedeuteten aber eigentlich mehr als die erste der Kaufleute, während aus ihnen in diese das berühmteste Geschlecht hinüber
treten sollte; alle Künstler blieben wie in Nürnberg vom Zunftver-
bande frei. Die Zünfte verlangten von dem Stadtadel nicht, daß
er sich unter sie aufnehmen ließ, d. h. seine absolute Verschmelzung
mit der Bürgerschaft, deßhalb fügte er sich der großen Mehrzahl
nach in das Geschehene und blieb ein wichtiges Element im Stadt-
leben; nur einige Patricier wanderten aus, schlossen sich benach-
barten Abeligen an und griffen zu Ueberfall und Plünderung der
Augsburger Waarenzüge. Die Augsburger verstanden sich aber auch
auf das Kriegshandwerk und warben überdies Söldner an; besonders machten ihnen die Herzoge von Baiern stets zu schaffen und
oft zogen die Haufen von Augsburg gegen sie in den Kampf; wie
wacker stritten da die Weber unter ihrem roth-goldenen Zeichen, um
neue Lorbeeren zu jenen zu ernten, von deren Erwerbung auf dem
Lechfelde unter Otto I. sie so gerne Abends auf der Zunftstube
sprachen! Die Kriege mit Baiern trafen besonders jene Augsburger
sehr hart, die Güter von den Herzogen zu Lehen trugen, z. B. die
Langenmantel; denen geschah es wohl, daß ihr Besitz eingezogen
und nur gegen hohe Summen wieder erstattet wurde. Ja die

2

Herzoge verboten gar ihren Unterthanen die Zahlung aller Jahres-
renten und Schulden an Augsburger und verschlossen ihr Land
deren Verkehre. Unter dem Zunftregimente nahmen Bedeutung und
Ansehen Augsburgs nicht nur nicht ab, sondern auf allen Gebieten
des städtischen Lebens stieg neuer Impuls, junges Wagen auf; die
Atmosphäre schien geklärt, der Himmel über Augsburg blauer, die
Menschen beseelte ein noch mächtigerer Schaffenstrieb. Das Patriciat blieb jedoch in vollen Ehren; war es auch im Rathe in der
Minorität, so besetzte die Stadt doch mit Vorliebe ihre Aemter mit
patricischen Rathsherren; der patricische Bürgermeister vertrat gewöhnlich die Reichsstadt nach Außen und führte die Verhandlungen
mit den Reichsständen und dem Kaiser; patricische Rathsherren
wurden meistens mit den diplomatischen Missionen betraut; denn
die „Herren" kannten am besten die Außenwelt, oft auch persönlich
die Fürsten, an die der Rath sie wies; ihre höhere Bildung, ihre
sociale Stellung, ihr Reichthum ließen sie als die würdigsten und
dem beschickten Staate gegenüber wirksamsten Vertreter der heimischen
Interessen erscheinen, und kamen Fürsten und Kaiser nach Augsburg,
so waren sie es wieder, welche ihnen hier die Honneurs machten.
Kaiser Karl IV. erpreßte von Augsburg, dessen Reichthum ihn lockte,
große Summen, bestätigte hingegen 1374 die neue Verfassung.
Augsburg nahm natürlich an dem großen schwäbischen Städtebunde
und Städtekriege kräftigen Antheil.

Das Sektenwesen drang in Augsburg nachhaltig ein; die
Waldenser kamen hierhin wie nach Nördlingen und noch im Anfange des 15. Jahrhunderts fanden sie sich als „Winkeler" vor;
von ihnen berührt war im 14. Jahrhunderte die Richtung der
Gottesfreunde. Schon 1393 wurde auch die Lehre Wycliffe's in
Augsburg heimisch; sie fand bei dem niederen Volke, besonders in
der Weberzunft, zahlreiche Bekenner und Scheiterhaufen konnten sie
nicht verzehren. Der Hussitismus wuchs aus der Asche der Mär-
tyrer in Augsburg empor; 1451 hatte er so viele Anhänger, daß
ihnen der Rath zu ihren Versammlungen die Halle bei dem St.
Ulrichs-Kloster einräumte, und das Gäßchen, wo sie meistens
wohnten, heißt noch in unserem Jahrhunderte das Ketzergäßchen.
Da die religiöse Aufregung sehr groß war, schien es Rom nothwendig, sie von der Reform der Kirche in ihren wesentlichsten Ge-

brechen auf Aeußerlichkeiten abzulenken; darum trat der redegewandte
Barfüßer-Bußprediger Johann von Capistrano 1450 und 1454 wie
in Ulm auch in Augsburg auf und rief die Bürger herbei, um auf
offenem Markte allen eitlen irdischen Tand den Flammen zu über-
antworten; Spielbrette, Karten, Würfel wie Schlitten und Wagen
gingen in Rauch auf, besonders auch die Schuhschnäbel, deren im Sinne
des Luxus gesteigerte Höhe eine geradezu sinnlose geworden war.
Die Kirche suchte, um der Volksmißstimmung zu begegnen, die ge-
lockerten Ordensregeln zu befestigen; der Abt von St. Ulrich refor-
mirte eifrig, denn er sah den Ingrimm des gemeinen Mannes. Eine
Reaktion des sittlich-religiösen Geistes gegen die langjährige Nieder-
tretung ging durch das Land. Den Bischöfen aber, die dies ge-
wahrten, war es nur um einen trügerischen Firniß zu thun. Durch
äußere Vorschriften suchten sie den niederen Clerus zu bessern; die
Klosterreform konnte nur oberflächlich sein, wenn der hohe Clerus
nach wie vor allen Lockungen der Lust folgte und das schlechteste
Vorbild blieb. Die Leere, in welche die alte Zeit und die alte
Kirche verfallen waren, ließ sich nicht ausfüllen, indem man Ordensregeln und Breviere aufstapelte; sie stürzten alle in die gähnende
Tiefe wie das Wasser der Danayden. Nur wenn die mächtige Eiche
echten Glaubens, evangelischer Gottesliebe in die Bresche trat, sie
mit ihren starken Aesten ausbauend, verschwand die Wüste und in
frischem Grün prangte die Oase des ewigen Lebens, befruchtet durch
den Thau des Bibelwortes.

Die Stellung der Juden in Augsburg hatte sich im 15. Jahrhunderte wesentlich verschlimmert. Seit 1434 mußten sie, um stets
an den Martertod Christi zu erinnern und sich also von seinen Anhängern zu unterscheiden, gelbe Ringe an den Kleidern tragen, aber
hiermit und mit anderen Bedrückungen hatte die Geistlichkeit nicht
genug; sie spornte zu immer neuen Schritten an und 1438 trieb der
Rath die Juden aus Augsburg; sie gingen, ohne nur die ihnen
gewährte zweijährige Frist abzuwarten. Die schlechte Behandlung
der Juden steigerte sich 1499 auch in Nürnberg bis zu ihrer abso-
luten Verbannung, sie ließen sich nun zumeist in Fürth nieder; gegen
ein Kopfgeld durften sie bei Tage in Nürnberg handeln, mußten
aber unbedingt Abends die Stadt verlassen.

1418 kam Kaiser Sigismund nach Augsburg, verlieh der

2*

Stadt Privilegien und bei dem ihm zu Ehren gegebenen Geſchlechter-
balle, wo er tüchtig tanzte, ſteckte er galant allen Damen einen
goldenen Ring an den Finger. 1426 gab er das koſtbare Privileg,
Augsburg ſolle keinen Landvogt erhalten als den, welchen es ſich
von den Kaiſern erbitte, ſeinen Stadtvogt aber ſelbſt wählen. 1431
kam er wieder, ſtieg bei dem ungemein reichen Bleihändler Peter
von Argon (Egen) ab, der ſein Haus von Meiſter Jörg mit reichen
Wandmalereien ausſchmücken ließ, 1442 auch Kaiſer Friedrich III.
als Gaſt begrüßte, und hob ſeinen Sohn aus der Taufe. Sigismund
wurde wegen ſeiner Leutſeligkeit von den Augsburgern ſehr geliebt.

Der Bürgermeiſter Ulrich Schwarz, ein ehrſüchtiger Demokrat,
„der Robespierre Augsburgs", der ein offenkundiges Beſtechungs-
ſyſtem betrieb, ſuchte unter Friedrich III. gewaltſam die Rechts-
ordnung umzuſtoßen, aber ſeine Tyrannei dauerte nicht lange.
Freilich war die Furcht vor dem durch Spione trefflich bedienten
Manne ſo groß, daß nur in verſchwiegener Stille der Nacht einige
Patricier, um den alten hochangeſehenen Bartholmä Welſer geſchaart,
ihre erbitterte Stimmung auszuſprechen und andere Rathsglieder
in Bauerntracht in der Kirche ſich zu treffen wagten, aber auch
ſeine Stunde brach an. Kaiſerliche Beamte traten mit Welſer und
anderen Räthen in Verbindung, Schwarz wurde vom Stadtvogte in
der Rathsſitzung 1478 verhaftet und endete, zahlreicher Verbrechen
überwieſen, am Galgen. Ihn überlebte aber ſeine Neuerung, daß
fortan von 62 Mitgliedern des Raths nur 12 den Geſchlechtern
angehören durften. Friedrich III. verlieh der Stadt, die ihm lieb
war, bedeutende Vorrechte; auch ſie war ihm ſehr ergeben, wenn
auch einmal die unbezahlten Handwerker ihm bei der Abreiſe ſeiner
Schulden wegen die Wagen mit Küchen- und Zimmergeräthe zurück-
halten wollten. Seine üble Laune hierüber wußten der kluge und
reiche Welſer und der rechtſchaffene Krämer Hans Vittel zu be-
ſchwichtigen, wobei freilich die Stadt genug Bußgeld an den geizigen
Mehrer ſeiner Hausmacht zahlen mußte; überhaupt hatte Augsburg
während der langen und langweiligen Regierung desſelben gar oft
für ihn Gelder zu beſchaffen.

Als beſten Schutz gegen die bairiſchen Nachbarn, die für ſie
ſynonym mit Feind waren, erwies ſich der ſchwäbiſche Bund, in den
Augsburg im Dezember 1488 eintrat, um bald eine hervorragende

Stellung einzunehmen. Die Augsburger waren in den Waffen geübt, legten hohen Werth auf männliches Bezeigen, strömten auch darum in großen Massen zusammen, wenn zu besonderen Gelegenheiten ein Tournier bei ihnen stattfand, und Fürsten wie Adelige verschmähten es nicht, die Lanze mit einem Rehlinger, Rem, Langenmantel, Hörwart zu brechen. Als bei dem Besuche Sigismund's 1431 ein ungarischer Edelmann die Dreistigkeit beging, den ganzen Adel Schwabens zum Zweikampfe aufzufordern, hob ein Herr von Knöringen den miles gloriosus sehr unsanft aus dem Sattel und zwang ihn, sich unter entblößem Hohngelächter davonzustehlen. Wie oft lief ganz Augsburg nach dem Schießgraben, um einem „Stahlschießen" zu Ehren fürstlichen Besuches anzuwohnen! 1470 erschienen bei einem solchen 466 fremde Schützen, darunter der bairische Bayard Herzog Christoph mit seinem Bruder Wolfgang.

So haben wir die Geschichte Nürnbergs und Augsburgs bis zur Zeit Maximilians I., die besonderer Darstellung bedarf, in kurzem Umrisse dargelegt und wenden uns zu dem Handel beider Reichsstädte zurück, der mittlerweile durch ihre auswärtigen Beziehungen weltbedeutend geworden; er basirte auf dem Binnenhandel wie dieser auf dem Gewerbe; aus der industriellen Thätigkeit blühte der Großhandel auf, entfalteter als der aller Binnenstädte der Zeit.

Lange hatte Regensburg den deutschen Handel nach Italien vermittelt; von da führte es die Waaren nach dem Westen und dem Inneren Deutschlands, wie dies Wien für die unteren Donaugegenden that. Ulm, Augsburg, Memmingen und Kempten holten die Waaren des Orients von den Märkten zu Enns und Wien; als sie aber selbst aufblühten, bedurften sie deren nicht mehr und beschränkten auch Regensburgs Thätigkeit bedenklich. Ulm und Augsburg standen in den innigsten Handelsbeziehungen und ihre Verbindungen dehnten sich allmälig nach Baiern, Oesterreich, Böhmen, Ungarn, Polen, Walachei und Bulgarei aus; hierhin führten sie Kürschnerwaaren, Barchent, Leinwand, Oberländer Wein und als Rückfracht gingen Stahl, Eisen, Wein, Salz, Ochsenhäute u. s. w. ein. Bereits vor der Verbindung mit Italien benutzte Nürnberg auf Kosten Regensburgs den Donauverkehr und seine Lage im Herzen des Reichs erhob es zu einem Emporium des binnenländischen Zwischenhandels, der sich bis Polen und Ungarn erstreckte; es war ein Hauptmarkt

für die holländischen Fische und wegen seines raschen Umsatzes in
Gewerbe- und Kunstprodukten entstand das Verslein

„Nürnberger Tand
Geht durch alle Land."

Schon im Anfange des 10. Jahrhunderts unterhielt Augsburg
Handelsbeziehungen zu Italien; die im Jahre 908 vom Bischofe
Abalbero dem Kloster St. Gallen geschenkten tyrischen Purpurstoffe
können nur über Venedig gekommen sein. In der deutschen Malerei
findet sich, reich verwendet, der Purpur auch sehr frühe vor. Verhältnißmäßig spät bei den innigen Verbindungen Deutschlands mit
Italien und den günstigen geographischen Verhältnissen wurde der
deutsch-venetianische Verkehr erst im 14. Jahrhunderte bedeutend.
Von den Kaisern mit verschiedenen Mauthrechten ausgerüstet, hielt
Augsburg die Hauptstraße nach Venedig im Stande; sie ging über
Kempten, Füssen, Innsbruck und den Brenner durch Welschtyrol
nach der Lagunenstadt, und nach und nach besaß Augsburg das
umfassendste Commissions- und Speditionsgeschäft mit allen Waaren
aus und nach Italien. Regensburg hatte längst seine großartige
Stellung im italienischen Verkehre eingebüßt. Nürnberg hingegen
betheiligte sich seit dem 14. Jahrhunderte lebhaft am italienischen
Waarenzuge, Nürnberger besuchten die Märkte in Basel, Solothurn
und Bern. Von Oberdeutschland gingen die orientalischen Handels-
artikel zu Land bis nach Polen oder zur See nach Flandern, von
wo hanseatische Kaufleute sie in die nordischen Reiche vertrieben.
Die Kaufleute von Ulm, Augsburg und Nürnberg besuchten zahlreich die Märkte von Venedig und Genua. Kaiser Albrecht 1. be-
günstigte den Verkehr mit Venedig sehr, indem er einige erschwerende
Zölle abschaffte. Reiches Leben und massenhafter Verkehr kamen
durch den Transithandel mit Venedig nach Ulm, Augsburg u. s. w.,
sehr bedeutend bis in's 16. Jahrhundert bleibend. Auf ihren
Reisen nach Italien kehrten die Handelsherren aus Flandern, Brabant, den Rheinlanden in den oberdeutschen Städten ein, schlossen
Geschäftsverbindungen und Contrakte ab, und manches Mägdelein,
dem ein Ringelchen husch an den Finger geflogen, sah dem nach
Welschland ziehenden Geliebten wehmüthig nach. Die Kaiser über-
häuften zumal Augsburg mit Gnaden und Privilegien und immer
stärker ging die Ausfuhr der Städte an Erz, Holz, Fellen, Leder,

Leinwand, seinen Tüchern aus Schafwolle, Nürnberger Kurzwaaren,
Waffen und sonstigen Metallfabrikaten über die Alpen. In seinen
Kurzwaaren blieb Nürnberg Jahrhunderte hindurch ohne Rivalen,
auch als sein Speditionshandel zwischen Nord und Süd gesunken
und seine Verbindung mit Lyon und Paris an Frankfurt übergegangen war. Der Hauptaustausch der Waaren zwischen Italien
und Deutschland fand in Venedig statt; hier an der Rialto-Brücke
in dem geräumigen Fondaco dei Tedeschi war reichliche Unter-
kunft für die deutschen Kaufleute und ihre Waaren. Brachten sie
die Produkte deutscher Industrie, die Ausbeute deutscher Bergwerke,
so fanden sie in Venedig selbst Consumenten dafür oder setzten an
die nach der Levante segelnden Galeeren ab. Hingegen nahmen sie
die Fabrikate Venedigs, die Produkte Italiens und die von den
Galeeren aus Indien und Arabien durch das rothe Meer nach
Aegypten und von hier nach Italien geführten Spezereien, Arome,
Farbwaaren und Seidenzeuge ein. Unzählige Ballen orientalischer
Produkte gingen aus dem Packhofe des Fondaco dei Tedeschi
nach Deutschland, wo besonders Nürnberg den Versandt der Spezerei
en gros und en détail leitete. Nürnberg, Augsburg, Ulm u. a.
Städte standen auch mit Genua in belebtem Export- und Import-
handel, bezogen hier vorzüglich arabischen Weihrauch, Perlen und
Spezereien und Genua war für den Levantehandel nach Deutschland nicht unbedeutend. Doch kam es Venedig und seiner Stellung
zum deutschen Handel nicht entfernt gleich; seine kleinliche Denkungs-
art hielt es nieder und die Kaiser begünstigten weit lieber Venedig,
das mit seltenem Geschicke und schlauester Berechnung seine Handelsinteressen verfolgte. Wenn auch Sigismund den oberdeutschen
Städten wiederholt den Handel mit Venedig strenge verbot, was
den Kaufherren höchst lästig war, so kam dies nur vorübergehend
Genua zu gute und mit des Kaisers Tod wurde Venedig wieder
der Hauptstapelplatz. Die Deutschen gewöhnten sich derart an den
regen Verkehr mit Italien, daß sie ohne die von hier kommenden
Natur- und Kunstprodukte nicht leben zu können glaubten, und selbst
in den Stürmen des 17. Jahrhunderts hielten Ulm, Augsburg,
Nürnberg u. a. diesen Handel im Gange. Das goldene Zeitalter
aber für Augsburg und Nürnberg waren das 15. und 16. Jahrhundert; sie waren damals der Mittelpunkt des europäischen Land-

handels, die erſten Emporien des Weltverkehrs und vermittelten den Umſatz zwiſchen allen Himmelsſtrichen Europas. In dieſer Zeit galt Venedig geradezu als die hohe Schule aller Kaufleute; hier thronte Gott Mercurius in ewiger Jugend; hier mußte man geweſen ſein, um daheim als voll zu gelten und mitſprechen zu dürfen; ſo finden wir aus der Fugger'ſchen Familie die wichtigſten Sproſſen in ihrer Jugend längere Zeit in Italien, und von hier brachten die Augsburger und Nürnberger nicht nur Manufakturen und Geld, ſondern auch Liebe zur Kunſt und Wiſſenſchaft, humaniſtiſche Be-ſtrebungen zurück in die Vaterſtadt; ſie erhoben ſie zur Mittlerin auf geiſtigem Boden zwiſchen der alten und der aufſtrahlenden neuen Zeit. Eine Reihe Italiener machte ſich in den oberdeutſchen Städten, beſonders in Nürnberg anſäſſig; wir finden hier die Firmen Viati, Toriſani u. a. Von den Kaiſern reich privilegirt, ſchloß Nürnberg auch Verträge mit Frankreich und Flandern und wandte ſeinem Handel alle möglichen Vortheile zu; ſeit König Franz I. erhielten ſeine Kaufleute bedeutende Handelsfreiheiten in Frankreich, beſuchten die Märkte in Beſançon und Lyon; in Lyon errichteten ſie im 15. Jahrhunderte bis im 17. Jahrhunderte noch beſtehende „Jako-biner-Bruderſchaft" und hatten dort ſeit Ende des 15. Jahrhunderts Faktoreien, z. B. die Ebner, Tucher, Behaim, Scheurl. Auch auf Augsburg übte Lyon großen Einfluß, denn es galt im 16. Jahr-hunderte als das Centrum des Tranſithandels Italiens mit Frank-reich, England, Flandern und Deutſchland; auf ſeinen Auguſtmeſſen erſchienen die Augsburger Kaufleute gar zahlreich, die rührigen Welſer beſchickten ſie eifrig; wie die Fugger hatten ſie in Lyon ihre Faktoreien, der gewandte Lukas Rem vertrat ſie hier einige Zeit. Die Kaufleute von Augsburg, Nürnberg, Ulm und Memmingen machten große Geldgeſchäfte mit den Königen von Frankreich, die ihnen als ſchwer verpflichtete Schuldner im 16. Jahrhunderte groß-artige Freiheiten gewähren mußten. Als aber Franz I. ſich um die deutſche Kaiſerkrone bewarb, verweigerten ihm die Fugger ihre Unter-ſtützung und ſtellten ſich auf die Seite Karl's von Spanien. 1559 betrug die Schuld des franzöſiſchen Königshauſes nur an Augsburger Firmen über 700,000 Kronen.

Wie mit allen europäiſchen Hauptſtädten ſtanden die Niederlande auch mit Augsburg und Nürnberg in reger Beziehung. In Brabant waren die Nürnberger zollfrei und ihr Rath sandte symbolisch jedes Jahr in feierlicher Weise einen Degen an die brabantische Oberbehörde in Brüssel. Den hauptsächlichsten Umsatz in Waaren hatten die deutschen Häuser im 16. Jahrhunderte in Antwerpen, wohin ihnen von Lissabon die Colonialprodukte consignirt wurden, aber weit umfassender als ihr Importgeschäft wurde ihr Bankgeschäft, das ihnen auch noch blieb, als ihnen die Niederländer nach ihrer Erhebung gegen Spanien den Import abgenommen hatten. Die Fugger, Welser, Höchstetter von Augsburg, die Peutinger von Regensburg, die Hirschvogel von Nürnberg u. A. hatten Filialen in Antwerpen wie in Lübeck, Lissabon, Genua, Venedig, Mailand, Lyon und London. War auch der Höhepunkt der Macht der oberdeutschen Städte am Ende des 15. Jahrhunderts, so hielten sich Augsburger Comptoire doch bis zur Mitte des 16. in Antwerpen. Der Geldhandel, bis in's 16. Jahrhundert fast ausschließlich in den Händen von Italienern oder Juden, ward allmälig zum selbständigen Geschäfte, während er bisher unauflöslich mit dem Waarenhandel verbunden war. Unter den deutschen Städten nahm in ihm Augsburg, die natürliche Mittelstation zwischen Süddeutschland und Italien, den ersten Rang ein; neben ihm waren Nürnberg und Frankfurt die bedeutendsten Geldmärkte, bis Frankfurt im 18. Jahrhunderte beide überflügelte; die Fugger und Welser beherrschten nahezu absolut den Geldverkehr mit und nach Italien. Seit Ende des 15. Jahrhunderts trieben die Augsburger Handelsherren directe Importgeschäfte, theils mit Häusern in Genua und Venedig associirt, theils durch Commanditen in den italienischen und niederländischen Hafenstädten, und rüsteten selbst Schiffe aus. Neben der Hansa, der englischen Stapelgesellschaft und italienischen Häusern ragten in Antwerpen die Firmen von Augsburg, die Schiffe auf Schelde und Rhein hatten, hervor; hierher eilten Agenten der ersten Höfe, um Millionen zu entleihen. In Antwerpen wurden seiner Zeit die größten Geldgeschäfte der Welt gemacht, man sagte: in einem Tage mehr als binnen zwei Jahren in Genua; die jährliche Umsatzsumme soll dort ohne den Wechsel- und Geldhandel 1500 Millionen Gulden betragen haben, was bei dem damals um einige 100% höheren Stande des Geldwerthes geradezu fabelhaft klingt. Noch heute führt das Haus, welches Anton Fugger, der Banquier der Kaiser und Könige, auf dem Walle der Steinschneider in Antwerpen bewohnte, den Namen „Fuggershuis" (Fokkershuis). Er hinterließ, seine anderen Güter nicht berechnet, sechs Millionen Goldthaler. Sein Andenken erhielt sich lebendig, denn noch spricht der Antwerpener von auffallend reichen Leuten als von „rijke Fokker". Die Regentin der Nieder= lande, Margaretha, centralisirte alle finanziellen Operationen in den Händen der Fugger — hierauf werden wir zurückkommen. Die von Brügge auf Antwerpen übergegangene Machtstellung wurde 1576 durch die Eroberung und Plünderung der mächtigen Handelsstadt Seitens der Spanier gebrochen, was bei ihren engen Beziehungen zu den oberdeutschen Großstädten auf letztere einen bedenklichen Ein= fluß ausübte. Mit Antwerpen empfanden sie den schweren Schlag. In Folge der französischen und niederländischen Wirren dieses Jahr= hunderts zogen aber auch manche Franzosen, Niederländer und um der Religion willen leidende Italiener nach den oberdeutschen Städten, besonders nach Nürnberg über, behielten den Handelsverkehr mit der Heimath bei und machten ihre Kunst, ihr Handwerk, ihre Waaren in Oberdeutschland heimisch; durch ihre Einwirkung veredelte und vervollkommnete sich, immer größere Dimensionen annehmend, das Manufakturgeschäft der Städte; Künste und Wissenschaften wie Hand= werke empfingen neue Anregung und so erwuchs selbst aus dem Unglücke mancher Segen. Daß aber der holländische Weltmarkt sich entfaltete, daß Amsterdam, in dessen Tuchfabriken unter Karl V. jährlich 12,000 Stücke fabricirt wurden, eine so hohe Blüthe erreichte, den Handel auf der Ostsee vorzüglich beherrschte und bis nach Skan= dinavien hin Comptoire errichtete, wurde ein Todesstoß für die deutsche Handelsgröße.

Die oberdeutschen Reichsstädte standen auch mit Spanien in Verkehr, besonders unter Kaiser Karl V., von dessen Stellung zu ihnen wir oft zu reden haben werden. Die ersten Beweise für diese Richtung ihres Handels wie für die nach Portugal finden sich im 15. Jahrhunderte, wo auch zuerst von Wechselbriefen die Rede ist, indem ein Nürnberger Betrüger 1445 falsche auf Augsburger Kauf= leute ausstellte. Nach der Entdeckung Amerikas kamen die Nürn= berger Manufakturen über Spanien dahin; schlesische Leinewand, in Nürnberg zubereitet und gefärbt, ging jährlich in einigen tausend Ballen nach Spanien und Italien.

Stets geldbedürftig, verlieh Karl V. auf Kosten der spanischen Industrie den deutschen Kaufherren, besonders den Fugger, wichtige Monopole und bald hatten sie am Verkehre mit Indien fast ebenso viel Antheil wie die Kaufherren zu Sevilla. Philipp II. borgte gerne bei ihnen, liebte es aber seine Zinsen nicht zu bezahlen, sondern willkürlich herabzusetzen, benahm sich gleich einem Bankerotteur und untergrub selbst Spaniens Credit. Die Fugger hatten die großen Quecksilberminen des Ordens von Calatrava von der Krone gepachtet; als der Staatsrath sie ihnen 1527 nicht mehr überlassen, sondern an Spanier vergeben wollte, trat der König dazwischen und verpachtete sie ihnen von neuem auf 15 Jahre, denn unter ihrer Leitung ertrugen sie in drei Jahren 2,200,000 Maravedi.

Die absolute Umgestaltung der Handelswege, welche durch die neue Welten gebärende Zeit Colombo's und Vasco de Gama's nothwendig wurde, brachte den Handelszug nach Osten in Abnahme und leitete ihn nach Westen. Freilich waren die Entdeckung Amerikas und des Seewegs nach Indien ungeheure Niederlagen für unsere Städte, denn anstatt Venedigs wurde Lissabon der Hauptmarkt der indischen Handelsprodukte, andere Länder und Völker kamen an die Reihe, Augsburg und Nürnberg entfernte ihre geographische Lage zu weit vom Meere, sie waren nur auf den Landhandel verwiesen, während der Welthandel jetzt vom Lande auf die See übergegangen war; dazu hatte ihnen der Einbruch der Türken in Europa den günstigen natürlichen Weg der Donau abgeschnitten und sie von der großen maritimen Bewegung isolirt. Aber alle diese bitteren Erfahrungen beugten ihren Speculationsgeist nicht; sie wandten sofort ihre Thatkraft den neuen Wegen des Völkerverkehrs zu, betheiligten sich oft bei den indischen Ladungen portugiesischer Schiffe und sandten, da in ihnen mancher große Rheder lebte und die Könige ihnen reichlich Privilegien ertheilten, eigene Schiffe in die neuen Welten. Erst die Eroberung Portugals durch Philipp II. von Spanien und ihr Resultat, die Ueberflügelung des portugiesischen Colonialhandels durch den holländischen, beeinträchtigte und lähmte sichtlich die Verbindung Augsburgs und Nürnbergs mit der pyrenäischen Halbinsel. Die großen Handelsherren, die Könige ihres Gewerbes, begriffen ihre Zeit; Augsburger und Nürnberger errangen den Ruhmeskranz, zuerst von allen Deutschen sich für eigene Rechnung und auf eigenen

Schiffen an dem neuen oftindifchen Handel zu betheiligen und feine Produkte durch ihre Faktoren und Fahrzeuge über ganz Europa auszufchütten. Luther hielt freilich den Fugger derbe Strafpredigten, weil fie für indifche Gewürze das deutfche Geld an fich zögen. Große Handelsgefellfchaften verbanden fich zu Gewinn und Verluft, zu kühnem Wagen auf einige Jahre, zogen dann die Bilanz und beftimmten Verluft oder Gewinn der einzelnen Theilhaber nach Verhältniß ihrer Einlage. Angehörige einer großen Compagnie, an deren Spitze Anton Welfer und Konrad Vöhlin ftanden, hatten fich in Liffabon niedergelaffen, wo bereits 1490 der Nürnberger Hans Stromer geftorben war und wo der Nürnberger Arzt Hieronymus Münzer längere Zeit lebte, und hatten für ihre Handlung vortheilhafte Bedingungen bei König Emanuel dem Glücklichen, unter dem Portugal fein goldenes Zeitalter fand, erwirkt. Im Namen Welfer's und Vöhlin's, aber zugleich im Intereffe aller Augsburger und vieler anderen deutfchen Kaufherren, unterhandelte Simon Seitz mit Emanuel und er erlaubte im Privilegienbriefe vom 13. Januar 1503 den Deutfchen Schiffe zu bauen, fagte aber nicht nur kein Wort von eigenem Handel derfelben nach Indien, fondern fetzte vielmehr voraus, fie würden fich in Portugal mit Spezereien, Brafilienholz und dergleichen Waare aus Indien und den neu entdeckten Landen verfehen. Die deutfche Handelscompagnie ftrebte jedoch weiter. Schon 1504 wollten zwei deutfche Kaufhäufer zwei Faktoren an der indifchen Fahrt theilnehmen laffen, die der portugiefifche Admiral Lopo Soarez unternahm; es wurde ihnen zwar abgefchlagen, aber noch in demfelben Jahre gelang es, König Emanuel günftiger zu ftimmen und er fchloß im Auguft 1504 mit der Compagnie einen Vertrag ab. Anton Welfer, der gerade erfahren hatte, daß Philipp der Schöne von Caftilien die Silberausfuhr aus den Niederlanden nach Portugal verboten habe, bat am 11. Dezember 1504 feinen Verwandten, den am kaiferlichen Hofe weilenden berühmten Dr. Konrad Peutinger, er möge Kaifer Maximilian, feinen Freund, zu einem Gefuche an Philipp veranlaffen, auf daß die Welfer für das durch Philipp's Staaten gehende Silber freien und ficheren Paß zu Land und Waffer erhielten; gleichzeitig bat er ihn, bei Maximilian einen „Brief in Indiam" zu erwirken. Peutinger betrieb in Wien eifrig die Sache, hob hervor, daß die Augsburger die

Ersten in Deutschland seien, die „Indien suchten", und erlangte
auch von dem portugiesischen Hofe Empfehlungen an die „indianischen
Könige." Mit 66,000 Dukaten Kosten wurden von einer Handelsgesellschaft drei große Schiffe, St. Hieronymus, St. Raphaël und
St. Leonhard, ausgerüstet; am stärksten betheiligt waren Augsburger
Häuser, Welser, Vöhlin, Fugger, Höchstetter, Gossembrot und Imhof,
das Nürnberger Haus Hirschvogel, welches gleich dem Behaim'schen
in Lissabon eine ansehnliche Filiale besaß, u. a., sowie italienische
Firmen; die Welser und Vöhlin allein waren mit 20,000 Dukaten
interessirt und der Faktor der Welser, Lukas Rem, einer der fähigsten
Kaufleute seiner Zeit, leitete die Armirung der Schiffe. Er wußte
sich bei König Emanuel derart in Gunst zu setzen, daß er freien
Zutritt zu ihm erhielt und bei den Handelsexpeditionen des großen
Fürsten um Rath gefragt wurde; ja als er nach siebenjährigem
Aufenthalte Lissabon verließ und an die Spitze der Welser-Com-
pagnie in Antwerpen trat, führte Emanuel ihm bei der Abschieds-
audienz seine ganze Familie vor, damit er allen Mitgliedern die
Hand küsse: eine damals ungeheure Auszeichnung.

Am 25. März 1505 segelten die drei Schiffe mit der Flotte,
die den ersten Vicekönig Francisco d'Almeida nach Indien führte,
von Lissabon ab; ein „Bestellter der Welser", Balthasar Springer
aus Fils, hat diese „Meerfahrt" beschrieben, auch Hans Mayer, der
in ihren Interessen mithandelte, hinterließ ein Tagebuch darüber.
Die Schiffe nahmen in Cananore und Cochin reichliche Ladung an
Spezereien, Perlen und Baumwollzeugen ein und kehrten im Mai
und November 1506 nach Lissabon zurück. Der vierte Theil der
Waaren mußte Emanuel überlassen und ihm überdies eine Quote
von $^{1}/_{30}$ entrichtet werden. Es kam nun zu Händeln und Processen,
die Rem für die Gesellschaft führte; die Portugiesen wollten z. B.
den Deutschen keinen Antheil an der in Quiloa und Monbosa bei
der Eroberung gemachten Beute von 22,000 Cruciati (Dukaten)
geben. Drei Jahre führte Rem Proceß mit Emanuel, endlich verglich man sich und als die Waaren in Antwerpen verkauft waren,
stellte sich doch noch ein Reingewinn von 150% (Gassarius sagt
sogar von über 175%) für die Deutschen heraus. 1506 betheiligte
sich Rem für die Welser mit dem Portugiesen Ruy Mendez an der
Expedition Tristan da Cunha's nach Indien, gerieth aber mit ihm

unterwegs in Streit; widrige Winde hielten da Cunha ab, recht-
zeitig nach Indien zu kommen, und Rem warf ihm vor, er ver-
wende die des Handels halber mitziehenden Schiffe zu Entdeckungs-
zwecken. Als Ergebniß dieser Fahrt langten große Vorräthe an
Spezerei in Lissabon an, was reichliche Gelder ertrug.

Ein abermals mit Emanuel ausbrechender Streit wurde bei-
gelegt; der Monarch fixirte den Preis, zu dem die Waaren verkauft
werden sollten und schickte viele Schiffsladungen davon nach Antwerpen,
wo unter den Abnehmern die Firmen Fugger und Höchstetter weit
hervorragten. Auf Madeira hatten die Welser eine Faktorei. Sie
besaßen nicht nur Handel mit Zucker, sondern eigene Plantagen auf
der kanarischen Insel Palma, doch kam der Wurm in's Zuckerrohr
und der Ertrag schwand auf kaum den vierten Theil herab; die
Welser scheinen darum die Plantagen verkauft zu haben. Auf Madeira wurden jährlich großartige Mengen Zucker gewonnen (50,000
Arrobas), zu einer Zeit, wo er noch so theuer war, daß man Kaisern
und Königen einige Pfund zum Geschenke machen durfte. Der
Patricier Konrad Roth in Augsburg, der 1573 eine Zuckersiederei
begann, bezog den Saft aus Spanien, wohin er seines Erfolgs
wegen auf mehrere Jahre übersiedelte, und schloß wegen eines aus
Indien zu holenden Transportes Pfeffer im Werthe von 300,000
Gulden einen Contrakt mit König Sebastian von Portugal. Die
Könige dieses Reiches machten zwar den deutschen Kaufleuten oft
viel zu schaffen und behelligten sie mit Nergeleien und Unredlich-
keiten, aber trotzdem mußten diese sich gewaltige Reichthümer zu
erwerben. Die ostindische Schifffahrt war ihnen hochwichtig und
Raimund Fugger berichtet alljährlich genau an den Pfalzgrafen
Otto Heinrich über ihren Stand in Portugal.

Aeußerst vorsichtig waren die großen Kaufherren; tolles Wagen
verlockte sie weit weniger als ein niederer sicherer Gewinn, wenn auch
ihre Unternehmungen an sich manches Gewagte involvirten. Wie häufig
schlugen sie Ansuchen von Potentaten und Privaten um Darlehen aus;
wie klug wußten sie ihren Nutzen zu berechnen und zu sichern!

Auch nach England gingen die Produkte Augsburgs und Nürnbergs und die Fugger waren nicht nur die Banquiers der Habsburger
Maximilian I., Karl V., Philipp I. und II., Ferdinand I., sondern auch
der englischen Könige. Antwerpen vermittelte die rege Verbindung.

Heinrich VIII. und Eduard VI. nahmen wiederholt ihre Zuflucht zu den Fugger und als Kaiser Karl V. 1554 die Regierung von Neapel seinem Sohne Philipp II., dem Gemahle der Königin Maria von England, überließ, schlossen die Fugger ein Geschäft mit Philipp auf 150,000 Kronen ab. Der größte König Englands, Elisabeth, erneuerte die alten Beziehungen zu der Augsburger Firma; der Stern ihres Regiments, Lord Burghley, wendete sich mehrfach an die Handelskönige, nicht immer mit gutem Erfolge. Besonders verdroß sie Elisabeth's laue Politik in den Niederlanden, ihre immerfort schwankende Haltung in der Unterstützung eines Volkes, mit dem Augsburg in so vortheilhaftem Verkehre stand, und als 1562 der unermüdliche Verfechter englischer Handelsinteressen und gefeierte Gründer der Börse zu London, Sir Thomas Gresham, im Namen Elisabeth's die Fugger in Antwerpen um ein Darlehen ersuchte, war ihr Credit bei ihnen gesunken; sie gaben eine abschlägige Antwort, da sie ihre Gelder anderwärts ausgeliehen hätten.

Nicht besser erging es einem der wärmsten Verehrer der Kunst von Augsburg und Nürnberg, dem Herzoge Albrecht I. von Preußen, als er um nur 2000 Gulden Darlehn bat. Die Gebrüder Raimund und Anton und ihr Vetter Hieronymus Fugger lehnten das Ansuchen ab und schützten als höfliche Leute vor, sie müßten wegen des Ablebens Ulrich Fugger's (1525) bedeutende Zahlungen machen, hätten einem Erzherzoge Geld geliehen und ansehnliche Kosten bei einem ungarischen Bergwerke nöthigten sie, ihre Habe zusammen zu halten. Die Schiffe der Fugger fuhren bis in die Ostsee, wo ihnen die eifersüchtige Hansa einmal zwanzig wegnahm. Der Handel von Augsburg und Nürnberg in Preußen war bedeutend, er ging bis Danzig, indessen die norddeutschen Städte ihre Produkte über Nürnberg nach Italien sandten. Im 14. Jahrhunderte bezogen Nürnberger Kaufleute über Lemberg Waaren aus Azow (Tana), doch war diese Route wenig frequentirt. Die Ulstetter in Augsburg machten große Geschäfte in Aegypten, wo sie 1561 in Kairo und Alexandria Faktoren hatten; eine Niederlage Nürnberger Kurzwaaren war in Kairo. Mit Polen und Ungarn, mit Mähren, Schlesien, Böhmen, Siebenbürgen standen die Nürnberger und Augsburger Häuser in regen Beziehungen; ihr Handel nach und aus diesen Gebieten war im Schwunge und sie erwirkten sich schützende Privilegien von den Landesherren, das ſchlaue Nürnberg, beſonders vertreten durch Ebner, Behaim, Tuchtel, Muffel, Tetzel, Landauer u. ſ. w., ſchon im 15. Jahrhunderte. Seine und Augsburgs Capitaliſten betheiligten ſich an Bergwerken dort wie in Kärnthen, Tyrol u. ſ. w.; ihnen entging keine Gelegenheit zur Bereicherung und trotz der Ausbeute aus den Minen von Calatrava ſannen ſie darüber nach, was man in Sachſen verdienen könne, und machten dem Grafen Wolrad II. von Walded Hoffnung, ſie würden im Eiſenberge bei Korbach Minen anlegen. Im 15. Jahrhunderte brachten die Fugger den nicht unbedeutenden Bergbau in Kärnthen an ſich; Jakob Fugger wandte ſich der Montaninduſtrie zu und bebaute die Bergwerke in den Tauern, bei Villach und bei Schwaz; ihm gehörten die Werke in Rauris, Gaſtein, Vellach, Rottenmann und Schladming; noch gibt es in Kärnthen ein Fuggerthal und einen Fuggerhof, noch ragen zwiſchen Arnoldſtein und Bleiberg bei Villach Trümmer des von Jakob Fugger erbauten Schloſſes Fuggerau empor. Mit Be= willigung des Herzogs Kaſimir IV. von Schleſien in Teſchen (1495) wurde eine Straße durch den Stubener Wald nach Sillein oder Zſolna angelegt, die von da über den Jablonka=Paß nach Teſchen führte, während in Thüringen auf dem Gebiete des Ciſtercienſer= kloſters St. Georgenthal bei Ohrdruff gleichzeitig eine Seigerhütte mit Kupferhammer erbaut wurde, wohin man die ſilberhaltigen Kupfererze ſchickte; von hier aus wurde das Kupfer nach Frankfurt und Nürnberg, Hamburg und Lüneburg, das Silber meiſt nach Nürnberg verkauft. Da Kärnthen an dem zum Seigern ſilberhal= tiger Erze erforderlichen Blei ſehr reich war, wurde eine zweite Seigerhütte in der Fuggerau bei Villach errichtet, von der Kupfer, Silber und Meſſing über Tarvis und Pontafel nach Venedig, die nicht ſeigerwürdigen Kupfer direkt über Ofen, Pettau und Trieſt oder über Zengg nach Venedig gingen; auch bei Teſchen entſtand eine Seigerhütte.

Bald war der Abſatz ſehr bedeutend; die Fugger vermittelten den Verkauf der Kupfer, welche von der Fuggerau nach Venedig, von Georgenthal nach Nürnberg, nach Danzig, Stettin und dem Sunde verſandt wurden; zu Schiff gingen ſie nach Antwerpen, wo= ſeit der Entdeckung des indiſchen Seewegs der eigentliche Schwer= punkt des Fugger'ſchen Hauſes ruhte. Der Ertrag der Seigerhütten

zu Georgenthal und Fuggerau an Silber war vorzüglich und an
Messing kamen von der Fuggerau 9816 Centner in den Jahren
1507—10 nach Venedig. Von 1510 an fabricirte die Fuggerau
nur noch Messing und es gingen 1510—13 nach Venedig 3900
Centner. Später ließen die Fugger die kärnthnischen und thürin-
gischen Werke fallen, veräußerten die Bauten und verkauften die
Georgenthaler Hütte an die sächsischen Herzoge. Auf die Gefälle
am Erzberge bei Leoben hatten die Fugger eine Pfandschaft bei
Kaiser Ferdinand I., der ihnen selbst Privatkleinodien versetzte und
gar viele Handelshäuser zu Gläubigern hatte. Auch in Tyrol hatte
das Haus sich mit dem Bergbaue befaßt. Der durch seine Schönheit und prachtliebende Freigiebigkeit bekannte Erzherzog Sigismund, stets in Geldnoth, verpfändete den Fugger am 9. Juni 1488
für 150,000 Gulden die Silbergruben von Schwaz in Tyrol und
der Chronist Kirchmair schreibt 1519: „In diesem Land ist Alles
versetzt, was Geld trägt." In Schwaz wurden auch Kupferminen
eröffnet; da sie aber dem ungarischen Kupfer Concurrenz zu machen
drohten, kauften die Fugger alles Kupfer in Schwaz auf und wurden
hierfür von ihren Gesellschaftern in Ungarn aus der gemeinsamen
Kasse mit 55,000 Gulden entschädigt. Aus den Schwazer Minen
zog das Haus jährlich 200,000 Gulden. Hier waren auch die
Höchstetter mit hohem Gewinne thätig, 1511—17 erbeuteten sie
149,770 Mark Brandsilber und 52,915 Centner Kupfer. Mit der
Zeit ging das Bergwesen in Tyrol abwärts. Das den Behaim
von Nürnberg gehörige Werk im Berggerichte Kitzbühel hatte nicht
mehr den alten Ertrag und auch die bedeutendsten Gruben, die zu
Schwaz, lieferten seit der Zeit Ferdinand's I. nicht mehr die alte
Fülle; seit Ende des 16. Jahrhunderts wurde die Ausbeute schwach.
Jakob Fugger hatte in Venedig, wo er den Handel seines Hauses
leitete, Hans Thurzo von Bethlehemfalva, einen Krakauer Bürger,
kennen gelernt, der sich mit Bergbau in Ungarn beschäftigte und
bei Neusohl etablirte. Im Einverständnisse mit Fugger nahm Thurzo
vom Bischofe von Fünfkirchen und seinem Bruder 1494 und 1495
die Bergwerke bei Neusohl auf zehn Jahre für jährlich 3000
ungarische Dukaten in Pacht. Nach Ungarn gereist, schloß Jakob
Fugger für sich und seine Brüder Ulrich und Georg mit Hans und
Georg Thurzo am 16. März 1495 in Preßburg einen Vertrag,

wonach die Thurzo zur Verarbeitung der in ihren gekauften oder gepachteten Werken gewonnenen Erze ein Hütten- und Hammerwerk in Neusohl errichten sollten, welches wöchentlich an 300 Centner Kupfer liefere; dieses wollte man nach Nürnberg und weiterhin versenden oder in Ungarn absetzen. Die Fugger schossen das Betriebskapital vor, ersetzten den Thurzo ihre bisherigen Auslagen und man kam überein, beide Familien wollten Gewinn und Verlust halbiren. Im Oktober 1495 wurden von ihnen die Erbpachtbergwerke bei Neusohl, die der Propst von Stuhlweißenburg inne hatte, gekauft und nördlich von Neusohl inmitten ungeheurer Wälder entstanden Seigerhütte und Kupferhammer bei dem Schlosse Lipcse. Die trotz gewaltiger Geldnoth unverbesserliche Prachtliebe des Jagellonenhofes fiel als befruchtender Thau auf die industriellen Unternehmungen der Fugger und Thurzo.

Sie lieferten dem Hofe kostbare Seiden- und Wollenstoffe, Goldbrokate, Juwelen und Kleinode, machten Darlehen und erlangten dafür hohe Privilegien und Gerechtsame oder Grund und Boden. König Wladislaw VI. verpfändete ihnen das Schloß Altsohl mit den sieben Bergstädten, die Münzkammer zu Kremnitz und für einen seiner Gemahlin Anna für 3500 Goldgulden verkauften, mit Perlen und Edelsteinen besetzten Hut den Kronzoll von Siebenbürgen, bewilligte ihnen 1496 die freie Ausfuhr von Kupfer und anderen Artikeln aus Ungarn, die Errichtung und den Betrieb von Hüttenwerken im ganzen Königreiche, befreite sie 1497 von der Ablieferung ihrer Silberausbeute zu bestimmter Taxe an seine Kammer und erließ ihnen 1500 auf ewig die Urbarialgefälle von den Werken.

Die Fugger und Thurzo, mehrfach verschwägert, dehnten 1499 ihren Vertrag auf alle zu beginnenden Bergwerke mit nur zwei Ausnahmen aus und verleibten die Kremnitzer Münzkammer dem gemeinsamen Handel ein. Ihr Absatz nahm immer großartigere Dimensionen an. Nur der kleinere Theil des Kupfers wurde auf gemeinsame Rechnung in den Faktoreien zu Neusohl, Ofen, Krakau, Teschen, Breslau u. s. w. verkauft, die Thurzo übernahmen den Verschleiß von Krakau nach Polen, Rußland und Preußen; ihnen und den Fugger wurde das Kupfer unter dem üblichen Verkaufspreise aus dem gemeinschaftlichen Handel abgelassen; auf gemeinsame

Kosten wurde es den Fugger bis Venedig und Nürnberg wie bis Danzig, Stettin und den Sund geliefert und dort von ihnen auf eigene Rechnung übernommen. Ebenso ging das Bank- und Wechselgeschäft in Ofen auf Fugger'sche Rechnung. Trotz enormer Ausgaben, worunter hohe Bestechungsgelder an einflußreiche Beamte rc. figurirten, ergab sich bei Abschluß der Rechnung für 1495 bis 1504 für die Fugger sowohl als für die Thurzo aus den Werken eine Dividende von 119,500 Gulden rheinisch, während das vorhandene Material mit den Aktivausständen auf 242,000 ungarische Goldgulden tarirt wurde. Damit der überseeische Handel der Fugger keine Einbuße erleide, durfte kein ungarisches Kupfer an Leute verkauft werden, die es wieder zur See nach den Niederlanden oder England verhandelten. Neben diesen großen Einnahmen verdienten die Fugger reiche Summen durch den Verkauf von Leinwand, goldenem und Londoner Tuch, Florentiner und Mailänder Damast und Seidensammet an den ungarischen Königshof. Jakob Fugger, jetzt der einzige Leiter des vielseitigen Geschäftshauses, überließ wegen zu großer Arbeitsfülle den Gebrüdern Georg, Alexius und Johann Thurzo 1510 den Bergwerkbetrieb in Ungarn, die Vertretung des Handels an den Höfen von Ungarn und Polen und setzte selbst meist nur das aus dem gemeinsamen Handel angekaufte Kupfer ab; auf seine Rechnung betrug z. B. der Ertrag von 1519 bis 1525 143,900 Centner; von 1507 an ging das meiste Kupfer nach Danzig oder Stettin, um nach Antwerpen, Amsterdam oder Lissabon verschifft zu werden — hierbei ging freilich manches unter oder wurde erbeutet; die Hansa war dem Vertriebe gar abhold und griff gerne zu. Bei der Abschlußrechnung für 1510—19 fand sich für jeden Theilhaber am ungarischen Handel ein Reingewinn von 179,170 Gulden. Trotzdem verlor Georg Thurzo wegen der Wirren und Parteiungen in Ungarn die Lust an dem ungarischen Bergbau, suchte vergebens von Fugger seinen Antheil herauszubekommen, zog sich nach Augsburg zurück und starb hier 1521. König Sigismund I. von Polen bewilligte 1523 und 1524 den Thurzo und Fugger freien Handel mit allerlei Waaren, besonders mit Erz und Blei. Ein furchtbares Gewitter zog sich aber bereits in Ungarn über den Fugger zusammen, erzeugt durch die finanzielle Mißlage, die zu hochgradig geworden war; wie ein Blitzstrahl schlug der

3*

Beſchluß der Reichsverſammlung zu Rákos im September 1524
ein: es ſollten die Habsburg ergebenen Fugger, die als Pächter der
Bergwerke Ungarns Schätze erſchöpften und exportirten, des Landes
verwieſen werden.   Dieſe Forderung wurde von einer weiteren
Rákoſer Reichsverſammlung 1525 wiederholt und am 22. Juni er=
folgte die Verhaftung des Fugger'ſchen Faktors zu Ofen, Alber, unter
dem Vorwande einer hohen Schuldforderung, die Baarbeſtände,
Silbergeräthe und Materialvorräthe des Hauſes in Ofen, Peſth und
Neuſohl wurden beſchlagnahmt und am 24. Juni Pacht= und Erb=
bergwerke vom Staate eingezogen; auch Alexius Thurzo kam in
Haft und mußte mit Alber und zwei Handelsdienern am 26. Auguſt
einen Vertrag eingehen, wonach ſie für die Anſprüche der Krone
Ungarn wegen der Neuſohler Werke und wegen Prägung der neuen
Münze 200,000 Gulden zu zahlen verhießen und davon ſofort $^3/_4$
erlegten.   Jakob Fugger erließ einen Proteſt gegen die brutale Ver=
gewaltigung, ſuchte die Regierung zur Zurücknahme ihrer Schritte zu
bewegen und rief zu Vermittlern bei König Ludwig II. von Ungarn
den Polenkönig, den Wojewoden von Siebenbürgen, den Biſchof
von Krakau, den Kaiſer, den Papſt, das Reichsregiment, den ſchwä=
biſchen Bund, den Erzherzog Ferdinand und die Baiernherzoge an.
Aber ohne ſein wohlbegründetes Recht anerkannt zu ſehen, ſchied er
1525 aus dem Leben, ſeinen Neffen ſeine Anſprüche und Klagen
überlaſſend.   Jetzt zeigte ſich neben geſchäftlicher Eiferſucht und
Concurrenz der induſtrielle Fleiß der Deutſchen, ihre Luſt am Er=
werben und Unternehmen.   Die Welſer in Augsburg und Wolfgang
Seldner in Nürnberg ſuchten an die Stelle der Fugger zu treten.
     Ludwig II. von Ungarn, den wie ſeine Vorgänger die
Finanznoth drückte, gab aber plötzlich der Sache eine andere
Wendung; er kannte die Fugger als ſichere Leute und während die
Thurzo vom Bergbaue zurücktraten, ſchloß er am 15. April 1526
in Gran einen Vertrag mit der Familie Fugger, deren Chef jetzt
Anton war: die Kupfergruben in Neuſohl mit allem Zugehör wurden
auf 15 Jahre für jährlich 20,000 ungariſche Goldgulden den Fugger
verpachtet; ſie mußten jährlich aus dem gewonnenen Silber 7500
Mark an die königliche Münzkammer abliefern und jetzt an Pacht=
ſchilling im Voraus 50,000 Gulden entrichten.   Zwar verſprach
Ludwig dem Hauſe, den durch Einzug der Bergwerke erlittenen

Schaden binnen zwölf Jahren aus seinen Einkünften zu erseßen, eine Summe, die über 535,000 Gulden neuer Münze betrug, und nach seinem frühen Ende in der entseßlichen Schlacht bei Mohács erkannte König Ferdinand I. 1527 und 1528 den Fugger eine Entschädigungssumme von 206,741 ungarischen Goldgulden zu, sie hierfür und für ein Darlehen von 40,000 Gulden auf die Salzkammergefälle Siebenbürgens verweisend — aber troß alledem erhielten sie nichts. Der Gegenkönig Johann I. nahm die siebenbürgischen Bergwerke an sich und die große Entschädigung blieb ein stehender Posten in den Fugger'schen Rechnungsbüchern. Die Bergwerke in Neusohl hingegen nahmen wieder den gewünschten Fortgang und Ferdinand I. gestattete 1527 den Fugger, daß sie das ihm zu seinem Zuge nach Ungarn gemachte Darlehen von 80,000 Gulden an dem Pachtschillinge abzögen; bezüglich des Darlehens wurden sie eventuell auf seine neapolitanischen Renten, auf die von den Ständen Ober- und Niederösterreichs bewilligten Hülfsgelder, auf die Hüttenwerke in Rattenberg, auf die Aufschlags- und Mautgefälle in Engelhardzell und Rottenmann und auf Bergwerkantheile in Kärnthen und Steyermark verwiesen. Das gewonnene Kupfer ging meist nach der Ostsee und aus Danzig und Stettin nach Antwerpen. In Norwegen und Dänemark hatten die Fugger seit August 1525 das Vorrecht, für durch diese Staaten gehende Kupferlasten nur einen halben Gulden in Gold zu bezahlen. Der Hauptkupferexport war in Krakau; Sigismund I. bewilligte die Einfuhr von Kupfer aus Ungarn, den freien Handel damit in ganz Polen, die Ausfuhr des für die Seigerhütten nöthigen Bleies aus Polen nach Ungarn und freie Schifffahrt für die Fugger'schen Erze und Kupfer auf der Weichsel von Krakau bis Danzig gegen die üblichen Zölle; die Fugger hingegen zahlten Krakau jährlich 400 Gulden und mußten für die Communal- und Kirchengebäude wie für die Bürger dieser Stadt das Kupfer billiger abgeben. 1526—39 belief sich der Silberfund auf 112,125 Mark, der Reingewinn der Firma aus dem ungarischen Bergbaue auf 1,297,192 rheinische Gulden. Die 15 Jahre waren abgelaufen, aber Anton Fugger übernahm die Werke im Februar 1541 noch auf 5 Jahre und gewann bedeutende Gelder. Doch schien ihm die Unsicherheit aller Verhältnisse in Ungarn zu bedenklich; neben der steten Türkengefahr beunruhigten Parteigänger die Ruhe der Geschäfte und Industrie, 1543 wurden die Fugger'schen Hüttenwerke in Rosenberg von einem solchen ausgeplündert; dazu kamen die Aushebung von Bergknappen zum Kriegsdienste, Kriegscontributionen und Brandschatzungen aller Art; die Krone griff mit Vorliebe in den vollen Säckel der Handelsfürsten. Darum ließ sich Anton durch keine Vorstellungen Ferdinand's I. vermögen, die Pacht zu erneuern, streckte ihm aber auf zwei Jahre 30,000 Gulden vor und schloß 25. Februar 1547 mit seinem Rathe einen Vertrag, wonach bis Mai d. J. an Fugger 12,000 Centner Neusohler Kupfer gegen einen bestimmten Satz nach Krakau zu liefern und von der Zahlung das Darlehen von 30,000 Gulden und andere Rückstände abzuziehen seien. Als dann Ferdinand weit weniger Kupfer schickte, aber sofort neue 20,000 Gulden im Juni 1547 geliehen wünschte, schlug Anton Fugger sein Ansuchen rund ab und gab den ganzen Bergbau in Ungarn auf, alle Werke den königlichen Commissairen überantwortend. Die Verdienste der Firma um die Montanindustrie Ungarns blieben noch lange wirksam.

In den österreichischen Erblanden genossen die Nürnberger und Augsburger Kaufleute besonders seit Maximilian I. große Vortheile, wichtige Privilegien fielen ihnen in den Schooß, ein weites und einträgliches Absatzgebiet öffnete sich ihren Produkten und ihr Einfluß blieb während des 16. Jahrhunderts der wesentlich herrschende. Die Kaufleute an Ort und Stelle versuchten vergebens in Concurrenz mit ihnen zu treten, denn die fremde Waare war billiger und besser; alle Klagen gegen die auswärtigen Handelsgesellschaften verhallten ungehört. Das Haus Habsburg war ihrer Hülfe zu sehr benöthigt. Wie oft wandte es sich an die Welser, die Fugger u. a. Häuser! Eben erst hatte Kaiser Maximilian 1501 an Georg Gossembrot von Augsburg, den Pfleger auf Ehrenberg, alle Gefälle und das ganze Einkommen der Grafschaft Tyrol auf drei Jahre verpfändet.

Gleich den Kaisern und Königen war der heilige Stuhl gar oft gezwungen, sich bittend an die Rothschilde jener Zeit zu wenden. Auch in Rom hatten die Fugger und Welser Filialen und Agenturen. Jakob Fugger vertrat eine Zeit lang selbst das Welthaus in Rom, wohnte in der Straße dei Banchi und ließ durch den 1547 verstorbenen, damals hoch angesehenen Maler Pietro Buonaccorsi, genannt Pierino del Vaga, Raphaël's Schüler, sein

Haus mit köstlichen Fresken schmücken. 1520 bat der Papst Leo X.
Karl V., er möge durch die Fugger ihm 50,000 Dukaten nach Rom
senden, um dafür spanische Infanterie anzuwerben, und weitere
50,000 bei ihnen deponiren, um im Nothfalle demselben Zwecke zu
dienen; 1521 entlieh der kaiserliche Gesandte in Rom, Juan Ma-
nuel, bei Welser und Fugger 30,000 Dukaten, die er zur Löhnung
der Schweizer an das Heer absandte. Als hingegen 1527 ein
Agent der Welser in Rom sich weigerte, dem Papste Clemens VII.
tausend Dukaten zu leihen, ließ ihn dieser einsperren, mußte aber
wegen der allgemeinen Mißstimmung ihn nach wenigen Tagen frei-
geben. Auch bei dem schändlichen Handel mit dem Ablasse der
Sünden betheiligten sich die großen Geldfirmen und wir werden
bald von dem Verhältnisse der Fugger zu Albrecht von Mainz und
Tetzel hören.

Das moderne Aktiengesellschaftswesen hatte sein Vorbild in
den schon erwähnten Handelsgesellschaften, die durch Spekulationen
mächtig und durch ihre künstlichen Preissteigerungen gefährlich wurden;
sie lähmten den inneren Verkehr im Reiche und erregten allgemeine
Klage. Sie zogen selbst den Handel mit den nothwendigsten Lebens-
bedürfnissen an sich, hemmten, indem er sich bei ihnen monopolisirte,
die volkswirthschaftliche Entwickelung und wuchteten auf den Schul-
tern der Nation.

Mit der Vertreibung der Juden war ihr Wuchergeist keines-
wegs ausgerottet, er setzte sich vielmehr bei den Christen fest und
wurde in Folge des größeren Geldverkehrs und des Welthandels
zum Weltwucher. Die süddeutschen Handelsgesellschaften seit dem
14. Jahrhunderte trieben besonders „Großwucher und Schinderei",
in Augsburg die Fugger, Welser und Höchstetter, in Ulm die Ru-
land, in Nürnberg die Volkamer, Ebner, Imhof u. A. Das Volk
haßte sie bald mit dem gleichen Hasse wie bisher die Juden. Eine
Reihe von Artikeln gingen durch ihren Wucher im Preise stetig in die
Höhe, anstatt wie man nach der Auffindung des Seewegs nach Indien
erhofft hatte, herabzusinken. Durch die Kapitalkraft der großen
Häuser wurden kleinere bei Seite gedrängt und jene hatten sodann
die Preise in ihrer Hand; ihre Macht war gewaltig genug, um die
Concurrenz zu ertödten. Das Volk erzählte sich die abenteuerlichsten
und gehässigsten Dinge von ihrer Beute, von ihren Aufkäufen auf Kosten

der Geſammtheit der Nation, den ſogenannten Monopolien, und ſchürend
rief der ſchadenfrohe Abel aus, der Gewinn der Kaufleute übertreffe
ſiebenfältig den Wucher der Juden. Der gefeierte Volksprediger
Geiler von Kaiſersberg ſtellte ſie weit unter die Juden, denn —
ſo ſagt er — „ſie ziehen nicht allein den gar entbehrlichen Plunder
an fremden Waaren, ſondern auch was zum Leben nöthig wie Korn,
Fleiſch, Wein und Sonſtiges in ihr Monopolium und ſchrauben die
Preiſe nach ihrer Geldgier und ihrem Geize und nähren ſich mit
der ſauren Arbeit der Armen. Sie ſchädigen die ganze Gemeinde;
man ſollte ausziehen ſie zu vertreiben von einer ganzen Gemeinde
wie die Wölfe, die Gott und die Menſchen haſſen, wann ſie weder
Gott noch die Menſchen fürchten; ſie machen Hunger und Theuerung
und tödten arme Leute". Als Bartholmä Rem, der Theilnehmer
der Höchſtetter'ſchen Handlung, 1517 in Proceß mit Ambroſius Höchſtetter gerieth, ſtellte es ſich heraus, daß er bei 900 Gulden Einlage
in ſechs Jahren 33,000 gewonnen hatte.

Beſonders auf Antrieb der Ritterſchaft wurde 1512 auf dem
Kölner Reichstage ein Verbot gegen die „ſchädlichen Hanthierungen
und Fürkäuſe" erlaſſen und in den Abſchied aufgenommen. Ohne
Handelsgeſellſchaften irgend entgegen treten zu wollen, wurde Jeder
mit Confiskation der Waare und Entziehung des Geleites auf allen
Straßen bedroht, der irgend welche Waare in e i n e r Hand auf-
ſammeln würde u. dgl. Trotzdem beharrte Alles beim Alten, die Preiſe
blieben in der Höhe, Reichs- und Territorialgeſetzgebung waren der
Geldmacht gegenüber wehrlos. Die Fürſten und die Kaiſer waren
zu ſehr in der Kreide der großen Banquiers, um ſie nicht ſchonen
und begünſtigen zu müſſen, ihre Räthe waren für Handſalbe em-
pfänglich oder gar durch Einſchüſſe in die Handlung ſtille Theilnehmer an der Volksausſaugung und in den Städten gehörte mancher
Rathsherr zu den Handelsgeſellſchaften. Das monopoliſtiſche Un-
weſen nahm immer größeren Umfang an; ſo ſtieg in Württemberg
der Weinpreis ſeit 1510 um 49, der des Korns um 32%. Ueber-
dies verſchlechterten die Geſellſchaften die theure Waare, färbten den
Ingwer mit Ziegelmehl und miſchten ihn und den Pfeffer mit un-
geſunden Stoffen.

Im Intereſſe der Fugger, die es ihm reich lohnten, vertheidigte
Ed auf einer Disputation in Bologna 1520 den Wucher und es

wurde sogar behauptet, das Haus habe, für seinen Geldverkehr mit
Rom bei siegreichem Vordringen der Reformation fürchtend, Eck an
den Papst abgesandt, um ihn zu energischen und schroffen Schritten
gegen Luther und seine Lehre anzuspornen. Wiederholt verhandelten
Reichstage über die Handelsgesellschaften, gegen welche Luther und
Zwingli voll Feuer und Ingrimm eiferten. Als aber 1522 auf dem
Nürnberger Reichstage dem Reichsregimente ein eingehendes Gut-
achten mit Vorschlägen gegen sie eingereicht wurde, widerlegte es
der bekannte Dr. Konrad Peutinger, Welser's Schwager, vom Prin-
cipe der Handelsfreiheit ausgehend. Die Handelsgesellschaften siegten
und die Fugger wagten 1524 zum Schutze der Monopole das
Reichsregiment anzuklagen, weil es in diesen Dingen richterliche
Befugniß habe ausüben wollen, die nur das Reichskammergericht
beanspruchen dürfe. Da die Fugger, Welser u. s. w. der Trost des
kaiserlichen Hauses in allen Nöthen waren, verbot Karl V. 1529
den Ständen und dem kaiserlichen Fiskale, die Fugger mit dem
Monopolwesen zu belästigen, und erklärte kühnlich, sie seien gar
keine Monopolisten, sondern handelten nur mit Gold, Silber und
Erz. 1530 klagte das Reichskammergericht die Welser, Rem und
Hörwart wegen des Monopolisirens an, sie aber vertheidigten sich
gewandt, abermals von Peutinger unterstützt. Auch fernerhin bezeichnete das Volk die großen Häuser als Wucherer, neben Fugger,
Welser, Baumgartner 1548 auch das Haus Jakob Herbrot's, der
zur Zeit seines Glanzes auf $\frac{1}{2}$ Million geschätzt wurde: nach
ihm nannte es damals sämmtliche kurzweg „Herbroter".

Da alle Welt sah, wie die „Kaufwucherer" schnell reich wur-
ben, wollte man es nachmachen; Handwerker und Bauern legten ihr
Geld bei einer Gesellschaft oder einem Kaufmanne an und verloren
oft Hab und Gut dabei.

Ambrosius Höchstetter in Augsburg, der Schwiegersohn des
reichen Jakob Rehlinger, war einer der ersten Kaufherren im Reiche,
bekannt in ganz Europa; seine Kunden waren Kaiser und Könige,
Fürsten und der Adel, aber auch Knechte und Mägde legten bei
ihm ihre Ersparniß gegen 5% Zins an. Eine Zeit lang verzinste
er in seiner Gesellschaft eine Million Gulden, er wußte sich als
guten Christen und Gegner des Lutherthums aufzuspielen, bedrückte
aber den gemeinen Mann und betrog ihn, wo er konnte; kein

Kaufmann konnte mit 50 oder 100,000 Gulden etwas gegen ihn
unternehmen. Höchstetter kaufte überall das Quecksilber auf; als
aber in Spanien und Ungarn große Maffen aufgefunden wurden,
verlor er ungemein. Alle Unfälle des Geschäftes wollten gegen=
über der schlechten Wirthschaft in seinem Hause nichts bedeuten;
Söhne und Schwiegersohn verpraßten oder verspielten in einer
Nacht wohl 10—20,000 Gulden. Als der Bankerott 1529 mit
800,000 Gulden ausbrach, schaffte der unehrliche Mann heimlich
die besten Werthsachen fort; er starb 1534 im Stadtgefängnisse.
Seine Söhne Ambrosius und Joseph saßen bis 1544 im Thurme.

   Ein anderes großes Haus, die Baumgartner, die nach Ost=
und Westindien gewaltigen Handel trieben, den Adel erlangten, eine
Reihe Herrschaften, z. B. Hohenschwangau, Babenhausen, Baumgarten
besaßen, den Fugger nahe verwandt waren, Karl V. oft mit großen
Summen unterstützten, kamen ebenfalls durch unmäßige Verschwendung
herunter. David Baumgartner schloß sich der Grumbach'schen Con=
spiration an, wurde nach der Eroberung von Gotha 1567 gefangen
und hingerichtet; sein Bruder Johann Georg brachte sein Vermögen
durch, wurde von seinen Gläubigern gefangen gesetzt und mußte ihnen
schließlich, um frei zu kommen, den Rest seiner Habe überlassen. Die
Verschwendung und Verschleuderung in Augsburg nahm mit der
Zeit überhand; sie trat oft an die Stelle der schaffenslustigen In=
dustrie und des goldtragenden Fleißes. Auch andere Geschlechter starben
aus, die einst auf dem Geldmarkte eine große Rolle gespielt hatten,
wie das der Hirschvogel in Nürnberg, von denen ein handschrift=
liches Geschlechterbuch besagt: sie hätten den Wein aus Welschland
wie den gemeinen Wein getrunken, ja gleichsam nur für ein Kühl=
waffer geachtet.

   So kamen und gingen, stiegen und sanken Geschlechter, deren
Name voll anklang in dem Concerte ihrer Zeit, die eine Macht
waren unter den Mächtigen und eine köstliche Zierde in der Bürger=
krone ihrer Städte. Nur wenigen war das glücklichere Geschick be=
schieden, heute noch, freilich in ganz anderen Verhältnissen und in
ständisch begrenzter Sphäre, eine hervorragende Stellung einzunehmen;
ihre große Rolle freilich bleibt ausgespielt. In ihnen spiegelt sich das
Loos wieder, welches ihre Heimath selbst betraf; auch Augsburg
und Nürnberg leben ein reiches glückliches Dasein weiter, aber auf ihren

Friedhöfen ruht ein mächtigeres und größeres Geschlecht; hier schlummern die Ahnen und ihr geweihtes Grab bekränzen voll Ehrfurcht und Pietät die Epigonen. Hier ruft der Mahner: „Weh Dir, daß Du ein Enkel bist!" Diese Städte, im dreißigjährigen Kriege schwer getroffen, sanken von ihrer längst erschütterten Höhe, als ganz Deutschland sank; sie waren bei allem Kosmopolitismus ihrer Stellung und ihres Wandels kerndeutsch und konnten die Zeitströmung nicht ertragen, die Frankreich zu uns trug. Als Alles sich anschickte, französisches Wesen nachzuäffen und Paris auf der Stirne zu tragen, bezog man Luxus- und Modewaaren nicht mehr von Nürnberg und Augsburg, sondern von Paris und Lyon.

Die Klagen des großen Kurfürsten in Berlin über die Abhängigkeit des deutschen Sinnes von Paris fanden ein lautes Echo in den Reichsstädten, aber Klagen hemmen nicht das Rollen des Rades, auf dem Clio durch die Zeiten und Ewigkeiten dahinfährt. Die Tage kamen nicht wieder, da Kaiser Karl V. bei den Schätzen von Frankreich, die ihm König Franz I. triumphirend wies, selbstbewußt die kühle Antwort geben durfte: „Alles dies kann ein Leineweber von Augsburg mit baarem Gelde bezahlen!"

Zweites Kapitel.

Agnes Bernauer. Clara Tett. Jacobine Jung.

Unter den vielen Frauen, welche Augsburg während seiner
Blüthezeit in das Licht der Geschichte treten ließ, erregen das höchste
Interesse Philippine Welser, mit der wir uns noch speciell beschäftigen
werden, Agnes Bernauer, Clara Tett und Jacobine Jung. Sind
dieselben auch in manchem einander verwandt, besonders durch ihre
Beziehungen zu den ersten Dynastien des deutschen Reiches, so gehen
doch ihre Erlebnisse wie ihre Charaktere wieder weit auseinander
und geben jeder eigenen Reiz und eigenes Gepräge.

Am Traurigsten war das Loos der holden Agnes, am Glänzendsten das Philippinens.

Auf Anordnung der kurbairischen Akademie wurde 1785 ein
schöner Grabstein von rothem Marmor in der alten Kapelle des
St. Peterskirchhofs zu Straubing von den Platten entfernt und in
die Mauer eingefügt, wobei man weder Sarg noch Gebeine vor-
fand; als sein Stifter gilt Herzog Ernst von Baiern, der Vater
Albrecht's III., der damit ein Werk der Sühne begehen wollte.
Der Stein zeigt eine Todte, auf Kissen ruhend; milder Friede liegt
auf dem mehr im Schlafe als im Tode entschlummerten Antlitze;
ein kostbarer Schleier, in den damaligen auf Kleiderordnung streng
haltenden Zeiten nur ein Attribut vornehmer Damen, umhüllt Kopf
und Hals; der mit Hermelin ausgeschlagene Mantel reicht bis zu
den Füßen, an denen die Sinnbilder häuslicher Treue und Ge-
selligkeit, Hund und Eidechse, lagern. Es ist, wie uns die einfache
Umschrift besagt, der Leichenstein von Agnes Bernauer, gestorben
am 12. Oktober 1435. Ihre Ueberreste hingegen ruhen seit 1447
nicht mehr im St. Petersfriedhofe, sondern auf ihren einstigen

Wunsch hin im Kloster der Karmeliterinnen zu Straubing, wo sie im Kreuzgange ein Betgewölbe und eine Grabstätte gestiftet hatte.

Die Geschichte der Agnes Bernauer ist zu einem vollen Romane gemacht worden und erst neuerdings brachte der fleißige Forscher Christian Meyer die Wahrheit zu Tage. Nach der vererbten Tradition war Agnes eine Augsburgerin, Tochter des Baders Kaspar Bernauer, machte die Bekanntschaft des bairischen Erbprinzen Albrecht bei einem großen vom Augsburger Stadtrathe veranstalteten Tourniere, tanzte mit ihm auf dem Rathhause und entflammte in ihm heiße Liebesgluth; er setzte Alles daran, um in ihren Besitz zu gelangen; ihr aber war die jungfräuliche Ehre heilig und Albrecht blieb nichts übrig als ihr die Ehe zu versprechen. Agnes entfloh hierauf dem alten Vater, Albrecht erwartete sie in der Nachbarstadt Friedberg, brachte sie nach Schloß Vohburg, dessen Trümmer noch klagend in die Donau niederschauen, und lebte hier mit ihr der Liebe; ob heimlich vermählt ob nicht, sei nicht absolut festzustellen. Dies Alles aber ist die Ausgeburt müßiger Phantasie.

Die gleichzeitigen Augsburger Geschichtsschreiber schweigen ganz von Agnes, erst in der zweiten Hälfte des 15. Jahrhunderts erwähnen ihrer bairische Chronisten, denen dann die späteren Augsburger Schriftsteller gewöhnlich folgen.

Obgleich man in Augsburg das Haus der Agnes Bernauer heute noch zeigt, stammte sie nicht aus Augsburg, wo zu ihrer Zeit der Name Bernauer ebenso wenig vorkommt wie der Leichtlin, den ihr ein späterer Chronist gab. Es scheint hingegen, daß Agnes aus der freien Reichsstadt Biberach (im heutigen Württemberg) und Tochter eines Baders war. Zwischen 1430 und 1432 diente sie in Augsburg als Bademagd; Prinz Albrecht, der von Friedberg her öfter nach Augsburg ritt und die Badestube besuchte, machte hier ihre Bekanntschaft. Ein Tournier fand während der Jahre, in denen das Verhältniß entstand, gar nicht in Augsburg statt. Der Beruf der Bader aber war so verachtet und die Patricier von Augsburg lebten, wie wir wissen, in solchen Begriffen von Exclusivität, daß die Zulassung einer Bademagd zum Geschlechtertanze auf dem Rathhause geradezu undenkbar zu nennen ist. Der bedeutendste bairische Chronist späterer Tage, der Benediktinermönch Clemens Sender, berichtet: Herzog Albrecht von Baiern zu München habe eines Baders

Tochter mit Namen Agnes „ain fast schönes mensch", ungemein lieb
gehabt, so daß man sagte, er habe sie zur Ehe genommen und ihr
die Ehe versprochen, sie aber doch nicht zur Kirche geführt.

Agnes zog mit dem Erbprinzen, der eine sehr entzündliche
Natur und darum von der Prinzessin Elisabeth von Württemberg
ausgeschlagen worden war, wahrscheinlich 1432 nach Schloß Voh=
burg; schwerlich ging er eine heimliche Ehe mit ihr ein, aber er
liebte sie von ganzem Herzen und versagte seinem Vater beharrlich
den innigsten Wunsch seines Alters, sich mit Anna, der Tochter
Herzogs Erich I. von Braunschweig=Grubenhagen, zu vermählen.
Da anzunehmen war, daß der kränkliche Neffe des Herzogs Ernst,
Herzog Adolph, nicht zu Jahren kommen würde, so beruhte Ernst's
ganze Hoffnung auf dem Erbprinzen Albrecht, seinem einzigen Sohne,
und es mußte ihm Alles daran liegen, durch eine standesmäßige
Ehe desselben Oberbaiern seinem Hause erhalten zu sehen. So
lange er an eine flüchtige Liaison des Sohnes glauben durfte, dessen
leichtes Blut sein Erbtheil war, blieb Herzog Ernst „der Stark=
müthige" beruhigt; er selbst hatte drei natürliche Kinder, die ihm
die Münchnerin Anna Winzer geschenkt, und konnte sich über eine
Liebelei des Sohnes nicht entrüsten. Ernst fand sich aber bitter
getäuscht, als er die tiefe Leidenschaft für Agnes erkannte, als sein
Sohn taub für alle Vorstellungen blieb. Agnes war von hoher
Schönheit; ein zarter Liebreiz ergoß sich über die holde Erscheinung,
ihr Bau zeigte ein vollendetes Ebenmaß, ihr Gesicht war edel und
fein und ihr goldschimmerndes Haar fluthete bis zu den Knieen
hinab. Ueber die Eigenschaften ihres Herzens und ihres Geistes
berichten uns die Historiker nichts, doch spricht für sie, daß Agnes
den leichtlebigen Erbprinzen bis zu ihrem Tode enge an sich zu
fesseln verstanden hat.

Alle Versuche des Herzogs Ernst, Albrecht von Agnes abzu=
ziehen, waren gescheitert und so griff er zu einer zweischneidigen
Waffe; er unternahm einen Sturm auf das Standes= und Ehrgefühl
des Sohnes. Als dieser 1434 an einem Tourniere in Regensburg
theilnehmen wollte, ließ er ihn wegen unritterlichen Lebens, wegen
„seiner Buhle Agnes", wie der Chronist Andreas von Regensburg
sagt, von den Schranken zurückweisen. Albrecht wurde jedoch hier=
durch nicht nur nicht von seiner Geliebten losgerissen, sondern noch

mehr bei ihr befestigt. Er verließ voll Wuth Regensburg und
brachte Agnes, für die er Gefahr Seitens seines Vaters witterte,
von Vohburg auf das feste Schloß Straubing an der Donau, wo
er sie mit fürstlichem Pompe und Hofstaate umgab und als seine
Gemahlin und Prinzessin erklärte; als solche sollten Alle sie be-
trachten und ehren. Der Zorn des Vaters schlug nun in die
äußerste Wuth über und seit sein Bruder, Herzog Wilhelm III.,
am 12. September 1435 gestorben war, stand ihm Niemand mehr
zur Seite, der zur Milde gegen den Sohn mahnte. Er benutzte
eine Abwesenheit Albrecht's, bemächtigte sich des Schlosses zu Straubing und ließ Agnes verhaften. Auf seinen Befehl leitete Johann
von Degenberg in sehr summarischer Weise ein Prozeßverfahren
gegen die Unglückliche ein, klagte sie der Zauberei an und der Tod
wurde ihr zuerkannt. Nach der Aussage Sender's konnte sie sich
retten, wenn sie auf Albrecht verzichtete, aber das Leben ohne ihn
schien ihr ärger als der Tod in den Fluthen, zu dem Frauen
meistens verurtheilt wurden. Andere sprechen davon, sie habe sich
im Processe sehr trotzig benommen, den Herzog Ernst nicht als ihren
Herrn und Richter anerkennen wollen und sich auf ihre herzogliche
Stellung berufen, was Ernst immer mehr aufgebracht haben soll.

Ich glaube, aus dem wenigen uns über den Proceß Ueberlieferten
darf man kecklich den Schluß ziehen, daß sie in unverbrüchlicher Liebe
an Albrecht festhielt und nach muthiger Haltung in dem nichtswürdigen
Processe gefaßt und hochherzig dem Tode entgegen ging. Henkers-
knechte banden sie und stürzten sie Angesichts des Straubinger
Schlosses, in dem sie als Albrecht's Fürstin ihren fröhlichen Hof
gehalten, am 12. Oktober 1435 von der Brücke in die tosende
Donau. Es gelang ihr einen Fuß aus den Fesseln zu lösen, an das
Ufer zu schwimmen und um Hülfe zu rufen, aber der Henker sprang
herbei und die Furcht vor dem Zorne des Herzogs erstickte in ihm
den letzten Rest von Menschlichkeit. Er ergriff eine Stange, schlang
ihr goldenes Haar, welches sie wie ein Mantel umfloß, darum und
stieß sie in die Wogen zurück. Noch einmal braußten die Wasser
schäumend auf, dann schlossen sie sich über dem schönen Weibe.

Als Albrecht heimkehrte, fand er die theure Agnes nicht mehr,
sein Haus veröbet; sein Schmerz war unbändig wie seine Wuth
gegen den harten Vater. Daß er ihn aber mit einem Rachekriege

überzogen, verweist die neueste Forschung in den Bereich der Fabel. Er eilte hingegen zu dem Todfeinde des Herzogs, dem Herzoge Ludwig VII. dem Bärtigen von Baiern-Ingolstadt, und Ernst durfte das Schlimmste befürchten.

Alle seine Mahnungen und Bitten wie die befreundeter Fürsten waren vergebens, nicht aber die Intervention des Kaisers Sigismund. Zu seiner Rechtfertigung stellte Ernst diesem vor, Agnes Bernauer sei ein böses Weib gewesen, habe Albrecht mit großer Härte behandelt und ihm das Leben vergällt; sie habe beabsichtigt, den kleinen Herzog Adolph zu vergiften, und trotz alles Drängens nicht von Albrecht ablassen wollen. So sprach der alte Fürst schändliche Lüge und echte Wahrheit in demselben Athemzuge aus. Sigismund's Vermittelung war so rasch von Erfolg begleitet, daß Albrecht schon im Anfange December 1435 als „lieber Sohn" zum Vater nach München ging, wo er am 12. December „mit Gunst und Willen" desselben eine Urkunde über eine Agnes gewidmete Meßstiftung ausstellte. Sein Vater selbst stiftete zum Andenken der Gemordeten einen Jahrestag und ließ über ihrem Grabe eine Kapelle erbauen. Im nächsten Jahre kam es um lediglich politischer Fragen, nicht aber um des Justizmordes willen, zu einem Streite zwischen Vater und Sohn, Kurbrandenburg schlichtete ihn, der Sohn wurde zum Mitregenten ernannt und heirathete am 22. Januar 1437 Anna von Braunschweig. Ihr aber blieb er nicht treu; seine große Sinnlichkeit bereitete ihr manche herbe Stunde; unter seinen Bastarden wurde am Bekanntesten der Sohn der Münchener Patriciertochter Ligsalz, Johann von Neuhauser, der Kanzler seines Halbbruders, des Herzogs Albrecht IV.

Am 2. Juli 1438 folgte der Erbprinz dem Vater als Herzog Albrecht III., um mit den Jahren zum Pfaffenknechte zu werden und sich wegen seiner Begünstigung der Kirche den Beinamen des „Frommen" zu erwerben. Der schwache Mann starb am 29. Februar 1460 zu München und ruht zu Andechs.

Sein Name lebt im Munde des Volkes nur im Verbande mit dem Agnesens fort; sie hält ihn im Gedächtnisse. Agnes wurde ein Lieblingsthema der Dichtung. Der berühmte Franz von Kobell verherrlichte sie in seinen oberbairischen Gedichten; Franz Joseph Maria von Babo, Graf J. A. von Törring, Julius Körner,

Hermann Schiff, Adolph Böttger u. A. bearbeiteten den Stoff drama-
tisch, am Geschicktesten aber Christian Friedrich Hebbel (Wien 1855),
Melchior Meyr (Stuttgart 1862 in „Herzog Albrecht“) und Otto
Ludwig, der Agnes Bernauer in vier Tragödien und zwei Frag-
menten mit tiefster Theilnahme an ihrem Schicksale behandelte.

Am Abhange des Berges, der die unvergleichlich schöne Ruine
des Heidelberger Schlosses trägt, steht ein den Studenten der Musen-
stadt werthes Wirthshaus, das Bremeneck, gegenüber dem weithin
bekannten Faulen Pelz. Hier lebte einst Clara Tett. Nach den
neuesten Forschungen war Clara Tett oder Tettin, um sie nach der
Sitte ihrer Zeit zu benennen, aus der im 15. Jahrhunderte in
Augsburg unter den Wohlhabenden erscheinenden Familie Tott;
schon Ladislaus Suntheim spricht von „Clara Tottn“. Ihr Vater
war kein Musikant, oder aus ritterbürtigem altem Geschlechte, wie
oft gesagt worden ist, sondern der Rathsknecht Erhard Tott in Augsburg, der nach dem schon genannten Chronisten Sender 1449 wegen
Diebstahls an der Stadtkasse am Galgen endete. Clara wurde Hof-
fräulein in München.

Der Chronist Matthias von Kemnat ist ihres Lobes übervoll;
er führt lateinische Verse auf Clara's Tugenden an und nennt sie
selbst, unermüdlich mit ihrem Namen operirend, „klar (d. h. berühmt)
von Sitten, klar an Güte, klar wohlredend, klar an Süßigkeit und
Treue, klar über die hohen Weiber, schamhaft, demüthig, mäßig,
sanftmüthig, schimmernd und klar in allen guten Sachen, klar in
allen Tugenden, am allerklarsten an Weisheit und Vernunft. Die
Clara hielt sich in allen klaren Sachen, also daß sie von Jedermann
gelobt und lieb gehabt wurde.“

Am 13. August 1449 starb Ludwig IV.; ihm folgte als
Kurfürst von der Pfalz sein Sohn, Philipp der Aufrichtige, ein
einjähriges Kind, für welches des Verblichenen Bruder Friedrich
die Regentschaft übernahm. Am 6. September 1451 machte sich
der Vormund mit Einwilligung der Agnaten und der Großen selbst
zum Kurfürsten und adoptirte seinen Neffen Philipp am 13. Januar
1452. Die Geschichte kennt ihn als „Friedrich I. den Siegreichen“
oder „den bösen Fritz.“ Bei einem Aufenthalte in München lernte
er Clara kennen, eroberte ihr Herz, machte sie zu seiner Geliebten

4

und wurde 1459 und 1462 Vater; seine Söhne werden als vorzüglich begabt geschildert. Der eine, Friedrich, ergriff den geistlichen
Beruf, wurde Domherr in Speier und Worms und Protonotar des
Papstes, starb aber schon mit fünfzehn Jahren im Oktober 1474.
Der zweite, Ludwig, erhielt die seinem Vater verkaufte Grafschaft
Löwenstein, wurde von Kaiser Maximilian I. am 27. Februar 1494
in den erblichen Reichsgrafenstand erhoben, begründete die gräflichen,
seit 1711 und 1812 fürstlichen Häuser Löwenstein-Wertheim
und starb am 28. März 1524.

Am 27. September 1470 bestimmte der Kurfürst Clara wegen
ihrer steten Treue und Ehrbarkeit eine Reihe von Geldern, Häuser
in Heidelberg, Worms u. s. w. Der Papst erklärte auf seine
Bitten beide Söhne für ehelich; Friedrich bestimmte ihnen und Clara
am 9. Oktober 1470 im Einzelnen ihren Besitz und sorgte für
etwaige Vormundschaft, falls er zeitig sterben sollte; im März 1473
traf er neue Verfügungen über die Versorgung der Söhne und ernannte ihre Vormünder.

Laut einer Urkunde von 1471 (Dienstag vor St. Gallus)
bezeugte er, er habe sich mit Einwilligung des Thronerben Philipp
vom Burgkaplane Hartmann in Heidelberg mit Clara trauen lassen,
er bedürfe bei zunehmender Körperschwäche der Pflege und es sei
ihm das Sakrament verweigert worden. Nach einer anderen neuen
Angabe fand die Vermählung am 24. Januar 1472 statt.

Clara Tettin — so schrieb sie sich selbst — verwittwete am
12. Dezember 1476 und starb erst am 29. April 1520.

Auf dem Augsburger Reichstage ging es 1547 gar hoch her.
Unter den Fürsten waren zwei der nach Genuß und Abenteuern
lüsternsten der Kurfürst Moritz von Sachsen und der Markgraf
Albrecht Alcibiades von Brandenburg-Culmbach, von denen Ersterer
sich wenig um seine ihm zu trübsinnige Gemahlin kümmerte und
Letzterer als unvermählt mit vollen Zügen genießen wollte. Beide
„machten Kundschaft auf dem Bairischen Frauenzimmer", schwelgten
bei köstlichen Bankletten, wo Männer und Frauen wacker dem Weine
zusprachen, und wohnten bei dem reichen und sehr gesuchten Arzte
Dr. Jung, der bei dem letzten Geschlechterschube unter die Patricier
aufgenommen worden war und schöne Töchter besaß. Als der Rath

einen Geschlechterball auf dem Rathhause gab, war die eine der Töchter, Jakobine Jung Albrecht's Lieblingstänzerin. Nach der Schilderung war sie groß und schlank, überragte an schönem Aeußeren alle Genossinnen und im Gegensatze zu ihnen trug ihr zartes ovales Gesicht den bleichen Ton der Italienerin; über der schmalen Stirn lagen dichte dunkle Locken, deren Fülle ein Goldreif kaum bewältigen konnte. Die großen mandelförmigen Augen waren sammetschwarz und verriethen glühende Leidenschaft. Jakobine war zu übermüthigem Scherze stets aufgelegt, gerne ließ sie ihrem Mutterwitze freien Lauf und da sie nichts weniger als spröde war, konnte sie auch Derbheit ihrer Verehrer ertragen. Berichte erzählen mancherlei davon und meinen, Moritz, Albrecht und Jakobine „hielten also Haus, daß der Teufel darüber lachen mochte."

Neben dieser sinnlichen Leichtlebigkeit besaß aber Jakobine auch bedeutende innere Vorzüge. Da ihre Mutter frühe gestorben war, hatte der gelehrte Vater völlig ihre Erziehung geleitet und sie errang eine seltene Bildung, beschäftigte sich auch voll Eifer und Liebe mit ernster Wissenschaft. Albrecht Alcibiades gab sich ganz dem Zauber ihrer Erscheinung hin, Beide waren selig in ihrer Liebe und ihrem Glücke und fragten nicht nach Tadel oder Nichtachtung der Welt. Eine jüngst erschienene wenig bedeutende Schrift von Warnatz erzählt, Jakobine habe Pagentracht angelegt und als Junker von Stammheim den abenteuernden Markgrafen auf seinen Zügen begleitet; sie sei nicht von ihm gewichen, bis in Pforzheim bei seinem Schwager, dem Markgrafen Karl II. von Baden, am 8. Januar 1557 sein müdes Auge brach; sein letztes Wort sei ein inniger Dank an Jakobine gewesen. In den Biographien Albrecht's habe ich hiervon nichts gefunden. Ueber Jakobinen's Ende theilt auch Warnatz nichts mit. Das treue Halten an ihr ist jedenfalls einer der schönsten Züge im Leben des leichtfertigen und ruhelosen deutschen Alcibiades.

Drittes Kapitel.

Humanismus und Maximilian I.

———

Im lebendigen Dasein durchbringen sich kirchliche und politische Geschichte; das politische Leben einer großen Nation muß von religiösen Ideen getragen werden, muß zu Gott in Beziehung stehen. Die religiös-politische Lebensthätigkeit unseres Volkes stand im kraftvollsten Triebe während der Reformation. Sie war nicht blos ein kirchliches Ereigniß; mit der Umgestaltung der Kirche brach auch neues Licht und Leben durch in Staat und Literatur.

Seit der Mitte des 15. Jahrhunderts drängte das wissenschaftliche Leben nach einer läuternden Krisis hin, denn Stoff wie Form waren überlebt. Die Scholastik, lange schon im Verfalle, war zur leeren Spitzfindigkeit ausgeartet; darum fiel die Philosophie von der Theologie ab, bemäntelte jedoch weltklug ihren Abfall. Ein platonisch-aristotelischer Pantheismus ging aus von den arabisch-spanischen Hochschulen. Die Schulen der Realisten und Nominalisten traten in's Leben und bekämpften sich mit Aufgebot aller Kräfte; trotz äußerer Unterwerfung unter die römische Kirche arbeiteten die Nominalisten, an den bestehenden Lehren rüttelnd und unter Führern wie Wilhelm von Occam, indirekt dem Protestantismus vor. Auch die lateinische Mischsprache, die wissenschaftliche Form, war greis geworden und bedurfte der Verjüngung aus dem ewigen Jugendborne der Antike. Die anbrechende Neuzeit forderte einen Bund zwischen dem Nationalen und Antiken, sie ergriff die Fackel, um die eigene Welt zur Vermählung mit der römisch-griechischen in's Brautgemach zu führen, ein Faust'sches Sehnen nach Helena beherrschte sie. In Italien begann diese Verjüngung, das Renascimento, denn dort stieß man überall auf Erinnerungen an Rom, die kaiserliche Weltherrin. In Folge der fortgesetzten Funde an antiken Denkmalen trat an die Stelle kirchlicher Frömmigkeit eine Art heidnischer, auf Kunst und Wissenschaft beruhender Andacht; anstatt Reliquien von Heiligen sammelte man Bibliotheken; alle Welt wetteiferte in der Pflege der römisch-griechischen Studien, die als menschheitliche, (humanistische) oder als gute (bonae literae) bezeichnet wurden; sie galten als Basis zur restauratio literarum. Die Kirche folgte dieser Richtung; durch ihre fein gebildete Kanzlei mit dem alten Rom verbunden pflegte sie, mit dem Staate wetteifernd, die neue Wissenschaft der Antike. „Man glaubte", sagt Kortüm, „in guten Treuen, den Zauberschlüssel für die Bildung und Wohlfahrt des Menschengeschlechts gefunden zu haben." Aber der Humanismus suchte meist nur dem ästhetischen, nicht dem sittlichen Gewissen zu entsprechen, entwickelte häufig antikirchliche, gegen die Tradition und auf ein modernes Heidenthum abzielende Tendenzen; es galt selbst am päpstlichen Hofe gewissermaßen als guter Ton, etwas den Ketzer herauszuhängen, und der Freund Leo's X., der gefeierte Cardinal Pietro Bembo, wunderte sich nicht nur, daß ein Melanchthon an Unsterblichkeit der Seele glaube, sondern entblödete sich nicht, von dem „einträglichen Mährchen von Jesu Christo" zu reden.

Vielfach fand jetzt die Jugend unentgeltlichen Unterricht in Latein und Griechisch; kurz vor und nach der Eroberung Konstantinopel's durch die Türken kamen flüchtige griechische Gelehrte nach Italien und verbreiteten hier griechische Bildung, doch rang ihre Schule weit mehr nach Fülle des Wissens als sie Werth auf Tiefe und Kritik legte. So war auch den großen italienischen Künstlern die Religion hauptsächlich eine Welt lohnender Stoffe, um nach rastloser Arbeit ein üppiges und reiches Leben genießen zu können; es fehlte ihnen die Innigkeit so mancher Deutschen, eines Albrecht Dürer u. A. Während in Italien die Alterthumsstudien sehr selten einen praktisch-pädagogischen Gang nahmen, verfolgten sie diese Richtung alsbald in Deutschland; die neue Sprach- und Redekunst wurde weniger Zweck als Mittel; man wollte die menschliche Rohheit durch Humanitätsstudien läutern und sah im Gegensatze zu Welschland dabei nicht so sehr auf das Zierliche und Aesthetische als auf das Brauchbare und Wahre. Die Schulen des Thomas a Kempis und seiner Gesinnungsgenossen begeisterten für den pädagogisch-wissenschaftlichen Beruf und erstrebten die gründliche Reform des Unterrichts. In Deutschland trieb der Humanismus seine schönsten Früchte, weil er nicht Geschmack- und Schönheitssache blieb, sondern Gefühl und Herz beherrschte; „Gott und seine Gerichte besser kennen zu lernen", sollte er seinen Jüngern ermöglichen. Rudolph Agricola, „ein fahrender Ritter der Alterthumskunde", verfolgte die klassischen Studien als Lebensaufgabe; Konrad Celtes, der erste von kaiserlicher Hand gekrönte deutsche Dichter, verbreitete die neue Wissenschaft unter den höheren Ständen und bildete nach dem Muster der platonischen Akademie von Florenz einen patriotisch-schöngeistigen Kreis; den von ihm eingeschlagenen ästhetisch-historischen Weg verfolgten seine Schüler Peutinger, Pirkheimer u. A. Die deutsche Humanistenschule verschmolz das weltliche und das heilige Schriftenthum; „die beiden Augen Deutschlands", Reuchlin und Erasmus, gaben der alten Wissenschaft einen praktischen Charakter für die Schule und beugten der ihr drohenden Verflachung vor. Im Gegensatze zu Aristoteles, auf den die Welt bisher geschworen, wurde Plato der Mann der Philosophen, blieb aber doch mehr der Leitstern der literarischen Opposition, indem Aristoteles seine Herrschaft an den meisten Universitäten zu behaupten wußte. Mathematik und Kosmographie machten gewaltige Fortschritte, die Träumereien der Astrologie wurden entschleiert oder verfielen dem Banne des Zweifels; hierzu trugen in erster Linie die großen Entdeckungsfahrten der Romanen bei. Der Reformator der Sternkunde und Mathematik, Johannes Regiomontanus, schlug 1471 in Nürnberg seinen Sitz auf, erhob diese Stadt zu einem Leuchtthurme für die mathematische und physikalische Wissenschaft und erweckte die geistig regsame Bürgerschaft immer mehr für wissenschaftliche Interessen. Zuerst unter Allen hielt er populäre Vorträge über Mathematik und Astronomie; er schrieb über alle Gebiete seines Wissens; unter seiner Leitung wurden in einer großen Werkstätte astronomische Instrumente, Maschinen, Räderwerke, Kompasse, Globen, Landkarten gefertigt, die für die nautische Astronomie die höchste Bedeutung erlangten; Nürnbergs physikalische, mathematische und astronomische Instrumente erfreuten sich eines Weltrufs und wurden überallhin bestellt; Nürnberger Kompasse begleiteten die kühnen Seefahrer als sicherste Rathgeber, wie die Nürnberger Landkarten für das Studium der Geographie von besonderem Werthe waren.

Regiomontanus erzog Schüler wie den früher erwähnten all-
bekannten Martin Behaim. Sein Freund, der reiche Rathsherr
Bernhard Walther, unterstützte Regiomontanus mit fürstlicher Frei-
gebigkeit, so daß er in Nürnberg eine eigene Druckerei für mathematische und astronomische Werke gründen konnte, wobei er einen
ganz neuen Apparat angab; hier erschienen Werke von höchstem
Werthe für die Wissenschaft und ein Kalender für das Volk, der
erste seiner Art und ein Vorbild für alle folgenden. Walther ermöglichte es ihm, die erste in Europa vollkommen eingerichtete Stern-
warte zu erbauen, und Regiomontanus bestimmte zuerst von allen
abendländischen Astronomen Entfernung, Größe und Umlaufszeit der
Kometen. Unter seinem Einflusse sproßte in Nürnberg reiches geistiges Leben auf; die Stadt wurde in wissenschaftlicher Beziehung
ein Stern erster Größe. Die mathematische Disciplin wurde hier
glänzender als auf jeder deutschen Universität gepflegt. Bernhard
Walther, der das Haupt unserer Astronomen ward, schritt mit Johann
Werner, Johann Schoner, Konrad Heinfogel auf der Bahn des
großen Regiomontanus rüstig fort. Auch Nichtmathematiker suchten
sich gründliches mathematisches Wissen anzueignen, Pirkheimer und
Dürer konnten als tüchtige Mathematiker gelten; Dürer's Bücher
über die Meßkunst nützten der Mathematik ebenso wie seine trefflich
gezeichnete und in Holz geschnittene Sternkarte, zu der ihm Stabius
und Heinfogel das Material lieferten, der Astronomie; Pirkheimer
unterstützte Schoner in der Verfertigung astronomischer Instrumente
und ließ aus seiner reichen Bibliothek durch Thomas Venatorius den
Archimedes herausgeben. Regiomontanus war auch für die Ver-
breitung des Griechischen und für geschichtliche Studien in Nürnberg
sehr thätig, einer der ersten Deutschen, die Griechisch lernten. Ebenso
kundige wie emsige Begünstiger der sich Bahn brechenden wissen-
schaftlichen Bildung waren die Patricier Sebald Schreyer, der Mäcen
Adam Krafft's, Johann Löffelholz und Johann Pirkheimer, der
Vater Wilibald's; sie legten Bibliotheken an, nahmen junge Gelehrte
gastlich in ihre Wohnungen auf und beförderten ihre Werke zum Drucke.
Nur Schreyer's Liberalität machte es dem Stadtphysikus Hartmann
Schedel möglich, sein glänzendes Buch der Chroniken zu veröffentlichen
und mit weit über zweitausend Holzschnitten ausstatten zu lassen;
Schedel verfertigte auf Grund seiner in Padua angelegten historisch-

antiquarischen Collektaneen ein großes Werk über die Merkwürdig-
keiten Italiens mit besonderer Berücksichtigung der Inschriften; für
eine ähnliche Sammlung Alterthümer und Epigramme zu Ehren
Deutschlands stellte ihm Wilibald Pirkheimer manche Notizen, Ab-
schriften und Abbildungen zu Gebote. Der Freund Schedel's und
Schreyer's war der Benediktiner Siegmund Meisterlin, der große
Chronist seiner Vaterstadt, die wegen der bedeutenden Zahl von
Freunden und Gönnern der schönen Wissenschaften als die erste in
Deutschland betrachtet wurde, in der dem Humanismus emsige Pflege
entgegen kam, ein Lob, das ihr auch Ulrich von Hutten spendete.

Geschichtsforschung und Geschichtsschreibung der damaligen Tage
schlossen sich gerne an römische Muster an; die deutsche hing sich zu
sehr an das Lateinische und versäumte über der Form den Inhalt,
wie wir an Peutinger, Wimpheling, Celtes, Tritheim u. A. sehen;
weit lebensfrischer waren die deutschen Chroniken. Alles Sträuben
verknöcherter Theologen gegen den jugendlichen Aufschwung der Wissenschaften half nichts und die Universitäten, die sich in raschem Werben
in allen Landen folgten, wurden eine Großmacht im Dienste des
Humanismus.

Zeughäuser der neuen literarischen Schätze waren die Biblio-
theken, die Deutschland nach Italiens Vortritte anlegte. Die Buch-
druckerkunst verbreitete sich reißend schnell, wurde die glänzendste
Propagandistin für die Wissenschaft und ließ ihre Fluthen durch keine
Censur hemmen. Durch Uebersetzungen wurden die klassischen Schriften
Gemeingut. Schon 1470 druckte ein Gehülfe Guttenberg's in
Nürnberg und Antou Koburger errichtete hier seine große Druckerei;
er war einer der berühmtesten Buchdrucker und Buchhändler seiner
Zeit, beschäftigte 150 Arbeiter an 24 Pressen und hatte Commis-
sionslager in Frankfurt, Leipzig, Wien, Danzig, Prag, Lyon,
Venedig und Amsterdam; seine künstlerisch ausgestatteten deutschen
und lateinischen Bibelausgaben waren sehr gesucht; er verbesserte die
gothische Schrift und förderte die Holzschneidekunst; seine Druckerei
besaß europäischen Ruf und 1499 nannte ihn ein Pariser Verleger
den „König der Buchhändler." Er hob Albrecht Dürer aus der
Taufe. Erst 1516 trennte sich der Verlagshandel in Nürnberg von
der Buchdruckerei und Johann Otto tritt als Verleger allein auf;
in Augsburg gab der Buchhändler Georg Willer seit 1564 ein Ver-

zeichniß aller auf die Büchermesse gebrachten neuen Schriften heraus.
Die Drucker in Nürnberg und Augsburg zählten zu den besten im
Reiche. Der Abt von St. Ulrich, Melchior von Stammheim, legte
1472 in der Abtei selbst in Augsburg eine Druckerei an und feuerte
die Mönche zu literarischer Rührigkeit an. Auch unter ihnen machten
sich die Wirkungen des Humanismus geltend, sie lernten und lehrten
Griechisch und selbst Hebräisch. Der Propst Johann Koler stand
mit Erasmus in Briefwechsel und widmete Peutinger seine Collec-
tanten gegen die Wiedertäufer; der Mönch Veit Bild, höchst viel-
seitig gebildet, war ein eifriger Correspondent Heinrich Bebel's,
Spalatin's, Oekolampadius', Peutinger's, Pirkheimer's und Anton
Fugger's; der Mönch Clemens Sender begann eine allgemeine Welt-
geschichte. Zu den besten Dichtern seiner Zeit zählte man den
Augsburger Gelehrten Johannes Pinicianus, den „gekrönten Poeten.“
Peutinger war es vorzüglich, der wissenschaftliche Regsamkeit in
Augsburg anfachte, zu eifrigem humanistischem Studium begeisterte.
Ohne daß Augsburg eine Universität besaß, wurde hier durch Privat-
personen dem Humanismus eine der glänzendsten Burgen errichtet.
Selbst im Clerus faßte er so Fuß, daß Viele anstatt der Scholastik
die Bibel studirten; das Volk las die heilige Schrift, die Nachfolge
Christi des Thomas a Kempis und andere Erbauungsschriften evan-
gelischen Gehaltes, die massenweise in Augsburg gedruckt wurden.
Die geistlichen wie die weltlichen Obrigkeiten unterstützten diese
Richtung und zu einer Zeit, wo man in Augsburg längst den Ablaß
verachtete, berief Bischof Friedrich aus dem Hause Hohenzollern, um
der Predigt des Evangeliums aufzuhelfen, den gefeierten Johann
Geiler von Kaisersberg 1487 auf einige Monate nach Augsburg;
hier donnerte der populäre Volksredner gegen die Sittenlosigkeit der
„faulen Bäuche“, fand begeisterte Lauscher und machte reichlich Propaganda. Gleich ihm schrieb und sprach der Priester Wolfgang
Aitinger gegen Trägheit und Verworfenheit des Clerus und der
Prior der Predigermönche, Johann Faber, dachte wie sie.

Konrad Peutinger, der erste Staatsmann und Gelehrte
Augsburgs, ein Patricier der stolzen Stadt, verpflanzte, in Italien
gebildet, den italienischen Humanismus in seine Heimath. Durch ihn
wurde hier die Liebe zu Kunst und Wissenschaft eingebürgert und
Gemeingut; die Stadt der Fugger und Welser wollte auch eine

Kunststadt, werden und als 1555 ein Fugger vom Rathe begehrte, er möge ihm eine Reitschule in einem Hause im St. Annen-Hofe errichten lassen, gab der Rath die bezeichnende Antwort: es zieme sich nicht neben einer Schule der Wissenschaft (Gymnasium von St. Anna) Pferde abzurichten und eine Bibliothek solle in das betreffende Haus kommen. Was half dem Fugger seine Devise:

> „Nichts Angenehmer's ist doch auf der Erb'
> Als eine schöne Dama und ein schönes Pferd."?

Die Bibliothek ging vor. Peutinger war in Italien der Freund des „Wunderkindes" Fürsten Pico de Miranbola geworden, in Deutschland trat er als einer der berühmtesten Humanisten neben Reuchlin, Celtes und Pirkheimer. Seine Gattin, eine Welser, wurde durch ihre gelehrte Erziehung befähigt, seine Studiengenossin zu sein und seine kleine Tochter Juliane konnte schon mit vier Jahren Kaiser Maximilian I. 1504 im Namen des Rathes in lateinischer Sprache in Augsburg bewillkommnen. Peutinger studirte eifrigst Geschichte und Literatur, besonders interessirten ihn Antiquitäten; er legte bei sich eine großartige Sammlung davon an und gab bei Ratolb in Augsburg 1506 „Romanae vetustatis fragmenta in Augusta Vindelicorum et ejus Dioecesi" sowie eine Reihe Arbeiten heraus. Er sammelte Bücher, Münzen, seltene Handschriften; seine Bibliothek war in ganz Deutschland berühmt. Die älteste Karte des römischen Reichs, die Celtes im Benediktinerkloster zu Tegernsee entdeckt hatte, war in seinem Besitze; es ist dies die weltbekannte „Tabula Peutingeriana." Celtes hatte sie ihm geschenkt und er gab sie trotz aller vortheilhaften Angebote nicht her, hingegen begann er sie zu copiren, wobei ihn der Tod überraschte. Die Karte verschwand, bis Marcus Welser die Copien mit einem gelehrten Commentare 1591 in Venedig herausgab, ja 1598 das Original selbst in Peutinger's Bibliothek fand; nach dem Tode des letzten Peutinger kam es durch den Prinzen Eugen von Savoyen 1720 in die kaiserliche Bibliothek nach Wien. In der Kunst wirkte Peutinger für die „neu römische Art"; er gab die Gegenstände an, die am Rathhause und an den Fuggerhäusern gemalt werden sollten, historische Scenen aus der Zeitgeschichte, besonders Verherrlichungen Maximilian's I. Eine solche historische Malerei bezeichnet ganz die neuen Zeitideen. Peutinger stand im engsten literarischen Verkehre

mit den ersten Gelehrten und mit Maximilian, war sein Vertrauensmann in jeder Hinsicht, wurde kaiserlicher Rath und diente ihm und
Augsburg, wo er Stadtschreiber war, wegen seiner gewandten Rede
vielfach zu diplomatischen Sendungen. Er erweckte bei Maximilian
lebhaftes wissenschaftliches Interesse selbst für Augsburgs alte Geschichte; er war der Mittelsmann für seine künstlerischen Liebhabereien, besorgte meistens seine Aufträge an die Waffenschmiede,
Goldarbeiter, Holzschneider und Drucker seiner Vaterstadt, sah sich
aber auch oft mit der schwierigeren Aufgabe betraut, Geld zu beschaffen
und drängende Gläubiger zur Ruhe zu bringen.

Emsig nahm sich auch des Gedeihens der Wissenschaften Matthäus Lang an, der 1468 in Augsburg geborene Sohn des Hans
Lang und der Margaretha Sulzer, von Vielen für einen natürlichen
Sohn Maximilian's gehalten. Konrad Celtes preist ihn als Patron
der Dichter. Durch treffliche Geistesgaben hatte Lang sich emporge-
schwungen, diplomatische Gewandtheit und seine Weltbildung machten
ihn zu des Kaisers Liebling; er wurde Dompropst in Augsburg,
1505 Bischof von Gurk, als „Lang von Wellenburg" geadelt, erlangte 1511 den rothen Hut, 1519 das Erzbisthum Salzburg, und
starb 1540; er war Kanzler Maximilian's und stand in hoher Gunst
bei Leo X.

Einer der entschiedensten Anhänger Reuchlin's, einer der be-
geistertsten Humanisten, einer der freigiebigsten Mäcene von Künstlern
und Gelehrten war der Nürnberger Patricier und Rathsherr Wilibald Pirkheimer, wie Peutinger ein intimer Freund Maximilian's I.
Auch er hatte in Italien gelehrte Bildung gewonnen, Griechisch
gelernt und verstand die Klassiker zu lesen, diente dann Nürnberg
als Jurist, Staatsmann und Redner, Maximilian und Karl V. als
Heerführer und Diplomat, besorgte nebst dem Nürnberger Propste
Melchior Pfinzing für Maximilian wiederholt wichtige Aufträge,
widmete ihm mehrere Schriften und wurde kaiserlicher Rath. Maximilian lud ihn gerne zur Tafel, unterhielt sich mit ihm über politische und wissenschaftliche Fragen und befolgte oft seine weisen
Rathschläge. Trotz aller Geschäfte fand Pirkheimer noch Muße zu histo-
rischen und philologischen ernsten Studien. Er stand wie ein Fürst
unter der Gelehrtenwelt. Seine literarischen Verbindungen reichten
nach Frankreich, Italien, England. Sein mit Büchern und Kunst-

schätzen reich ausgestattetes Haus war ein Centrum der humanistischen Bestrebungen, ein Stelldichein der feingebildeten und gelehrten Gesellschaft. Seine Schwester Charitas, Aebtissin des Klosters zu St. Clara, war eine der gelehrtesten Frauen in Deutschland.

Neben den klassischen Studien ging in Deutschland die Nationalliteratur einher, es entstand die bisher unbekannte Volks- und Oppositionsliteratur. Mit Blitzesschnelle verbreiteten sich Lehr- und Witzbücher groben und feineren Kalibers; die „grobianische Literatur" trat auf, verfocht in Volksschriften das Recht der Natur gegen die Blasirtheit, verhöhnte die Pfaffen und ihre Unsittlichkeit und fand ihr Lieblingsthema in der verkehrten Welt; zu ihren wichtigsten Repräsentanten zählen „Till Eulenspiegel" und „Reineke der Fuchs." Das „Narrenschiff" des Sebastian Brant in Straßburg, allwärts stürmisch begrüßt und von Tritheim eine göttliche Satire genannt, verkörperte alle Stände der Zeit mit ihren Gebrechen und empfahl Selbsterkenntniß als die einzige Quelle lauterer Besserung und reiner Zustände. Geiler von Kaisersberg hielt 110 Predigten über den Narrenschwank; der witzige Barfüßer Thomas Murner in Straßburg schrieb eine „Narrenbeschwörung", „Schelmenzunft" und „Gauchmatt", Erasmus sein „Lob der Narrheit"; die Malerei überkam den dankbaren Stoff, Holbein versah Erasmus' Buch mit Randzeichnungen und Dürer malte die Narrenmühle. Die Volksliteratur war ganz plebejisch, voll Spott und Polemik gegen das Bestehende und Traditionelle; den Formen conventionellen Auftretens und Benehmens wurden die Rechte ungebundener Natürlichkeit gegenüber gestellt, der „Kunz und Fritz" waren die Repräsentanten des klugen Volkes gegenüber der dummen Weisheit der hohen Stände, die Kirche kam meist am Schlimmsten weg. Hierin lag ein gutes Stück öffentlicher Meinung, welches nicht wenig zum Erfolge der Reformation beitragen sollte.

Maximilian I., den das Volk den letzten Ritter nannte, war durch und durch eine poëtische Natur und „ersetzte, was ihm an wirklichen Erfolgen abging, durch eine glückliche, an dem Vollgefühle seiner erhabenen Weltstellung genährte Phantasie." Er eroberte Zuneigung und Liebe, wo er auftrat; sein reines Gemüth war unversiegbar heiter, seine Rede herzgewinnend, Adel und Würde lagen

ausgegossen über seiner ganzen Erscheinung; in Allem war er das
ausgesprochene Gegentheil seines trägen und unschlüssigen Vaters.
Bis zum Lebensende fühlte er den Drang, für eine neue jugendliche
Zeit Kraft und Leben einzusetzen, alle geistig Hochstrebenden zu
fördern und zu verdoppelter Thatkraft anzuspornen; seine Wißbe-
gierde war unbegrenzt, er war der sprachgewandteste Fürst der
Christenheit und beseelt von dem lebhaftesten Interesse für alle
Disciplinen; Niemand war begeisterter für die Studien jeglicher
Richtung, hatte herzlichere Freude am Aufblühen der Wissenschaften
und Künste als er, der Freund und Mäcen aller Gelehrten, der
das Wort wahr machte: es solle der Dichter mit dem Fürsten gehen.
Man durfte ihn wirklich „Vater der Künste und Wissenschaften"
nennen, denn er verfolgte das eine hohe Ziel, religiöse und patrio-
tische Gesinnung, sittliche Veredelung, Liebe zu Volk und Vaterland zu befestigen. Seiner Unterstützung und Anregung erfreuten
sich besonders die Humanisten und die Künstler; geschichtliche Studien pflegte er mit specieller Vorliebe und rettete manches historische
Denkmal vor dem Untergange, theilnehmender für unsere glorreiche
Geschichte als jeder andere Kaiser. Auch manches Denkmal der alten
deutschen Literatur, manche Volkssage, manchen Volkssang hat er
uns erhalten, vor allen die Gudrun, die er in den Ambraser Per-
gamentcodex einschreiben ließ. Er ging selbst unter die Dichter,
entwarf den Plan zu den allegorischen Ritterromanen „Theuerdank"
und „Weißkunig"; ersteren arbeitete nach seinen Angaben der Propst
zu St. Sebald in Nürnberg, Melchior Pfinzing, letzteren der kaiserliche Geheimschreiber, Marx Treitzsaurwein, aus. Der erste
Druck des Theuerdank zählt zu den glänzendsten Leistungen der
Typographie, Hans Schäufelein lieferte die 118 Holzstöcke, der
Buchdrucker Schönsperger in Augsburg in den Ausgaben von 1517
und 1519 die schön geschnittenen gothischen Lettern, und den Weißkunig versah der ausgezeichnete Meister Hans Burgkmair mit
237 Holzschnitten. Auch Albrecht Dürer arbeitete daran. Als
höchste Leistung künstlerischer Kraft forderte Maximilian, der
Alles daran setzte, für seine Verherrlichung und seinen Nach-
ruhm zu sorgen, den „Triumphzug"; der vielseitige „gekrönte"
Poët, Johannes Stabius, war mit der gelehrten Leitung des Ent-
wurfs betraut und schaffte die zahlreichen deutschen Inschriften herbei,

verunzierte aber nur die schönen Bilder mit seiner äußerst haus-
backenen Poösie. Dürer wurden die Holzschnitte übertragen; er ging
mit großem Eifer 1512 an die riesenhafte Arbeit. Der Kaiser
belohnte ihn bereits, als er dieselbe begann, in charakteristischer
Weise: er forderte den Nürnberger Rath auf, ihn von städtischen
Abgaben zu befreien. Der Rath aber wollte nichts davon hören,
Dürer mußte von seinem Wunsche abstehen, bat Maximilian ihn
anderweitig zu entschädigen und dieser verwilligte ihm ein Jahrgehalt
von hundert Gulden, die er auf die Nürnberger Reichssteuer anwies; hieraus entsprangen neue Schwierigkeiten, als Maximilian die
ganze Nürnberger Steuer an Kursachsen verpfändete, doch zahlte der
kunstsinnige Kurfürst Friedrich dem fleißigen Künstler das Jahrgeld
aus. Mit dem Bestellen sehr zur Hand, war Maximilian hingegen
ein schlechter Zahler. Dürer und Burgkmair wie andere Meister
waren fortgesetzt für Maximilian beschäftigt, der sie in hohem Grade
würdigte. Wir werden auf sie später zurückkommen. Daß aber
Maximilian, um Dürer's Werth zu illustriren, einem Edelmanne
einst befohlen, ihm als Leiter zu dienen, damit er hoch genug stehe, um
etwas an die Wand zu zeichnen, und daß er dem sich weigernden Abeligen gesagt habe, er könne zwar aus jedem Bauern einen Edelmann,
aber aus keinem Edelmanne einen Künstler machen — gehört ebenso in
das Reich der Fabel wie die abgeschwächte Version, daß der Edelmann Dürer nur habe die Leiter halten sollen. Nach Thausing hat
Dürer nie für Maximilian etwas auf die Wand gemalt oder gezeichnet.

Meine Aufgabe kann es nicht sein, die Thaten, Bestrebungen
und Mißerfolge des ruhelosen Kaisers Maximilian darzustellen, der
seine Hausmacht und das Kaiserthum heben wollte, an die Vertreibung der Türken aus Europa dachte und den großen Traum träumte,
die päpstliche Tiara mit der Kaiserkrone auf seinem Haupte zu vermählen. Ich beschränke mich auf seine Beziehungen zu Nürnberg
und Augsburg und will ihn als den „Bürgermeister von Augsburg"
schildern, wie ihn König Ludwig XII. von Frankreich höhnisch
nannte. Man durfte sagen, der Monarch stand mit seinen Bürgern
in Augsburg und Nürnberg wie in einem verwandtschaftlichen Verhältnisse; wollte er sich vergnügen, so ritt er zu ihnen; er lebte
dann unter ihnen wie unter seines Gleichen, war wohlauf und
lustig, Mensch unter Menschen. Ihre Feste waren die seinigen, ihre

Trauer theilte er; bei den Geschlechtertänzen und Hochzeiten erschien
er wie bei den Begräbnissen hervorragender Persönlichkeiten. Augsburg war ihm geradezu die liebste Stadt im ganzen Reiche. Als
hochaufgeschossener Jüngling kam Maximilian zum ersten Male im
April 1473 mit dem Vater, Friedrich III., nach Augsburg. Seitdem war er eine populäre Gestalt für die Augsburger geblieben;
seine kühne, romantisch schöne Erscheinung gewann alle Herzen, seine
Leutseligkeit band sie dauernd an ihn. In Augsburg gab er sich
seinem Kunstsinne ganz hin, hier fand seine Kunstliebe immer neue
Nahrung, hier ließ er seine metallenen Bildnisse gießen, prächtige
Rüstungen schmieden, hier kaufte er Juwelen oder verpfändete solche.

Wiederholt finden wir den römischen König Maximilian in
Augsburg, so 1490, wo er einem großen Geschlechtertanze beiwohnte,
und in Nürnberg, so 1489 und 1491, wo er bei Christoph Scheurl,
dem tüchtigen Staatsmanne und Gelehrten, abstieg; das „Kaiser-
stübchen" in dem Scheurl'schen Hause unter der Burg wird noch
sorgfältig erhalten, auch Alba wohnte einmal darin; Maximilian
tanzte wacker auf der Hochzeit Stephan Tucher's mit Ursula Muffel.

An ein lustiges Leben waren beide Reichsstädte gewöhnt; wie
oft fanden hier Freischießen, Schützenzüge, Wettkämpfe im Laufen
und Ringen, Tänze, Fechterspiele u. s. w. statt; welche tolle Lust
herrschte auf den Reichstagen und bei dem Besuche von Fürstlich-
keiten, wenn der Rath auf seine Kosten flotte Gastereien veran-
staltete! Emsig kreiste der Pokal mit edlem Weine aus der Fremde
oder der mächtige Humpen kräftigen Bieres, dessen Consum im gewöhnlichen Leben sehr bedeutend war; gar oft kam es dann bei
den erhitzten Köpfen zu Streitigkeiten und Brutalitäten und nicht
selten griffen selbst die Weiber zum Messer; ein solches Raufen
durfte nur gelinde bestraft werden. Viel strenger waren die Verfügungen in Betreff der Trachten; es gab Kleiderordnungen, die
für Jedermann die Tracht regelten und Uebertretungen bestraften;
tausendfach sind freilich die letzteren, denn die menschliche Eitelkeit
verleugnete sich nicht und besonders bei Hochzeiten führte ein „Examen
auf das Hochzeitsbüchlein" gewöhnlich zu einigen Gulden Strafgeld.
Der Kleiderprunk nahm sehr zu. Die reichen Patricier trugen kost-
bares fremdländisches Pelzwerk und Perlen an den Kleidern und
die Rathsglieder suchten es ihnen gleichzuthun; die Damen legten

reiches Pelzwerk, goldene Ketten, Ringe, Gürtel, Perlen und allerhand Geschmeide an, doch reichte das Gewand sittsam bis unter das
Kinn und fand seinen Abschluß in einer großen Halskrause aus
feinen Spitzen, wie sie uns das Bild Philippine Welser's zeigt.
Wie jovial Maximilian mit seinen Städtern verkehrte, beweist wohl
am besten ein Vorfall aus Nürnberg von 1489. Maximilian hatte,
um die Festlichkeiten seinerseits zu erwidern, die Rathsherren mit
Frauen und Töchtern zu sich zum Essen eingeladen und wollte nach
demselben weiter ziehen. Die Damen aber, denen er stets sehr gefährlich
war, versteckten seine Stiefel und Sporen, baten ihn noch einen Tag
zu bleiben und mit ihnen zu tanzen, und lachend gab er nach.
Manche rosige Lippe wurde geküßt, mancher zärtliche Händedruck
getauscht und wehmuthsvoll sahen schöne Augen den schmucken Kaisers-
sohn scheiden. 1493 bestieg er den Thron und nahm 1496 persönlich Augsburgs Huldigung entgegen. Die treuen Bürger jubelten,
als sie das geliebte Haupt mit den reichen blonden Locken wieder
grüßend nach allen Seiten sich neigen sahen. Den deutschen König
begleitete sein achtzehnjähriger Sohn, Philipp der Schöne. Maximilian bestätigte der Stadt alle Privilegien und versicherte sie seines
besonderen Wohlgefallens und Schutzes. Tänze und ritterliche
Uebungen brachten die Fürsten und Bürger in heitere Vereinigung
und Erzherzog Philipp bot selbst etwas Neues, indem er einen
Dorfgebrauch auf den Frohnhof zu Augsburg verpflanzte. Dort
ließ er am St. Johannis-Abende einen hohen Scheiterhaufen von
Maien und dürren Reben errichten, entbot die Damen dahin und
sie umstanden in ihrem köstlichsten Schmucke, von allem Volke um-
ringt, den Holzstoß. Nun schritt der junge Erzherzog in den Kreis
weiblicher Schönheiten, die Wahl mochte ihm schwer fallen; er entschied sich für die zu Besuche in Augsburg weilende Ulmerin Susanna Neidharbt, führte sie zum Scheiterhaufen und gab ihr eine
brennende Fackel, um ihn anzuzünden; als derselbe in hellen Flammen stand, umtanzte er ihn unter Trompeten-, Zinken- und Trom-
melschall mit Susanna, die anderen Frauen und Mädchen folgten
mit ihren Cavalieren. Augsburg war von Maximilian I. für sein
Beilager mit Blanca Sforza ausersehen, doch machte der Zufall,
daß diese Ehre Augsburg entging und Innsbruck 1494 zufiel. Mit
Blanca residirte er öfter in Augsburg, wo er sich durch Peutinger

1501 ein Haus in der Nähe der Kreuzkirche kaufen ließ; als er auch noch ein Fugger'sches Haus an sich bringen wollte, hintertrieb es der Rath und der Monarch richtete die Dompropstei für sich und seinen Hofhalt ein. Von März bis August 1500 wohnte er dem Augsburger Reichstage an und Fest folgte auf Fest. Als der päpstliche Legat Galeaci ohne Bezahlung seiner großen Schulden sich aus dem Staube machen wollte, erging es ihm noch schlimmer als weiland Kaiser Friedrich III.: der Stadtvogt belegte im Namen der Bürger seine ganze Habe mit Beschlag; der Legat sah sich gezwungen, zu Verkauf und Verpfändung seine Zuflucht zu nehmen, dann erst ließ man ihn ziehen.

Damals besuchte der König die nichtswürdige Schwindlerin Anna Laminit, die seit 16 Jahren ohne Nahrung geblieben zu sein behauptete, deren Crucifix Blut schwitzte und die mit Kreuzlein allerhand Hokuspokus trieb; Maximilian beschenkte sie reich und bewunderte sie; seine kluge Schwester aber, Herzogin Kunigunde von Baiern, ließ sie nach München kommen und entlarvte sie hier; nach einem schmachvollen Leben wurde die Dirne schließlich zu Freiburg (im Uechtland) hingerichtet. Um dem bairischen Erbfolgekriege vorzubeugen, berief Maximilian die streitenden Parteien 1504 nach Augsburg; freilich waren seine Bemühungen vergebens. Hierfür entschädigte er sich wacker im Verkehre mit den Patriciern; ein Bundesrath von Eßlingen berichtet: „Unser Herr König ist fröhlich und rennt und sticht und tanzt und hat köstlich welsch Tanz und Bankett." An 200 Kaufleute mit ihren Damen sah er bei sich zu Tische und zum Tanze. An einem von ihm veranstalteten Maskenscherze nahm seine Schwester Kunigunde mit mehreren Fürsten Theil; Maximilian selbst kam mit 70 Personen Gefolge und 40 Spielleuten, als Bauer verkleidet, in das Tanzhaus, um eine Bauernhochzeit aufzuführen, und verlebte toll und voll die Fastnacht mit seinen Getreuen.

Die Fugger waren in Augsburg eine Macht geworden, deren sich Maximilian wiederholt bei Geldnöthen bedienen mußte. 1504 adelte er sie und 1507 verpfändete er an Jakob Fugger für 70,000 Gulden die Grafschaften Kirchberg und Weißenhorn nebst einigen Herrschaften; Jakob wurde kaiserlicher Rath und schoß 1509 zum italienischen Kriege abermals dem Kaiser Geld vor.

5

1506 verlieh Maximilian Augsburg sehr werthvolle Privilegien und im Februar 1510 erschien er hier, nunmehr Kaiser, zum Reichstage mit 500 in Roth gekleideten Reitern; neben vier Kurfürsten holten ihn die Bürgermeister Hieronymus Welser und Ulrich Arzt ein. Gastereien, Maskeraden, Tänze und Rennspiele wechselten in bunter Fülle; der Kaiser hielt auf dem Weinmarkte ein Scharfrennen mit dem Kurfürsten von Sachsen, dem die Fürstenversammlung anwohnte, und sein mit Perlen und Steinen geziertes Kleid wurde auf über 200,000 Gulden geschätzt. Nach dem Rennen speiste er bei Jakob Fugger und ging am Abende zum Tanze auf das Rathhaus.

Als er 1511 den wunderlichen Gedanken faßte, sich zum Coadjutor des kriegerischen Papstes Julius II. wählen lassen zu wollen, um nach seinem Tode die breifache Krone selbst zu tragen, verpfändete er den Fugger für 300,000 Dukaten seinen Kaisermantel und die Kronjuwelen; dafür wollte er die Stimmen der Carbinäle erkaufen. Das abenteuerliche Projekt schlief aber alsbald wieder ein.

1512 verweilte Maximilian längere Zeit in Nürnberg, wo er mit Dürer in nahe Beziehungen trat; der große Erzkünstler Peter Vischer u. A. führten die einzelnen Standbilder um das grandiose Grabmal aus, welches sich Maximilian in Innsbruck nach eigenem und Peutinger's Plänen erbauen ließ. 1518 weilte der Monarch zum letzten Male in seinem theuren Augsburg; mit der Reformation war eine neue Zeit angebrochen, Luther sollte mit dem Cardinale Cajetan disputiren. Der greise Maximilian nahm an einigen Festlichkeiten noch selbst Theil. Auf einem Geschlechtertanze bat er die Jungfrauen paarweise zu tanzen, da es die Herren an Grazie fehlen ließen. Da sich sein Gefolge Zudringlichkeiten erlaubt hatte, erklärte er den Geschlechtern, sie seien nicht gebunden, gegen Neigung Jemanden aus demselben zum Besuche anzunehmen. Ihm mißfielen die Schleier, mit denen die Augsburger Frauen nach orientalischer Sitte das Gesicht verhüllten, und er ließ sie in liebenswürdigster Weise durch den Cardinal Lang bitten, ihr schönes Antlitz unbedeckt zu tragen. Mit Einwilligung der Bürgermeister erfüllten sie gerne seinen Wunsch und es wurde dem alten Frauenbewunderer wohl warm um's Herz, als er die reizenden Gesichter unter den Goldhauben hervorleuchten sah, Züge, wie sie Burgkmair so meisterhaft und glücklich zu verewigen verstanden hat. Dann aber

überkam ihn die Niedergeschlagenheit ob seiner Mißerfolge von
Neuem, die verkehrte undeutsche Politik seiner letzten Jahre hatte
die Stände des Reichs zu heftiger Opposition getrieben, die Erwählung seines Enkels Karl I. von Spanien zu seinem Nachfolger
wollte nicht gelingen und dabei fühlte er, wie sein Ende nahte.
Als er Augsburg im September verließ, ahnte er, es sei auf ewig;
bei der Rennsäule auf dem alten Lechfelde wandte er sich nochmals
zurück, schlug das Kreuz gegen die Stadt und rief bewegt: „Ge-
segne Dich Gott, Du liebes Augsburg, und alle frommen Bürger
darin! Wohl haben wir manchen frohen Muth in Dir gehabt. Nun
werden wir Dich nimmer sehen!"

Maximilian starb zu Wels am 12. Januar 1519, allbetrauert.

Nürnberg zählte zu seiner und Karl's V. Zeit einen eifrigen
Verehrer in dem Hochmeister des deutschen Ordens und ersten Herzoge
von Preußen, Albrecht I., der von frühester Jugend an den Gewerbefleiß der berühmten Stadt kannte; er stand mit Nürnberg in
so engen Beziehungen, daß er den Rath 1526 bat, ihn bei seiner
Hochzeit durch eine Gesandtschaft zu erfreuen. Albrecht suchte in
Königsberg manches Nürnbergische an Streben und Sitte nachzu-
ahmen und einzubürgern, tauschte Ehrengeschenke und Briefe mit
vielen Männern von Einfluß und Geist in Nürnberg aus, so mit
den Rathsherren Kaspar Nützel und Hieronymus Baumgärtner,
dem sinnigen Vikare Georg Hartmann, dem Reformator Andreas
Osiander, dem weithin gesuchten Arzte Dr. Johann Magenbach, den
Bürgern Neuschel, Schulthes, Lapi, Leo und Hieronymus Schürstab,
dem geschickten Goldschmiede Arnold Wenk, mit Leonhard Stock-
hammer, dem reichen Christoph Fürer, der Familie Pfinzinger
u. s. w. Fortwährend machte er Bestellungen in Nürnberg, alle
Gewerbe arbeiteten für ihn, seinen Hof und sein Land.

Viertes Kapitel.

Reformation und Karl V.

———

Ging die Renaissance von Italien aus, so stand die Wiege der Reformation in Deutschland. „In die Hand des deutschen Volkes", sagt Kahnis, „hat der Herr der Kirche das Werk der Reformation gelegt. Das heilige römische Reich deutscher Nation hatte ja ein geschichtliches Recht, vor anderen Völkern der Kirche zu dienen."

Die Reformation wurde nicht nur nicht vom Kaiserthume getragen, sondern Karl V. verband sich gegen sie mit Rom; sie fand ihre Stütze im Territorialfürstenthume und in den Städten; in beiden lag überhaupt jetzt die Kraft Deutschlands. Kein Volk durfte sich mit dem deutschen im Ernste des Suchens nach der ewigen Wahrheit messen; dem Italiener galt über Alles das Schöne, dem Deutschen das Wahre. Das deutsche Volk war zu innerlich und tief, um aufzugehen in Staat, Bildung und Kunst; es fand sein Ziel im Reiche Gottes, verstand darin ein Reich des Geistes, nicht eines dieser Welt. Die Nothwendigkeit einer Reform der Kirche an Haupt und Gliedern fühlte es nicht erst im 16. Jahrhunderte, sondern schon im Mittelalter. Allen Reformatoren vor Luther fehlte aber die Reife der Gedanken wie der Zeit, sie konnten nichts Neues an die Stelle des von ihnen bekämpften Alten setzen. Alle edlen Kräfte der Zeit, Nationalgeist, Wissenschaft und humanistische Bildung, stellten sich erst in den Dienst eines Sohnes des 16. Jahrhunderts, Luther's. Der Reuchlin'sche Streit mit den Kölner Dominikanern wirkte mächtig auf Deutschland ein; er deckte die Blößen der Scholastik, das Unrecht des auf blindem Autoritätsglauben basirenden alten Kirchenlebens, die krasse Unwissenheit und Unsittlichkeit des Mönchthums auf, brachte der neuen humanistischen Wissenschaft die bisher vermißte Gelegenheit zu gemeinsamer That und führte so die stille Schulge-

lehrsamkeit in den Strom des öffentlichen Lebens. Freilich fand
der Judenhaß der Dominikaner nicht nur am Rheine, sondern auch
anderwärts ein Echo; kein Geringerer als Pirkheimer in Nürnberg
sprach von der Vernichtung Israël's oder seiner Verbannung in den
Kaukasus. Im Uebrigen aber stand Pirkheimer in dem Reuchlin'schen
Streite entschieden auf humanistischem Boden. Wie Ulrich von
Hutten, Hermann vom Busche und so viele Andere freute er sich am
Siege des Humanismus, am Triumphe Reuchlin's und an den
Epistolae obscurorum virorum, jenen groben aber wahren Hand-
zeichnungen aus dem Erfurter Humanistenkreise.

In Nürnberg war die Bevölkerung fromm und echt christlich,
darum aber seit früher Zeit der Gleißnerei und den hierarchischen Gelüsten des Clerus abhold; der Rath schaffte sich Ablaßkrämer immer
rasch vom Halse, schritt gegen die Einführung neuer Feiertage für
Heilige keck ein, um den Unfleiß nicht aufkommen zu lassen, und
hielt ein wachsames Auge über die Excessen zugeneigten Klöster,
ging jedoch mit großer Vorsicht und sehr zurückhaltend der Reformation entgegen; noch 1520 verbot er den Druck aller lutherischen
Schriften. In Augsburg war die Stimmung der Bevölkerung die
gleiche; sie fühlte sich mündig genug, um das Gängelband der Priester
fahren zu lassen; sie verachtete den Ablaß und mochte wie Johann
Andreas Cramer denken:

> „Der Himmel ist nicht feil für Gold!
> Zu Gott bekehrt Euch, wenn Ihr wollt
> Vergebung und Erbarmen finden."

Anders dachten der heilige Vater, der Erzkanzler in Germanien
und die Fugger. Leo X., ein eleganter Weltmann, der sich spottend
den Gebräuchen der Kirche unterwarf, brauchte ungeheuer viel Geld,
stattete mit dem deutschen Ablaßertrage seine Schwester Magdalena
aus, als sie einen der sechszehn Bastarde seines Vorgängers Inno-
cenz VIII., den man höhnisch den „Vater des Vaterlands" nannte,
heirathete, beutelte vor allen Nationen die „Barbaren", d. h. die
Deutschen, aus und nannte frivol unsere Ablaßsummen die „peccata
Germanorum"; angeblich sollten sie zu einem Türkenkriege und zum
Ausbaue der Peterskirche verwendet werden. Unsere Bischöfe klagten:
„Die Centner deutschen Geldes fliegen federleicht über die Alpen
und kein Träger der größten Last, auch Atlas nicht, ist im Stande,

solche Massen Geldes zu schleppen"; noch mehr grollten natürlich
die weltlichen Fürsten über die Geldopfer ihrer Lande und den
Silberfluß nach Rom. Generalcommissair für den Ablaß in Deutschland war seit 1517 der Kurfürst-Erzbischof von Mainz, Albrecht von
Brandenburg, ein genußsüchtiger, total verweltlichter Prälat, der
obgleich ein Hauptgönner der Humanisten und Künstler, auf acht
Jahre den Ablaßhandel in Generalpacht nahm und die Hälfte des
Ertrags für sich bedang: so bildete sich das Compagniegeschäft Leo-
Albrecht. Schon 1514 hatte Albrecht bei den Fugger in Augsburg
30,000 Gulden aufgenommen, um dem römischen Hofe sein Pallium
zu bezahlen; um sie ihnen zurückzuerstatten, nahm er die ihm zustehende Portion des Ablaßgeldes ein, aber ganz offen zogen Agenten
Jakob Fugger's mit den Ablaßkrämern des Primas Germaniens durch
die Lande und strichen, mißtrauisch aufpassend, die Hälfte sofort für
Fugger ein, der außerdem noch 500 rheinische Gulden Provision
empfing. So wurde das finanzielle Moment bei dem Ablasse nackt
zur Schau gestellt. Unter das Volk vertrieben besonders die Dominikaner den Ablaß, von allen hatte bekanntlich der Leipziger Tetzel
die schamloseste Zunge.

Die 95 Thesen, die Luther am 31. Oktober 1517 an der
Allerheiligen-Stiftskirche zu Wittenberg anheftete, waren Ham-
merschläge, die bis Rom widerhallten und die Pforten des Papstthums erschütterten. Der alte Kaiser Maximilian sagte in Augsburg zu einem sächsischen Herrn: „Was macht Euer Mönch? Wahrlich
seine Sätze sind nicht zu verachten. Der wird ein Spiel mit den
Pfaffen anfangen." Doch ließ er sich von Leo X. und dem
Cardinale Cajetan umstimmen und erklärte, mit seiner kaiserlichen
Autorität zu unterstützen, was der Papst gegen Luther beschließen
möchte. Auf das Drängen des Kurfürsten Friedrich des Weisen
von Sachsen erließ Leo Luther die Reise nach Rom und befahl ihm,
sich in Augsburg vor dem schlauen und feinen Scholastiker Cajetan
zu rechtfertigen. Der Kurfürst gab Luther Reisegeld und einige
Empfehlungsbriefe an Augsburger Patricier und nach der Abreise
des Kaisers kam Martin Luther am 7. Oktober 1518 krank zu Fuße
in Augsburg an; Peutinger und die anderen Herren, an die er
empfohlen war, sollten ihn nöthigen Falls vor Gewalt, vor Abführung
nach Rom u. s. w. schützen. Luther stieg bei seinen Ordensbrüdern,

den Augustinern, ab, zog aber bald in das Carmeliterkloster von
St. Anna, in dessen Kirche er mehrmals Messe las. Seine Augs-
burger Schützer verschafften ihm sicheres Geleite bei dem Kaiser, erst
dann ließen sie ihn am 12. Oktober zu dem Cardinale und Peutinger
begleitete ihn. Cajetan's starrer Hochmuth ließ jede diplomatische
Vermittelung von vornherein scheitern, Luther fühlte sich trotz des
Geleitsbriefes nicht sicher, verfaßte eine Appellation an den besser
zu unterrichtenden Papst und seine Freunde riethen ihm zur Flucht.
Volk und Patriciat hatten ihm die unzweideutigsten Beweise von
Hochachtung und Zuneigung gegeben, der Carmeliterprior Johann
Frosch ihn über alles Erwarten gastlich beherbergt, das St. Anna-
Kloster bildete von da an den Mittelpunkt der reformatorischen Be-
wegung in Augsburg und in seiner Kirche ward Weihnachten 1525
zum ersten Male das Abendmahl in beiderlei Gestalt gereicht,
während die Klosterräume 1531 zu einer protestantischen Schule verwendet wurden. Neben Johann Frosch nahm sich Luther's besonders
der Patricier Christoph Langenmantel an, verdroß ihn fast durch
übergroße Sorgfalt und verhalf ihm nun zur Flucht. Er verschaffte
Luther ein Pferd und einen berittenen Begleiter, ließ ihm in der
Frühe des 20. Oktober 1518 eine geheime Pforte in der Stadt-
mauer öffnen und in bloßer Kutte, ohne Hosen und Stiefel, eilte
Luther davon.

Die Gebildeten in Augsburg erblickten in Luther's Auftreten
das Endresultat der Reuchlin'schen Bewegung; Konrad Peutinger,
die Domherren Bernhard und Konrad Adelmann von Adelmanns-
felden zählten zu seinen eifrigen Anhängern. Luther eilte über
Nürnberg nach Wittenberg. In Nürnberg griff die religiöse Bewegung rasch um sich; vielleicht in keiner deutschen Stadt war der
Boden für sie so vorbereitet. Der Prior des Augustinerklosters
Wolfgang Volprecht, der Karthäusermönch Blasius Stöckel, der Abt
zu St. Aegidien Friedrich Pistorius, der Propst zu St. Sebald
Georg Peßler, der Propst zu St. Lorenz Hektor Pömer, der beliebte
Pfarrer Andreas Osiander, die Pfarrer Dominikus Schleupner,
Thomas Venatorius und Wenzeslaus Link waren unter der Geist-
lichkeit ihre wesentlichen Beförderer; ihnen in erster Linie war der
Sieg der Reformation in der Stadt des Hans Sachs zu danken, der
1523 die „Wittenbergische Nachtigall" besang.

Unter den Rathsherren waren der neuen Lehre hold Wilibald
Pirkheimer, Christoph Fürer, Christoph Scheurl, Hieronymus Ebner,
Kaspar Nützel, Christoph Kreß, Hieronymus Baumgärtner (Paum-
gärtner) und der Syndikus-Rathsschreiber Lazarus Spengler, doch
die Excesse, die in den nächsten Jahren in der protestantischen Kirche
einrissen, entfremdeten ihr die drei Erstgenannten wieder. Die
Mehrheit von Rath und Bürgerschaft stand auf der Seite Luther's
gegen Rom, aber der Rath blieb bei seiner vorsichtigen Haltung. Als
die Achtserklärung gegen Luther 1521 in Nürnberg eintraf, ließ
der Rath sie nur ungern am Rathhause anschlagen und untersagte 1522
bei strenger Strafe allen Predigern, aufreizende Reden zu halten.

1522 fand in Nürnberg ein großer Reichstag statt, dem
Erzherzog Ferdinand von Oesterreich, König Karl's V. Bruder,
beiwohnte, 1524 ein zweiter. Der Rath schützte die Prediger und
den Klöstern entlaufenen Mönche gegen die päpstlichen Drohungen
und befahl ihnen, bei der Lehre des reinen Evangeliums zu beharren;
der Prior Volprecht spendete seinen Augustinern und vielem Volke
1523 zuerst das Abendmahl in beiden Gestalten, manche katholische
Bräuche und Aufzüge fielen, 1524 beseitigten die Pröpste zu St.
Sebald und St. Lorenz bei sich die Messe, führten den Kirchengesang
in deutscher Sprache ein und reichten den Kelch im Abendmahle.
Der Rath mußte höchst diplomatisch zwischen dem Könige Karl und
der in überwiegender Zahl protestantischen Bürgerschaft zu balanciren;
die Haltung Nürnbergs aber, zumal auf dem Ulmer Städtetage
wegen der Ausführung des Wormser Edikts, war so entschieden, daß
vielfach die Einführung der Reformation daselbst schon als ein
Faktum angesehen wurde und Magdeburg sich z. B. in Nürnberg
Rath holte. Dominikaner, Franziskaner und Carmeliter hingegen
bekämpften in Nürnberg auf's Wildeste die Reformation und drohten
sogar dem Rathe, wenn er sich Luther's schändlichen Irrlehren nicht
widersetzen würde.

Der Rath hoffte durch ein „christliches Gespräch" die streitenden
Parteien aussöhnen zu können; es fand im März 1525 statt und
führte zur Einführung der Reformation. Im Laufe dieses und der
folgenden Jahre wurden alle Klöster aufgehoben, der katholische
öffentliche Cultus mußte ganz aufhören; unter Melanchthon's thätiger
Mitwirkung wurde 1526 das Nürnberger Gymnasium errichtet,

das anfänglich großen Ruf erlangte, denselben aber nicht behauptete. Nach dem großen Nürnberger Religionsfrieden von 1532 erfolgte die Einführung einer neuen Kirchenordnung in Nürnberg; Andreas Osiander und Johann Brenz, Württembergs Reformator, verfaßten sie. Nürnberg war so streng protestantisch geworden, daß Ende des Jahrhunderts ein Mönch eine Seltenheit war, die Aufsehen erregte, wie uns von Soden mittheilt. Auch war hier eine Hauptverlagsstätte für lutherische und zwinglische Literatur.

In Augsburg wirkte als Prediger in Luther's Sinne seit 1519 der spätere Reformator Basels, Johannes Oecolampadius; ihm folgte im Sommer 1520 Urbanus Rhegius und gleich ihm dachte und predigte der Carmeliterprior Johann Frosch; beide Letzteren traten auch in den Ehestand. In Tübingen erzogen, war der Fürstbischof von Augsburg, Christoph von Stadion, Luther nicht abhold, ein Mann der Mäßigung und dem Evangelium geneigt. Bald aber erfolgte aus Rom der Rückschlag gegen die lutherische Bewegung. Schon im Frühjahr 1520 sprach man in Augsburg laut von der Verdammungsbulle gegen Luther. Cardinal Cajetan, der von Luther geschlagene Generalprior der Dominikaner Prierias, die Dominikaner, die Löwener und Kölner schürten in Rom; mächtiger noch als sie wirkte gegen eine mildere Stimmung bei Leo X. der Geldkönig und Banquier der Fürsten und Prälaten, Fugger und sein Haus; Fugger sah durch die Reformation seine Interessen gefährdet, fühlte sich von Luther verletzt, wurde von dem Klopffechter Eck eingenommen und ließ ihn bei Leo gegen Luther agiren. Im Juni 1520 wurde Eck als triumphirender Bullenträger in Augsburg angekündigt, proklamirte Luther's Verdammung im Herbste und bannte einige seiner Anhänger, darunter den Domherrn Bernhard Adelmann. Durch ihn in die Enge getrieben, mußte der Bischof Christoph im November die Bannbulle in allen Kirchen des Sprengels kundgeben. Dies wirkte derart, daß Bernhard Adelmann trotz Appellation und großer Worte, die er in Briefen an seine Freunde sprach, schon im November von Eck demuthsvoll eine Absolutionsurkunde erkaufte und Konrad Peutinger, von Erasmus um billige Untersuchung der lutherischen Sache angegangen, Luther 24—25. April 1521 aufforderte, sich ohne Bedingungen dem Urtheile von Kaiser und Reich oder eines Concils über seine Schriften zu unterwerfen. Trotzdem blieb Luther der Liebling des Volks, der Gebildeten wie der „armen Rotte", die in seiner Lehre ihr Heil erblickte, wie Jesu Religion recht eigentlich ein Evangelium für die armen Leute war. Schonungslos griff der hitzige Hutten die Fugger als reiche Prasser an und rief dem Fieber zu, es möge sie anstatt seiner verzehren. Immer offener circulirte die Reformationsliteratur, die Augsburger Drucker weigerten sich, selbst aus den berühmtesten Federn Schriften gegen Luther an- zunehmen; Augsburg wurde mit Nürnberg und Basel eine Haupt- verlagsstätte der Luther- und Zwingli-Literatur; die Bibel las man offen und emsig auch unter den Augen des Bischofs; in die Trink- stuben und in die Bürgerhäuser drang die Predigt des reinen Evan- geliums wie ein erfrischender und läuternder Luftzug, und mochten die „Kutten" auf den Kanzeln noch so wild gegen Luther poltern, so half es nichts; auf der Zunftstube las man die Schreiben ent- laufener lutherisch gesinnter Mönche, bei den Gelehrten kursirten die Wittenberger Briefe; Laien und selbst Handwerker griffen zur Feder, sogar die Weiber zeigten auf der Straße, wenn sie in Streit und Zank geriethen, große Bibelkenntniß und schlugen anstatt mit den Händen mit Bibelworten auf einander los. Die Augsburger ent- hielten sich allmälig der Beichte, der Messe, der Almosen und der Kirchengaben, übertraten die Fasten und während Luther's Mund schwieg, redete seine Lehre. Der St. Moritz-Prediger Johann Speyser rief sein Wort in die lauschende Menge; Urbanus Rhegius, der eine einflußreiche gelehrte und populäre Schriftstellerei begann, wich 1521 dem von Eck geschürten Hasse des Clerus, aber sein Nachfolger, Johann Vögelin, eine sehr gemäßigte Natur, hielt sich gegen alle Wühlereien der alten Kirche und selbst der städtische Pre- diger in der fürstbischöflichen Residenz Dillingen war evangelisch gesinnt. Der Rath von Augsburg hingegen verbot der Bürgerschaft das Disputiren über Glaubenssachen und der Bürgermeister redete auf dem schwäbischen Bundestage im September 1522 im Bunde mit Bischof und Domkapitel von dem „verkehrten, bösen Eingießen" Luther's; als der Dillinger Prediger Haslach widerrief, herrschte toller Jubel bei den Katholiken und während die ausgetretenen Mönche bei den Protestanten vielfach Schutz fanden, wurden die- jenigen Augsburger bestraft, die der ersten Priesterhochzeit als Gäste beigewohnt hatten. Der Pöbel beging manche Excesse, verunreinigte

Heiligenbilder und Gemälde, beleidigte katholische Cleriker u. s. w. Daß die freie Predigt beschränkt werde, wie der Nürnberger Reichstag verfügte, wollten die Reichsstädte nicht dulden; die Bischöfe von Augsburg, Straßburg und Konstanz suchten schlimmen Wirkungen, welche die Haltung des Reichstags hervorrufen möchte, vorzubeugen und als Bischof Christoph den übereifrigen protestantischen Prediger in Memmingen in den Bann that, ließ der Rath den Bann von der Martinskirche abreißen, da der Bischof die Untersuchung nicht nach Augsburg verlegt hatte.

Die gegenseitige Gereiztheit war sehr hochgradig geworden; beide Theile gossen Oel in's Feuer. Die besten Redner der Reformation, ein Ambrosius Blarer, ein Martin Bucer hielten auf der Reise Predigten in Augsburg; der große Sienese Bernardino Occhino, von dem Karl V. sagte, er könne Steine zu Thränen rühren, hat später in Augsburg sein dankbarstes Publikum gefunden; vor diesem konnte er in italienischer Zunge reden, alle Kaufleute verstanden ihn. Auch Zwingli's Ruf war durch seine Religionsgespräche 1523 nach Augsburg gedrungen und die Abneigung gegen die Pfaffen wuchs täglich; auf seiner Reise nach dem Nürnberger Reichstage wurde der Cardinallegat Lorenzo Campeggio 1524 in Augsburg vom Pöbel mißhandelt, was sich in Nürnberg wiederholte. Da der Barfüßermönch Johann Schilling, ein mehr pfiffiger als frommer Mann, durch seinen übertriebenen lutherischen Eifer fortgesetzt Anlaß zu Scandal bot, anstatt kirchlicher Reform politische und sociale Umgestaltung als Apostel von Umsturzideen plante, rücksichtslos die Geistlichkeit und das Städteregiment vor sein keckes Forum zog, communistische Ideen im Pöbel anzuregen und ihn zu einer Revolte zu treiben suchte, beschloß der Rath ihn unschädlich zu machen und erwirkte vom Ordensprovinziale in Rothenburg seine Abberufung, verschwieg es aber vorsichtig der Gemeinde. Bartholomä Welser, Anton Bymel, Dr. Rehlinger und Dr. Konrad Peutinger boten Schilling für seine Reise Pferd, Knecht, Geld u. s. w. an und er versprach ihnen, in aller Stille abzureisen, sorgte aber dafür, daß sein Anhang davon unterrichtet würde. Als nun der kleine Rath am 6. August 1524 versammelt war, rotteten sich über 1800 Leute vor dem Rathhause zusammen, schickten einen Ausschuß von Zwölfen hinein, für die der Patricier Christoph Herwart (Hörwart)

als Sprecher auftrat, und forderten die Rückberufung des beliebten
Predigers. Der Rath gerieth in große Besorgniß, verhandelte durch
eine Deputation unter Peutinger mit der hocherregten Menge und
schlug ihr als Ersatz für Schilling den gefeierten Rhegius vor, der
als Schriftsteller und Client einiger Patricier wieder in Augsburg
lebte. Der Menge aber lag weit weniger an dem evangelischen
Prediger Schilling als an dem Revolutionaire, darum wollte sie
von Rhegius nichts hören und bestand auf dem Barfüßer. Auch
eine verstärkte Rathsdeputation richtete bei ihr nichts aus; unter
wildem Geheule wurde Schilling verlangt. Dem Rathe gebrach es
ganz an Machtmitteln gegen die Meuterer, die ihm Bedingungen
vorschrieben; er mußte nachgeben, verhieß Schilling's Rückberufung
und Vergessen alles Vorgefallenen. Die Massen verliefen sich, eine
Minorität in ihrem Schooße war freilich sehr unzufrieden, daß bei
dieser Gelegenheit keine radikalen Neuerungen durchgesetzt worden
seien; der gedemüthigte Rath ließ Schilling durch Boten aufsuchen,
fand ihn aber nicht, was neue Aufregung hervorrief. Gerüchte von
Anrottungen kamen dem Rathe zu Ohren und als Rhegius am
9. August predigen wollte, ließ ihn der Pöbel nicht einmal den
Text verlesen, erhob ein lautes Geschrei und von draußen erscholl
der Ruf „Feuer, Feuer!" Zur Sicherheit bot der Rath Bewaffnete
aus der Bürgerschaft und den Zünften auf und ließ einige Geschütze
auf dem Perlach auffahren; großer und kleiner Rath handelten
einträchtig, sie fürchteten einen Aufstand der Weber und Schneider,
denen die Rebellen vom 6. August hauptsächlich angehörten. Die
Seele des Aufruhrs war der Weber Peter Otter; der Rath fürchtete
ihn als Organisator des Pöbels und bestellte provisorisch eine Wache
von 636 Mann, um neuen Unruhen vorzubeugen, verbot auch bei
Ahndung alle Ansammlungen auf der Straße. Ein Weber fand
unterdessen Schilling und führte ihn unter Jubel nach Augsburg zurück.
Hiermit kehrte aber die Ruhe nicht wieder, einige Domherren, der Abt
von Weingarten und mehrere Patricier flüchteten, die Unruhestifter
wühlten ungescheut, sprachen von einem Complote des Rathes mit
Baiern und Georg von Frundsberg, rotteten sich zusammen und
spotteten aller Drohungen des Raths. Dieser konnte sein Ansehen
nur wahren, indem er endlich, von Peutinger berathen, zu Verhaftungen schritt. Die Hauptrevolutionaire zeigten nun offen, daß

sie den gemeinen Mann anstatt der herrschenden Klassen an die
Spitze bringen wollten; sie planten Gewaltakte und hetzten, wo sie
konnten. Neue Verhaftungen wurden nöthig und eine schwere Untersuchung erging; zwei Weber wurden 15. September hingerichtet, ein
Kürschner aus der Stadt gepeitscht. Andere traf mildere Strafe;
Schilling trat im November freiwillig von der Kanzel zurück und
verließ die Stadt; als er 1525 wieder erschien, wurde er auf der
Stelle ausgewiesen. Von Neuem übernahm Rhegius das Predigt-
amt. Auf dem Tage zu Speyer, im Juli 1524, beschlossen die Reichsstädte, dem gemeinen Manne das Evangelium predigen zu lassen,
und in Ulm forderten sie im December 1524 vom Könige Karl
die freie Predigt des lauteren Gotteworts, offen dem Wormser
Edikte opponirend. Evangelische Taufe und Abendmahlsfeier wurden
in Augsburg allgemein, die Geistlichen heiratheten und unter Saug
und Klang wohnten die ersten Familien der Eheschließung des
Rhegius, Frosch und Cellarius bei.

1525 brach der Bauernkrieg auch im Bisthum Augsburg aus,
schon am 19. März standen an 100,000 Bauern zwischen Konstanz
und dem Allgäu bis Ulm und Augsburg, Ende März schlug Alles
los. Nur mit Mühe hielt der Rath durch Söldner den gemeinen
Mann in den Mauern zurück und im Gehorsame. Die gebildeten
Protestanten verdammten diese Revolution und die Prediger bekämpften
sie nach Pflicht und Gewissen, so sehr auch die Massen darüber
grollen mochten. Rhegius forderte den Levitenzehnten als göttliche
Ordnung für der Kirche Diener, empfahl die Mißbräuche des weltlichen Zehnten der Reform der Obrigkeit, bezeichnete aber den „Herren
von Augsburg" gegenüber die armen Leute als Brüder, die nicht
„gleich Kühen und Kälbern" zu behandeln seien. Bei den Truppen,
die der schwäbische Bund gegen die Bauern sandte, stand Ulrich
Artzt von Augsburg als Hauptmann.

Um die Erregung des Volks in Augsburg zu dämpfen, beschränkten Clerus und Mönche selbst die Feier des Frohnleichnam,
indessen Karl V. dem Bischofe schrieb, er sei heilig gewillt, die
lutherische Ketzerei mit Stumpf und Stiel auszurotten. Nach Ueber-
wältigung des Bauernkriegs trat in Augsburg eine katholische Reaktion ein, der Pfarrer Johann Schneid mußte von St. Ulrich
entfernt werden und der katholische Geistliche Ottmar Luscinius machte

von der Kanzel aus die gehässigsten Ausfälle; „der Erzblutegel" Johann
Faber begann in Augsburg zu predigen und rief, man müsse die
Klingen auf die Prediger legen. Der Pfarrer Michael Keller, der
sich Cellarius nannte, ließ sich 1524 von Andreas Karlstadt rasch
für die Läugnung der Gegenwart Christi im Abendmahle gewinnen;
gegen ihn trat Rhegius energisch auf und rechtfertigte die Lehre der
Präsenz; aber die Mittelstellung, in der sich Rhegius zwischen den
strengen Lutheranern und Cellarius zu halten stets beflissen war,
erleichterte Cellarius, dem zwinglisch gesinnten Volksprediger, den
Sieg. Von Oktober 1525 bis Januar 1526 tagte ein Reichstag
in Augsburg, der nur spärlich besucht war und auf dem die reine
Lehre des Evangeliums zugestanden wurde.

Frühzeitig traten in der Reformation Excesse und überspannte
Tendenzen auf und von besonderem Belange erwies sich die Bewegung
der Wiedertäufer. Von Luther aus Allstedt vertrieben, kam ihr Haupt
Thomas Münzer nach Nürnberg und verfaßte hier 1524 die Brandschrift
„Wider das sanftlebende Fleisch von Wittenberg"; ihm folgten seine
Anhänger Heinrich Schwerdtfisch und Reinhard, erwarben sich durch
ihre Reden viel Gunst bei dem Volke und fanden einen Genossen
in einem Bauer zu Thon bei Nürnberg, Dipolt. Den besten Vor-
schub aber leistete ihnen Johann Denk, Rektor zu St. Sebald in
Nürnberg, der wie sie sich mit Umsturzgedanken trug. Der Rath
verstand solchen Gesellen gegenüber keinen Spaß und wies sie sammt
und sonders aus der Stadt und ihrem Gebiete. Jedoch blieben
genug von ihnen Verführte zurück, darunter die besten Schüler Albrecht Dürer's, Georg Pencz, Hans Sebald und Barthel Beham,
seine tüchtigsten Nachfolger in Malerei und Kupferstich; 1524
standen sie als Verbreiter atheistischer und socialistischer Ansichten
vor Gericht und ihr Urtheil lautete auf Verbannung aus der Vaterstadt. Weil er im Einverständnisse mit den rebellischen Bauern
stand, wurde der gefeierte Formschneider Dürer's, Hieronymus An-
dreae, ein äußerst unruhiger Mann, 1525 gefangen gesetzt; Dürer
selbst hielt sich von allen extravaganten Tendenzen frei und Melanchthon's Milde war sein Vorbild.

Gegen Aufrührer entfaltete der Nürnberger Rath volle Strenge;
ein Nürnberger Bürgersohn, ein Wirth in Wöhrd, endete als Auf-
wiegler gegen die Obrigkeit auf dem Schaffote und der anabaptistisch

gesinnte Pfarrer Vogel in Eltersdorf verfiel 1527 dem Schwerte.
— In Augsburg finden wir schon 1524 sektirerische Verbindungen
unter dem unruhigen Literaten Ludwig Hetzer, der schließlich wegen
böser Aeußerungen gegen die lutherische Abendmahlslehre und gegen
Urbanus Rhegius im Herbste 1525 ausgewiesen wurde. Hetzer
stand in Beziehungen zu dem reichen Bürger Georg Regel und zu
Andreas Rem. Weit einflußreicher wirkte Johann Denk; aus
Nürnberg vertrieben, trug er seine Irrlehren nach Augsburg, wo
1528 bereits die fünfte Auflage seiner mit Hetzer unternommenen
Uebersetzung der Propheten aus dem Hebräischen in's Deutsche erschien. Regel und Sebastian von Freiburg waren auch seine Gönner.
Augsburg wurde der Mittelpunkt der wiedertäuferischen Unruhen;
hierhin wandte sich 1526 der ewig tumultirende Dr. Balthasar
Hubmair, der seinem Freunde Jakob Groß nachzog. Kaum war
eine Stadt so geeignet, die Metropole der anabaptistischen Bewegung zu werden als Augsburg; war sie ja der Sitz des Groß-
handels, der ausgedehntesten Verbindungen, durch ihre Größe und
Vielseitigkeit ein natürlicher Schutz für heimliche Gesellschaften, dazu
Heimath der Mode, der Neugier und der Sucht nach Effekt, eine
Niederlage von Reichthum und Ueppigkeit, endlich der Tummelplatz
einer gegenüber dem Evangelium lauen Obrigkeit und ganz zwie-
spältiger Prediger. Denk war der erste in Augsburg Tausende und
sein wichtigster Schüler der hausirende Buchbinder Hans Hutt, dem
es gelang u. a. den Patricier Eitel Hans Langenmantel und den
ehemaligen Klosterbruder Salminger zu seiner Lehre zu bekehren;
Salminger wurde durch das Loos Vorsteher der Wiedertäufer, die
man auch, weil sie sich gerne in den die Stadt umgebenden Gärten
trafen, „die Gartenbrüder“ nannte. Langenmantel befehdete Luther
als Schriftsteller. Da sich die Zahl der Wiedertäufer, unter denen
besonders viele Weber waren, bald sehr hoch belief, ergriff der
Rath seit August 1527 Sicherungsmaßregeln und übertrug Peutinger die peinliche Untersuchung. Unter den ersten Gefangenen
waren der Maurer Kießling und der Ex-Carmeliter zu St. Anna,
Jakob Dachser; Denk verließ die Stadt; Hutt, Groß, Salminger
und Langenmantel kamen in Haft; Mancher mußte die Folter er-
dulden; Langenmantel hatte im Oktober die Stadt zu räumen,
fuhr aber im Exile fort, für seine Ueberzeugung Propaganda zu

machen, wurde von einem Hauptmanne des schwäbischen Bundes in Leitershofen überfallen, gefangen nach Weißenhorn geführt und hier mit seinen Knechten am 12. Mai 1528 enthauptet. Hutt verunglückte bei einem Befreiungsversuche, seine Leiche wurde im December 1527 verbrannt. Viele Anabaptisten traf die Strafe ewiger Verbannung, andere widerriefen, unter ihnen Dachser, der bis 1531 im Kerker gesessen, andere wurden ausgepeitscht, mit glühenden Eisen gebrandmarkt, mit hohen Geldstrafen belegt, ja Frauen verloren ihre Zunge. Dies mußte zu neuem Fanatismus führen, das Martyrium brachte Jünger, 1527—28 wurden über Hundert verbannt und der neue Hauptprediger, der Schuster Johann Eebold, trug seinen Kopf am 25. April 1528 auf's Blutgerüst. Erst im Sommer 1528 trat vorübergehend Ruhe ein und der Rath erließ eine Amnestie für Reuige. Trotzdem hielt ein Kürschner Augustin Baader auf die Weissagung eines jungen Fantes hin sein Söhnchen für den Messias, der auf dem Augsburger Reichstage eingesetzt würde, verkündigte den „Brüdern" den Verheißenen des Herrn, ließ ihm bei einem Ulmer Goldschmiede die Krone und alle königlichen Insignien anfertigen, wurde aber mit dem Wiedertäufer Fischer, einem Weber, vertrieben und im Württembergischen 1530 verbrannt.

Der Reformationsmuth erlitt jetzt einige Schwächung, aber nach wie vor spottete der Augsburger über Ceremonien und Processionen der katholischen Mitbürger. Dem besonnenen Rathe zum Trotze ließ sich der Pöbel, von dem Pfarrer Cellarius geführt, verleiten, Kirchen, Altäre und Bilder zu schänden. Die Katholiken wehrten sich ihrer Haut mit ebenso unwürdigen Mitteln. Der von den Fugger, den Hauptstützen Roms, an der St. Moritz-Kirche angestellte beliebte Prediger Ottmar Luscinius (Nachtigall) nannte die Evangelischen Ketzer und Rebellen, warf ihre Taufe mit der der Anabaptisten zusammen und verglich sie mit der Taufe von Hunden und Katzen; der Rath gab ihm endlich Hausarrest, hob diesen zwar auf hohe Fürsprache auf, verbot ihm aber für immer die Predigt und befahl Raimund und Anton Fugger, einen der St. Moritz-Gemeinde angenehmen Prediger aufzustellen, indem er gleichzeitig die evangelischen Geistlichen zur Mäßigung ermahnte. Bei ihm beeinträchtigten die täuferischen Wirren sehr das Ansehen des Reformationswerks, unwillkürlich veranlaßten diese ungünstig ausfallende

Vergleiche und Begriffsverwechselungen. Cellarius regte immer neue Excesse an; in der Nacht des 14. März 1529 drangen er, der junge reiche Sigmund Welser, ein Barfüßer und ein Handwerker in die Barfüßerkirche ein und zerschlugen am Hauptaltare ein schönes Crucifix aus Stein. Cellarius verfluchte in der Predigt Bilder und Altäre und zerriß mit den Händen ein Meßgewand, um bildlich den Meßdienst zu zerstören. Das gemeine Volk stahl aus den Gotteshäusern Gewänder, Tücher, Leuchter, Alles, was angreiflich war; Koth wurde auf die Altäre geworfen; Reiter ritten höhnend daran vorüber; Steine flogen auf die heiligen Stätten. Der Rath kam aus einer Verlegenheit in die andere, seine Verbote gegen die Frevel nützten nichts; Cellarius blieb wegen seiner großen Macht bei dem Haufen ungestraft, während Welser außer 300 Gulden Strafgeld vier Wochen Haft im Thurme zuerkannt wurden.

Bei dem berühmten Marburger Religionsgespräche im Oktober 1529 konnte Rhegius wegen Krankheit nicht erscheinen; für ihn kam Stephan Agricola als Vertreter der Augsburger Geistlichkeit.

Der Tod Maximilian's I. wurde durch seine Folgen ein welthistorisches Ereigniß; der Kaiser hatte die Nothwendigkeit einer Kirchenreformation eingesehen und war ihr nicht abhold, sofern sie nur das Oberhaupt der Kirche unangetastet ließ. Gelang es jetzt, einen der Reformation zugeneigten Fürsten auf den Thron Karl's des Großen zu erheben, so mußten für das Reich unermeßliche Vortheile sich daraus ableiten und anstatt habsburgisch-spanischer Bigotterie der Sonnenglanz strahlenden Lebens den alten Staat verjüngen und vergolden. Anstatt dessen wollte es unser trauriges Geschick, daß ein spanischer Fanatiker unseren Thron bestieg, ein großer Fürst, der aber nicht eine Spur von Verständniß für unsere geistigen und religiösen Bedürfnisse, für unsere Sehnsucht nach idealen Gütern, für unsere Reformation besaß und nie zum Deutschen geworden ist. Karl V. beseelte eine maßlose Herrschgier, er glaubte unbedingt an die Berechtigung seines Hauses allein zur deutschen Krone und lenkte kalt und consequent seine Schritte zum Ziele der Weltherrschaft.

Unter den Candidaten zur Königskrone waren, da Friedrich der Weise von Sachsen sie ablehnte, die wichtigsten der ritterliche König Franz I. von Frankreich und Karl I. von Spanien, als Sohn des

6

frühe verstorbenen Philipp des Schönen der Enkel des letzten Kaisers. Franz I. unterstützten außer Rom ein Theil der deutschen Fürsten, voran die geistlichen Herren am Rheine, Brandenburg und Ulrich von Württemberg, und er erklärte, er lasse sich die Wahl drei Millionen Goldkronen kosten; seine Gesandten gaben das Gold mit vollen Händen. Aber im Reiche war eine mächtige habsburgische Partei und arbeitete gegen Franz für Karl I.; sie fand ihre Centren in zwei Commissionen zu Augsburg unter dem Vorsitze des Cardinals Lang und zu Mecheln unter dem der Statthalterin der Niederlande und Tante Karl's, Margaretha von Oesterreich. Auch diese Partei hatte über reiche Gelder zu verfügen und es fragte sich nun, wer den letzten Thaler in der Tasche behalten würde. Erzherzogin Margaretha war sehr thätig. Sie hatte alle ihre finanziellen Operationen in den Händen der Fugger centralisirt und diese unterstützten Karl's Wahl lebhaft. Die Kurfürsten hatten nur auf die Fugger Vertrauen und Margaretha schickte einen Abgesandten an das Haus in Augsburg, der ihr am 8. Februar 1519 schrieb: der arme Fugger wolle, obgleich er sehr mitgenommen sei und schon 8000 Gulden Verlust habe, auf ein Jahr Geld borgen, wolle hierfür keine Zinsen, mache hingegen Bedingungen. Die Garibaldi in Genua, die Welser u. A. betheiligten sich an dem Geschäfte nur durch Ablieferung an Fugger, durch dessen Vermittelung sie ausliehen. Als Garantie für die vorgeschossenen Summen erhielten die Fugger das Wechselmonopol in Deutschland, Margaretha untersagte den Antwerpenern daselbst jegliches Wechselgeschäft; der Stadt Augsburg wurde verboten, Frankreich etwas zu leihen und die Fugger empfingen die Zahlungsanweisungen (Billets) der Städte Antwerpen und Mecheln, während diese auf die seeländischen Douanen verwiesen wurden. Aergerlich fügten sich die Genueser und Nürnberger, lieber gewannen sie doch durch Fugger in zweiter Hand als gar nicht. Fugger und Welser nahmen Partei für Karl und unterstützten Frankreich nicht, obgleich es ihnen die verführerischsten Anträge machte und Franz I. eigene Boten mit solchen an sie sandte. Schon 1518 hatten die Fugger Maximilian zum Zwecke der Wahl seines Enkels 93,585 Goldgulden vorgestreckt. Karl kostete seine Wahl ungeheure Summen, denn die Fürsten verlangten alle Handsalbe für ihre Stimme und Fugger und Welser mußten Karl zu dem Gelde ver-

helfen. Laut Berechnung, die wohl Bartholmä Welser seinem
Schwager Peutinger ausfertigte, empfing Karl von Jakob Fugger
543,585 Gulden, von Bartholmä Welser und den Seinen 143,333,
von Philipp Gwalterrotti, Benedikt de Fornary und Lorenz de Bi-
valdis je 55,000 Gulden.

Karl wurde am 28. Juni 1519 schließlich einstimmig zum
deutschen Könige als Karl V. gewählt, mußte aber eine Wahl-
kapitulation unterzeichnen, die für alle späteren Königswahlen maß-
gebend blieb. In derselben war auch ein Paragraph gegen die
Handelsgesellschaften, er hieß: „Wir sollen und wollen auch alle
Gesellschaften unter den Kaufhändlern abthun, so daß Jedermann
solcher Gesellschaften halber ungehindert freies Gewerbe und Handel
treiben möge." Sobald die Nachricht von Karl's Wahl in Augsburg einlief, verbreitete sich großer Jubel. Der kaiserliche Schatzmeister Villinger, Fugger und Höchstetter wollten Freudenfeuer anzün-
den, was noch nie in der Stadt dagewesen, aber der Rath untersagte
es ihnen, um es selbst zu thun. 1523 machte das Karl vertretende
Reichsregiment das Projekt eines neuen Zollwesens bekannt, aber
die deutschen Städte erhoben sich dagegen; die Fugger und andere
Häuser bangten für ihre Monopole und ruhten nicht, bis sie Karl V.
vermochten, sich entschieden gegen den Zollverein zu erklären und
ihn fallen zu lassen.

Karl V. konnte nicht daran denken, den Paragraphen der
Kapitulation wegen der Handelsgesellschaften auszuführen, denn er
war auf die Gunst der großen Firmen angewiesen, denen er so zu
sagen seine Krone verdankte. Sie wußten dies recht wohl und
pochten auf ihr Verdienst um Karl. Höchst offen und selbstbewußt
spricht Jakob Fugger sich in einem Briefe an Karl nach Valladolid
im April 1523 aus; indem er die Opfer seines Hauses für das
Haus Oesterreich beleuchtet, sagt er geradezu:

„Es ist auch wissentlich und liegt am Tage, daß Eure Kaiserliche Majestät die römische Krone ohne mich nicht erlangt hätte,
wie ich dies mit den Handschriften aller Commissaire Eurer Kaiserlichen Majestät zeigen kann. So habe ich auch hierin meinen
eigenen Nutzen nicht angesehen; denn wenn ich vom Hause Oesterreich hätte abstehen und Frankreich beförderlich sein wollen, würde
ich großes Gut und Geld, wie mir denn angeboten worden, erlangt

6 *

haben. Welcher Nachtheil aber Eurer Kaiserlichen Majestät und dem Hause Oesterreich daraus erwachsen wäre, das haben Eure Kaiserliche Majestät mit hohem Verstande wohl zu erwägen."

Seine dringende Bitte freilich, ihm endlich wieder zu seinem Gelde zu verhelfen, machte auf Karl V. keinen tiefen Eindruck, denn wir finden ihn fortwährend als Schuldner der Fugger, Welser, Baumgärtner und wie die Kaufherren hießen, bis herab zu gewöhnlichen Kaufleuten wie Adler u. A. Gaben die Firmen kein Geld her, so waren Karl und sein Bruder Ferdinand in nicht geringer Verlegenheit; 1526 z. B. verweigerten die Fugger Erbtheilung wegen Ferdinand Gelder zum italienischen Kriege; sie brauchten ihr Baares, während die Welser gerade nicht bei Kasse waren. Direkt vor dem Speierer Reichstage machte Ferdinand im Februar 1529 eine Anleihe von 48,000 Gulden bei Fugger in Augsburg, hatte aber trotzdem in Speier offenbar Geldmangel.

Im November 1530 verfügte Karl V. ohne alle Rücksicht auf die traurige Geldlage durch neue Wechselbriefe über 41,000 Goldthaler, die er an Fugger und Welser zahlen mußte; als die Ordre in die Niederlande kam, war seine thatkräftige Tante Margaretha eben gestorben und bestürzt bat das Finanzkollegium die Faktoren beider Firmen um Aufschub bis zum 15. Juli 1531, da vor Karl's Ankunft keine neuen Steuern zu erlangen sein würden. Die Faktoren erklärten aber, sie hätten bestimmten Befehl, die Schuld am bezeichneten Termine einzutreiben, und dem Finanzkolleg blieb nichts übrig als sich an Gerhard Storck und Lazarus Fugger, Makler in Antwerpen, zu wenden, auf daß ihm 50,000 Thaler auf Obligationen durch Karl bezeichneter Personen verschafft würden. Sämmtliche deutschen Kaufleute aber verweigerten Alles, bis ihnen das Finanzkolleg im December 1530 Sicherheitsbriefe ausfertigte, worin ihre Güter in den Niederlanden als absolut unconfiscirbar garantirt waren, möchten sie welcher religiösen Ansicht sie wollten sein; außerdem mußte Karl die Obligationen auf anerkannt sichere Namen ausstellen.

Entschlossen, falls es nothwendig sein sollte, einen Glaubenskrieg zu eröffnen, berief der eben vom Papste gekrönte Kaiser Karl V. einen Reichstag nach Augsburg; sein Bund mit dem Papste machte ihn um so sicherer und gefaßter auf alle Vorkommnisse.

Der Rath von Augsburg fügte den Wächtern unter den
Thoren und auf dem Perlachthurme noch eine Wachtmannschaft von
Rathsherren, Geschlechts- und Zunftangehörigen und Kaufleuten hinzu,
nahm 800—1000 Landsknechte zur bisherigen Mannschaft in Sold
und traf an den Straßenecken Vorrichtungen, um sie im Falle eines
Aufstandes mit eisernen Ketten abzusperren. Der Kaiser sollte mit
Aufbietung alles Glanzes empfangen und von Mannschaften zu Roß
und zu Fuß, in Sammt und Seide eingeholt werden. Im Mai
1530 begaben sich Bartholmä Welser und Wolfgang Langenmantel
nach Innsbruck, um Karl zur Kaiserkrone und Ankunft in Deutschland zu gratuliren und ihn in seine und des Reichs getreue Stadt
Augsburg einzuladen.

Um ihn weilten welsche und spanische Pfaffen ohne Zahl und
nährten sein Mißtrauen gegen den Augsburger Rath. Er forderte
die Entlassung der neuen Truppen und die Aufhebung der Straßen-
sperre, in der er aufrührerische Absichten der Protestanten witterte,
während der Rath eben aus Fürsorge, die ungestüme evangelische
Bürgerschaft könne eine Meuterei veranlassen, die Ketten angebracht
hatte. Schließlich erlaubte er, daß diese blieben, hingegen mußte
die Mannschaft am 27. Mai beurlaubt werden; die Herren von
Augsburg hatten größtentheils die von den kaiserlichen Befehlshabern
geworbenen, auf den Kaiser vereideten und ganz antilutherisch gesinnten Truppen zu zahlen, deren Fouriere bei dem Quartiermachen
in der brutalsten Weise auftraten; viel Aergerniß wurde den guten
Bürgern bereitet.

Mit den Fürsten und städtischen Gesandten trafen Geistliche
ein, die mit den einheimischen wetteifernd furchtlos gegen die pa-
pistischen Irrthümer predigten und die evangelische Wahrheit be-
zeugten; Luther selbst war nicht gekommen, da man es nicht für
rathsam hielt. Viele Fürsten hörten die Predigten des Urbanus
Rhegius, Philipp der Großmüthige von Hessen aber ging mit der
großen Masse zu dem zwinglischen Heißsporne Cellarius, den die
Lutheraner mieden. Mit den Sachsen, Lüneburgern und Hessen
verhöhnte die Bürgerschaft die Benediktiner von St. Ulrich bei ihren
Processionen.

Der Reichstag von 1530 trug ein so prunkvolles Gepräge
wie wenige; die Zeitgenossen betheuerten, nichts Glänzenderes erlebt

zu haben, und der Chronist von Weißenhorn ruft begeistert aus:
„Also ist Kaiserlicher Majestät Einreiten fast köstlich gewesen, darob
sich Jedermann verwundert hat; denn man meint, daß desgleichen
Einzugs in deutschen Landen zuvor nie gesehen worden."

Karl V. traf am 15. Juni in Augsburg ein, eine enorme
Volksmenge aus allen Nationen und Himmelsstrichen begleitete oder
empfing ihn; neben Spaniern, Flandrensern, Burgundern standen
Deutsche aller Stämme, Kroaten, Griechen, Italiener, selbst Araber
und Aethiopier. Konrad Peutinger begrüßte den Monarchen an
der Spitze der Rathsdeputation in zierlicher Anrede; 1800 Mann
zu Fuß und 150 Reiter umgaben ihn. Bei dem Aufzuge erschienen
die Kaufleute aschenfarben mit Atlaswamms und gelben Federn und
bei den Reisigen, die den Schluß bildeten, bemerkte man 32 Fugger'sche Dienstleute in grau, am Aermel die Fugger'schen Hausfarben.
Auch Karl V. liebte Augsburg sehr; er schätzte die Stadt wegen
ihres Reichthums, ihrer Munificenz, ihrer Weltgewandtheit und ihres
modischen Charakters, der ihr freilich von Vielen zum Vorwurfe
gemacht wurde. Die Augsburger liebten gewaltig die Mode, äfften
gerne nach und trugen jetzt alsbald ihr Haar spanisch geschnitten.
Der Kaiser forderte von allen Fürsten, daß sie sich Tags darauf
der Frohnleichnamsprocession anschlössen, doch lehnten sie es energisch
ab und Markgraf Georg von Brandenburg-Ansbach erklärte Karl:
ehe er Gott und sein Evangelium derart verleugne, wolle er lieber
enthauptet werden. Karl sprach zwar „Löwer Fürst, nit Kopp ab,
nit Kopp ab", forderte aber Einhalt der evangelischen Predigt und
der gehorsame Rath legte den Predigern Stillschweigen auf. Rhegius nahm einen Ruf nach Lüneburg an und von Juni bis December war die Stadt ohne evangelischen Gottesdienst; in den Buch-
läden wurden die lutherischen Schriften, nicht aber die Eck's und
Faber's entfernt. Aengstlich schickten die Herren von Augsburg von
Haus zu Haus mit der Bitte den Frohnleichnam feierlich zu begehen; das Stadtvolk betheiligte sich nur in sehr geringer Zahl. Die
heftigste Spannung herrschte zwischen den Katholiken, für deren
Herrschaft Karl auftrat, und den Protestanten und trotz der demüthigen Haltung des Raths mißtraute Karl der Bevölkerung. Am
25. Juni wurde von den protestantischen Ständen dem Kaiser die
„Augsburgische Confession" überreicht — ein ewig denkwürdiger Tag!

Im August drohten in Augsburg Straßenkämpfe und nach der Verhaftung des zwinglischen Predigers Johann Schneid an der Kreuzkirche
flohen die zwinglischen und lutherischen Geistlichen aus der Stadt.
Große Entrüstung herrschte in Augsburg und Nürnberg über die
steigende Macht des Katholicismus und das wankende Ansehen der
neuen Lehre, zumal der Augsburger Rath sich allmählich dem
kaiserlichen Wunsche näherte, zusammen mit Karl den alten Glauben
aufrecht zu erhalten. Karl legte den höchsten Werth gerade auf die
Haltung des ihm theuren Augsburg.

Augsburg aber begann sich zu ermannen; die niederen Klassen
vor allem waren empört über den Kleinmuth des Rathes und auch
unter den angesehenen Rathsherren und Zunftmeistern fanden viele
die Unterdrückung von Gottes Wort und der Predigt unerträglich,
fürchteten jedoch Baiern, „den Kaiser im Haus", denn die Stadt
war schwach befestigt und unhaltbar gegen äußere Feinde. In dem
großen Rathe, den der engere wegen der ungemeinen Wichtigkeit der
Frage berief und in dem seit 1368 von jeder Zunft 13, bei 17
Zünften somit 221 Leute saßen, siegte das Evangelium und der harte
Reichstagsabschied wurde am 26. Oktober abgelehnt. Dies überraschte den Kaiser ebenso sehr wie es die Pfaffen erschreckte. Karl
bemühte sich eifrigst, Augsburg umzustimmen und für sich zu gewinnen, schlug sogar den fein berechneten Ton weicher Melancholie
gegen den Rath an, aber seine spanischen Künste verfingen nicht.
Am 20. November besiegelte Augsburg seine Protestations- und
Appellationsschrift gegen den Abschied vom 25. Oktober und sehr
mißvergnügt reiste Karl V. am 23. November ab. Er hatte die
Fugger mit Ehren überhäuft. Als die festesten Säulen katholischer
Gesinnung in Augsburg wurden Anton und Raimund Fugger reich
privilegirt, beschenkt und am 14. November 1530 zu Reichsgrafen
von Kirchberg und Weißenhorn erhoben, bald auch mit dem Münz-
rechte begabt.

Aber die antipapistische Richtung blieb in Augsburg besonders
mächtig; das Leben des höheren Clerus erntete Verachtung, während
Zwingli's Ansichten sich immer mehr verbreiteten und die Evangeli-
schen bei den Rathswahlen einen unbestrittenen Sieg davon trugen.
Anstatt zu Cellarius hielten die evangelisch gesinnten Reichen und
Patricier zu den Lutheranern, so Hieronymus Imhof, der 1530

zum neunten Male Bürgermeister war, Lukas und Bartholmä
Welser. Einige Straßburger Prediger traten auch in Augsburg auf,
Wolfgang Musculus und Bonifacius Wolfhard, und der geflüchtete
Cellarius, der Liebling der Menge, kam zurück. Die Massen
wandten sich unverkennbar gegen das Lutherthum, die zwinglische
Richtung aus Straßburg gewann die Herrschaft, auch Wiedertäufer
predigten erfolgreich gegen die lutherische Lehre und deren Geistliche sahen sich zur Abreise veranlaßt; sie gingen theilweise nach
Nürnberg, wo z. B. Frosch Prediger an der St. Sebaldus-Kirche
wurde. So kam es, daß Luther ein Feind der Stadt ward, in der
die Augsburgische Confession in's Leben getreten, und scharfe Briefe
an die Augsburger erließ, die Zwingli zu ihrem Ideale erhoben.

Die Religion hatte eine so unheilbare Wunde in den Leib der
Nation geschlagen, daß ein friedliches Nebeneinanderleben der Con-
fessionen undenkbar schien; ein Bürgerkrieg drohte, kam aber leider
nicht zum Ausbruche. O wäre es doch damals dazu gekommen!
welch entsetzliche Zeiten würden uns erspart geblieben sein, der ganze
dreißigjährige Krieg hätte nicht stattgefunden. Noch war das
Lutherthum thatkräftig, als der Schmalkalbener Bund zusammentrat;
es hatte Chancen zu siegen, wenn es mit voller Macht gegen den
Katholicismus zu Felde zog; später erschlaffte es, zersplitterte sich,
verkörperte allzu sehr die Lehre von leidenden Gehorsame und entbehrte der Schneidigkeit seiner Jugendjahre.

Die Türkengefahr aber lenkte den Kaiser jetzt vom Religions-
kriege ab; die Protestanten halfen ihm, der Türken Meister zu
werden und hoben seine Machtstellung wieder auf eigene Kosten.

Augsburg nahm an den Schmalkalbener Zusammenkünften 1530
und 1531 keinen Antheil, stellte aber wieder evangelische Prediger an
und schaffte in der St. Annen-Kirche den katholischen Cultus ganz
ab; als sich von Neuem Wiedertäufer einschleichen wollten, wurden
sie sofort ausgewiesen. Wiederholt kam es zu Excessen Seitens der
Protestanten und der Katholiken; so unterbrachen Erstere 1533 die
dramatische Darstellung der Himmelfahrt in der St. Moritz-Kirche
und deren Patron, Anton Fugger, wollte es um jeden Preis durch-
setzen, daß fortgespielt würde, benahm sich aber so excentrisch, daß
ihm der Magistrat 8 Tage Thurm zuerkannte, wovon er sich gegen
vierzig Gulden Strafgeld loskaufte.

1533 nahm in Folge der religiösen Spaltung der schwäbische
Bund ein Ende und in Augsburg verbanden sich Nürnberg, Ulm
und Augsburg zur Vertheidigung ihrer Gewissensfreiheit; Augsburg
schwur den Genossinnen feierlich zu, treu und ehrlich an dieser Verbindung zu halten. Die Messe wurde in allen Augsburger Kirchen
außer dem Dome abgeschafft; die verschiedenen Mönchsorden wandten
sich in bitterer Klage an den Kaiser und den römischen König Ferdinand; diese erließen scharfe Mandate an den Magistrat, die aber
wirkungslos blieben. 1535 trat die Stadt dem Schmalkaldener
Bunde bei; sie stellte sich jetzt entschieden auf die Seite der Opposition im Reiche, trennte ihre Wege von denen des befreundeten
Nürnberg, denn hier hielt das patricische Regiment zum Kaiser und
trat dem von ihm empfohlenen Donauwörther Bündnisse von 1535
bei. Weit über die Grenze des städtischen Weichbildes hinaus-
greifend, wollte die Augsburger Politik sich eine unabhängige Stellung im Reiche erringen. 1537 mußte Hans Welser das Bürger-
meisteramt, so sehr er sich auch dagegen wehrte, antreten und beschloß nun die absolute Abschaffung des katholischen Cultus in der
Reichsstadt; er war ebenso strenge Protestant wie Fugger Katholik.
Alle Kirchen wurden den Katholiken gesperrt und fast sämmtliche katholische Geistliche, Mönche und Nonnen, auch das Domkapitel, wanderten aus. Der Rath suchte dieses Vorgehen bei
Karl V., Ferdinand I. und den bairischen Herzogen zu entschuldigen,
während der Bischof und sein Kapitel ebenda bittere Klagen über
den Rath erhoben. Als würde mit dem Vandalismus Gott gedient,
zerstörte der Pöbel Statuen, Grabmäler, Gemälde. Der Rath schaffte
die meisten Feiertage ab und verbot den Katholiken jeden Messe-
besuch; in den katholischen Kirchen wurde protestantisch gepredigt.

Trotz dieser religiösen Stellung unterstützte Augsburg eifrig
die auswärtige Politik des Kaisers; von hier erhielt er Mannschaft
zu seinen afrikanischen Feldzügen und die Gelder zu diesen Expeditionen datirten vielfach von hier; Augsburg sandte Ferdinand
Truppen und Munition gegen die Türken.

In städtischen Angelegenheiten blieb trotz aller gegentheiligen
Ansichten bei den Bürgern stets das Wohl der Stadt der mächtigste
Hebel und führte sie als Zusammengehörige einander wieder zu; ihre
Stadt sollte glänzend und mächtig dastehen unter den Gemeinwesen

Teutschlands; ihr Stolz war dabei zu sehr interessirt. Als darum 1538 die alten geehrten Herrengeschlechter in Augsburg bis auf acht (zwei Familien Langenmantel, Ilsung, Ravensburger, Rehlinger, Welser, Herwart und Hofmair) erloschen waren, wurden sie im December 1538 um 39 neue vermehrt, obwohl das zünftische Regiment damit seine Gegner zu seinem Nachtheile ungemein verstärkte; unter den neu Aufgenommenen finden wir Fugger, Peutinger, Stetten, Im-hof, Baumgärtner — und manche kostete die Aufnahme schwere Opfer, vor allen die Fugger, die schwören mußten, ihre von Maximilian I. und Karl V. erlangten fast fürstlichen Privilegien betreffs der Juris-biktion niemals Augsburg gegenüber zu benützen.

Gegen diese Geschlechtervermehrung wurde stark unter der zünftischen Bürgerschaft agitirt, da die Maßregel nur beabsichtige, die „großen Hansen und Mayern von der alten Stube", gegen die einst der Bürgermeister Ulrich Schwarz (Schwartz) angekämpft hatte, allmälig wieder zu Herren der Stadt zu machen und die Zünfte zu unterdrücken. Der Rath stellte darum eine Urkunde aus, es solle mit der Besetzung des Raths nach wie vor gehalten und den Zünften nichts von ihrem Herkommen, ihren Rechten und Freiheiten entzogen werden. Die neue Maßregel bedeutete aber, Alles in Allem ge-nommen, eine wesentliche Verstärkung des Patriciates. Darum brach die Kaufmannszunft die Verbindung mit den patricischen Kreisen ab und richtete 1539, geführt von Jakob Herbrot, sich eine eigene Stube im Gegensatze zur Geschlechterstube ein. Sie wurde ein Mittelpunkt der gegen Karl's V. kirchliche Politik abzielenden Bestrebungen, suchte das Heil Augsburgs im schmalkaldischen Bunde und in engen Beziehungen zu Philipp von Hessen; Karl hat darum später die Kaufmannszunft am Härtesten behandelt und Herbrot als ihren Führer am meisten seinen Zorn entgelten lassen. Ein sehr weltkundiger Mann und eifrigster Beförderer des protestantischen Glaubens, war Herbrot nicht nur der Vertrauensmann seiner Ge-meinde, sondern auch ein großer Kaufherr, der kühn aber vortheil-haft spekulirte, wenn er auch kein Concurrent der Fugger und Welser sein konnte. Herbrot machte bedeutende Darlehen an Fürsten des In- und Auslandes, handelte mit Juwelen und Kostbarkeiten und zählte unter seinen Schuldnern den Kurfürsten Otto Heinrich von der Pfalz, dessen Rentmeister Arnold sein Intimus war, Philipp

von Hessen und Joachim II. von Brandenburg; auch besorgte er
in Prag die Ausstattung der nach Mantua vermählten Tochter
Ferdinand's I. Sein im Geschmacke der Renaissance ausgeschmückter
Garten vor dem Vogelthore war eine Merkwürdigkeit Augsburgs und
wurde allen Fremden gezeigt; Graf Wolrad II. von Waldeck kann
1548 nicht genug berichten von den Blumenbeeten, Wiesenflächen,
verschlungenen Wegen, fremden Pflanzen aller Art, Obstbäumen,
von den durch Kanäle aus dem Lech gespeisten Wasserwerken und
Springbrunnen, von den Lusthäusern mit den lebensgroßen Bild-
nissen der Kaiser. Herbrot übte großen Einfluß auf die Gemeinde
aus, die ihm häufig diplomatische Missionen übertrug; er war sehr
freigiebig, brachte reiche Geschenke an der rechten Stelle an und
machte sich wichtige Personen zu Freunden, indem er ihre Kapitalien
bei sich anlegte und hoch verzinste; Schertlin von Burtenbach, sein
Freund und Gesinnungsbruder, nannte ihn sogar seinen Landesherrn;
auch an den Höfen erwarb er sich Gönner, die ihm bei den Geschäften nützten und für schlimme Zeiten einen Rückhalt bieten sollten.

Kehren wir einmal wieder in Nürnberg ein, so sehen wir dem
Untergange eines Brauches zu, der die fanatischen Lutheraner als
Erzeugniß katholischer Tage längst verdroß. Aus den von Kaiser
Karl IV. wegen ihrer Treue einst den Gewerben der Metzger und
Messerschmiede gestatteten prächtigen Fastnachtsvergnügungen war mit
der Zeit das Fest des Schembartlaufens oder Schembart hervor-
gegangen; die beiden Gewerbe verliehen oder verkauften wohl ihr
Recht zur Betheiligung an andere Leute und 1449 fand der erste
Schembart statt. Die traurigsten Zeiten schienen die vergnügungs-
süchtigen Nürnberger in ihrer Festlust nicht zu stören, selbst im
Kriege wurde der Schembart abgehalten, politische oder religiöse
Verhältnisse kamen bisweilen bei demselben zur Darstellung. 1523
erregte ein Schembartläufer großes Aufsehen, dessen Kleid aus lauter
mit großen Siegeln versehenen Ablaßbriefen bestand und der eben
solche in Händen hielt.

Besonders toll ging es nach einer 14jährigen Pause 1539 zu.
Andreas Osiander, der kampflustige Reformator, ein glühender Eiferer
für Gottes Wort nach Luther's Sinne, sah mit Ekel das Fastnachts-
treiben, das ihn immerfort an Rom erinnerte, verdammte es von
der Kanzel herab und machte sich viele Feinde, da er dem Volke

sein Vergnügen verkürzen wollte. Dies aber rächte sich; am 17—18. Februar 1539 lief ein pomphaft inscenirter Schembart aus, dessen Beschluß wie gewöhnlich die Hölle bildete. Sie stellte ein Schiff vor, auf dem ein Priester, anstatt des Meßbuchs das Brettspiel in der Hand, zwischen einem Doktor und einem Narren saß. Trug nicht der Priester ganz die Züge des gestrengen Osiander, ahmte er nicht seine Bewegungen sorgsam und geschickt nach? Ein Jeder erkannte alsbald Osiander, dieser Name ging von Lippe zu Lippe. Die Wuth des Predigers war groß; er wußte dem Rathe so überzeugend das Verbrechen, welches das Volk an seiner Person und geistlichen Würde begangen hatte, zu schildern, daß dieser den Schembart ein für allemal untersagte. Hans Sachs hat uns den incriminirten Schembart von 1539 im Liede hinterlassen, und die Nachkommen freuten sich, als 1842 bei dem großen Volksfeste eine Schaar Schembartläufer mit aufzog. Andere Fastnachtslustbarkeiten aber blieben trotz des Bannspruchs Osiander's in Kraft.

Im Februar 1541 besuchte Karl V. zum ersten Male Nürnberg, schon in Ansbach festlich eingeholt; in glänzendem Zuge kam er in die Reichsstadt, wo ihm große Geschenke übermacht und viele festliche Tage bereitet wurden. Karl war sehr gnädig gegen die durchaus ketzerische Stadt, versprach sie in allen Rechten und Freiheiten zu schützen, suchte aber vergebens den Wunsch der Franziskaner, ihnen die Predigt wieder zu erlauben, bei dem Rathe durchzusetzen. 1543 fand der letzte Reichstag im alten Nürnberg statt. Dem schmalkaldischen Bunde trat Nürnberg trotz seines lutherischen Charakters nicht bei; das Gebot der Selbsterhaltung diktirte ihm Neutralität im Kampfe und die Feinde sagten darum, es liebäugele mit den verschiedenen Parteien; jedenfalls fehlte ihm absolut die Entschiedenheit Augsburgs, sonst würde es im schmalkaldischen Kriege gewiß nicht beiden Heeren Munition und Proviant geliefert und doch mit Ulm und Augsburg sein erneuertes Bündniß zur Vertheidigung der Religionsfreiheit belassen haben.

Immer deutlicher enthüllte sich die Absicht Karl's V., dem Protestantismus den Garaus zu machen; mit dem Papste geeinigt, trat er gegen die Anhänger der neuen Religion drohend auf, und der schmalkaldische Bund, dem zwei ganz verschiedene Naturen in Johann Friedrich von Sachsen und Philipp von Hessen vorstanden, erwies sich in dem Kriege mit Karl untüchtig und unfähig. Augsburg stand offen und ehrlich im schmalkaldischen Bunde; der Kaiser zeigte ihm unverholen seine Ungnade, indessen es das Ansinnen, das Tridentiner Concil zu beschicken, rund abschlug. Seine geographische Lage war jetzt ebenso ungünstig wie seine politische. Die Reichsstadt inmitten von katholischen Gebieten erschien wie ein Vorposten des schmalkaldischen Bundes, dem der erste Angriff aus den kaiserlichen Erblanden gelten würde; die Mehrheit der Patricier war gegen jede Feindseligkeit dem Kaiser gegenüber und die Handelsinteressen ließen den Bund mit ihm als die beste Politik erscheinen. So hat es der Rath auch geschehen lassen, daß die Fugger, Welser, Baumgärtner u. A. dem Kaiser die Gelder zum Kriege gegen den Bund vorstreckten, und sich bei den Bundesgenossen entschuldigt, er habe nicht anders handeln können; so hat er aber auch gleichzeitig gestattet, daß Jakob Herbrot den Banquier Philipp's von Hessen und Johann Friedrich's von Sachsen spielte und eine Commission unter Herbrot ein Anlehen an die Bundesfürsten zusammenbrachte. Hecker sagt darum:

„Die Handelsinteressen jener Häuser sind auch die der Stadt; sie müssen geschont werden, wenn's auch für den Augenblick dem Feind zu Gute kommt. Anton Fugger, mit so tiefem Verdruß ihn auch die Maßregeln der die Stadt regierenden Partei erfüllen, er besinnt sich doch keinen Augenblick, seine Dienste der Vaterstadt zur Aussöhnung mit dem Kaiser anzubieten und diese Aussöhnung mit einem rührenden Eifer zu betreiben. Und andererseits der stolze zünftische Bürgermeister Herbrot, dessen Grundsatz war, sich vor keinem Patricier zu beugen, er schreibt in den flehentlichsten Ausdrücken an Anton Fugger, daß er die Sache zu einem guten Ende führe, damit nicht eine so herrliche, alte, ehrbare Stadt in's Verderben komme."

Der Rath fürchtete, Karl V. werde die Stadt vom Evangelium losreißen, und dies bestimmte ihn zum Kriege; wenige Patricier waren kriegslustig, auch nicht der Bürgermeister Hans Welser, der 1537 den katholischen Cultus abgethan hatte; viele verließen die Stadt; nur der Schwiegersohn Georg Fugger's, der reiche Handelsherr und kaiserliche Rath Hans Baumgärtner, Freiherr von Hohenschwangau, ein besonderer Günstling Karl's, gab, als bei Beginn des Krieges alle Augsburger Bürger aus fremden Diensten zurückberufen wurden, den Dienst des Kaisers nicht auf, blieb an seiner Seite, fuhr fort, ihn mit Geld zu unterstützen und wurde vom Rathe mit Confiskation seiner Güter bestraft, die er freilich später zurückerhielt. Auch Bartholmä Welser bat Bürgermeister und Rath im Juni 1546, sich drei Jahre außerhalb Augsburgs aufhalten zu dürfen, was ihm bewilligt wurde; er und seine Gesellschafter wollten nicht zu der dem Kaiser feindlichen Bürgerschaft gezählt werden; ein Theil der Gesellschafter ließ sich in Lindau, Welser und Hans Böhlin erst hier, dann in Arbon am Bodensee nieder. Die Welser ließen nachher durch Claudius Pius Peutinger eine Supplik an den Papst entwerfen, auf daß ihnen gestattet werde, nach Augsburg zurückzukehren und dort ihren Handel fortzusetzen und Pius III. gestattete dies Bartholmä und Anton Welser, ihren Agenten und Gesellschaftern durch Breve vom 24. Juli 1547; durch Deklaration des Kaisers aus Halle vom 22. Juni d. J. war ihnen schon dieselbe Begnadigung, wie sie der Stadt Augsburg am 29. Januar 1547 zu Theil ward, und Sicherheit für Leib, Habe und Gut ausgesprochen worden.

Freiherr Johann Michael Anton von Welser hat uns einige Briefe Christoph Peutinger's, des Neffen Bartholmä Welser's, mitgetheilt, aus denen zur Evidenz hervorgeht, wie die Wiedererlangung ausgeliehener und verschriebener Summen oft Gegenstand schwerer Sorgen für die Darleiher war und letztere, im Grunde nur auf den redlichen Willen des Kaisers und anderer Schuldner angewiesen, von Seiten der betreffenden fürstlichen Beamten nicht immer rücksichtsvoll behandelt wurden.

Zum Kriege gegen den Schmalkaldner Bund hatten die Welser bedeutende Summen an Karl V. vorgestreckt und Bartholmä Welser sandte seinen Neffen, den Sohn des berühmten Konrad Peutinger, im Februar 1547 an das kaiserliche Hoflager nach Ulm, um einige Posten wieder zu erhalten; vergebens aber bemühte sich Peutinger, der selbst Gesellschafter der Welser war; der kaiserliche Schatzmeister Erasso stellte ihm vor, Seine Majestät bedürfe von neuem Geld und es solle den Welser auf irgend Etwas (sobro qualquiera cosa) angewiesen werden. Vergebens forderte Peutinger, es solle in Spanien Deckung für die früheren Darlehen erfolgen, bevor in Deutschland neue Vorschüsse gemacht würden; man ließ ihn so hart

an, daß er fast den Kopf verlor; was er sagte, „war Gischt"; es
hieß „Vogel iß oder stirb." Ebenso wenig wie Karl wollte seine
Schwester, die Statthalterin der Niederlande, Königin Maria, ihre
Schulden abzahlen. Wir ersehen ferner, daß Franz 1. von Frankreich die Welser, die in Lyon eine ihrer Hauptfaktoreien halten, als
Anhänger Karl's V. des Landes verweisen gewollt und nur gegen
12,000 Thaler Darlehen in seinem Reiche belassen habe, sowie daß
die Fugger Heinrich VIII. von England 1545 152,180 Pfund
vlämisch und Eduard VI. 1547 129,750 Carolinengulden vorstreckten. Peutinger hörte lauter Drohungen, Vorwürfe über die
Abreise der Welser aus Augsburg und mußte schließlich, anstatt die
alten Gelder zu erhalten, für die Welser neue 100,000 Gulden
und mehr verschreiben. Auch den Fugger ging es recht schlecht mit
ihren Vorschüssen und beiden Häusern mußte Alles an der Gnade
und dem Leben Karl's V. liegen; mit ihm fielen ihre Forderungen
in ein Chaos.

Da der Krieg drohte, trafen die Augsburger Sicherheits- und
Vertheidigungsmaßregeln. Genau wurde auf Fremde geachtet, alles
verdächtige Volk mußte aus der Stadt, die Bürger durften hingegen
ohne besondere Erlaubniß nicht hinaus und keiner in fremde
Dienste treten; man rüstete; Mauern und Gräben wurden aus-
gebessert. Der große Condottiere Sebastian Schertlin von Burtenbach warb auf Stadtkosten Landsknechte und richtete sie zu Burtenbach ab, damit sie weniger Verdacht erregten; neben ihm zog
der Bürgermeister Jakob Herbrot die Augen des gewöhnlichen
Mannes in erster Linie auf sich, wie denn auch unter Herbrot die
große Musterung der 4066 Mann im August 1545 stattfand, die
Augsburg stellen konnte; darum haßten die Gegner Herbrot am
meisten unter allen Augsburgern, seine Feinde unter den Patriciern
nannten ihn 1555 in einer officiellen Schrift geradezu den Satan.
Von Augsburg aus wurde der schmalkaldische Krieg gegen Karl im
Juli 1546 eröffnet und Augsburg wurde ein immer verhaßterer
Name in des Kaisers Ohren. Der Feldzug begann glückverheißend
besonders durch Schertlin's Verdienst, bald aber lähmten die Zwistig-
keiten zwischen den von Karl V. am 20. Juli in die Acht erklärten
Bundeshäuptern die Operationen, Schertlin's Thatkraft und kluger
Feldzugsplan wurden brach gelegt, planlos zog das Heer hierhin

und dorthin und der Respekt, den der gewaltig auftretende Feind anfänglich abnöthigte, schlug bei dem hochmüthigen Spanier bald in maßlose Verachtung um. Die oberdeutschen Städte selbst waren unter einander uneins; Ulm und Straßburg beneideten Augsburg um die bevorzugte Stellung, die ihm hauptsächlich die Verbindung Schertlin's mit Philipp von Hessen und dem Pfalzgrafen Friedrich im Bunde verschaffte. Wilde Schmähschriften ergossen sich von Augsburg aus gegen den Kaiser; am heftigsten waren die des Predigers der italienischen Gemeinde, des glänzenden Bernardino Occhino, der die Zeit vergessen machen wollte, da er General des Kapuziner-Ordens gewesen. Augsburg fürchtete einen plötzlichen Ueberfall durch den erzürnten Kaiser und seinen völligen Ruin und hielt es für nöthig, Schertlin zu seinem Schutze vom Bundesheere zurückzurufen; im Oktober 1546 kam er hier an und die Fürsten überließen jetzt die oberdeutschen Bundesgenossen ihrem Schicksale. Von letzteren ging jeder seinen eigenen Weg ohne Rücksicht auf die Genossen; alle suchten sich möglichst rasch wieder bei dem Kaiser zu Gnaden zu bringen und einander den Vorsprung abzugewinnen.

Was Karl in seinen kühnsten Träumen nicht hoffen konnte, trat ein: ganz Oberdeutschland fiel ihm ohne Schwertstreich in die Hand. Nachdem Ulm sich im December 1546 demuthsvoll unterworfen hatte, war die Lage Augsburgs eine sehr kritische; man begann darum zu erwägen, ob ein längerer Widerstand oder eine Kapitulation am zweckmäßigsten sei. Augsburg konnte einen unverwelklichen Lorbeerkranz erringen, wenn es jetzt die Rolle übernahm, die Magdeburg im dreißigjährigen Kriege durchführte; es konnte die feste Burg des Protestantismus, ja die Retterin seiner Sache werden und Schertlin war besser als Einer geeignet, die Vertheidigung der gut befestigten, mit zahlreichen Bewaffneten versehenen Stadt zu leiten. Machte Augsburg diese Diversion gegen die kaiserliche Heeresmacht, so konnten die noch im Felde stehenden Schmalkaldener Alliirten die Zeit trefflich ausnützen und Entsatz für die Stadt sammeln. Jedenfalls war ein Ende mit Schrecken immerhin einem schwachmüthigen Nachgeben, einer zweifelhaft garantirten Kapitulation an den erbosten und heimtückischen Cäsaren vorzuziehen, die Schrecken ohne Ende gebären konnte. Aber Viele dachten anders, voran Anton Fugger; dieser Heroismus war bei dem

praktischen Rechner unverständlich; ihm lag nichts ferner als sich
unter den Trümmern seiner geliebten Vaterstadt ein Grab zu suchen;
er wollte leben, leben in der kaiserlichen Gnade. Fugger's Ansicht
machte um so mehr Eindruck, als die Botschaft einlief, der Herzog
von Württemberg habe sich am 3. Januar 1547 unterworfen, und
der Rath beschloß nun am 13. Januar Unterhandlungen mit Karl V.
anzuknüpfen, um wo möglich einen „leidlichen christlichen Vertrag"
zu erlangen. Die Dreizehn des Raths sollten diese Angelegenheit
leiten. Anton Fugger wurde zum Unterhändler erwählt, zumal
Karl V. ihm persönlich gewogen und verpflichtet war, und ihm als
rechtskundiger Beirath Dr. Claudius Pius Peutinger beigegeben;
im Auftrage der Dreizehn sollte Herbrot, der die Stimmung der
Bürgerschaft am besten kannte und sie jetzt an den Gedanken der
Unterwerfung zu gewöhnen suchte, mit Fugger correspondiren. Fugger
nahm das dornenvolle und undankbare Amt auf sich, obgleich er
ein entschiedener Gegner des in Augsburg herrschenden Regiments,
Aristokrat und eifriger Katholik war. Der Kaiser erschwerte ihm
die Aufgabe immerzu, indem er mit Augsburg „wie die Katze mit
der Maus spielte." Wäre Fugger, des ewigen Hin- und Herziehens
der Verhandlungen müde, an die Spitze einer Partei getreten, die
den Krieg bis zum Aeußersten proklamirt und durchgeführt hätte,
so wäre die Stadt, falls Karl V. siegte, schwerlich schlechter behandelt worden, als nach seinen gleißnerischen Unterhandlungen. Aus
Fugger's Meldungen mußten die Augsburger mehr und mehr erfahren, daß Karl nicht im Entferntesten daran denke, sich von ihnen
Bedingungen für ihre Unterwerfung vorschreiben zu lassen, sondern
auf's Schärfste gegen sie vorzugehen beabsichtige. Der finstere Monarch, der die mächtigen Städte Spaniens niedergetreten und politisch entmündigt hatte, der die Kurfürsten von Brandenburg und
Sachsen mit demselben Maßstabe wie die Herzöge von Infantado
maß, sah erbarmungslos auf die rebellische Stadt, die es wagte,
d e m Bedingungen vorzuschreiben, in dessen Reiche die Sonne nicht
unterging.

Nach den Versicherungen des Herzogs von Alba und Granvella's
ging Karl mit dem Gedanken um, Augsburg zu schleifen und für die
deutsche Nation mit ihrer Reformation hierin ein Exempel zu statuiren;
auch sollte ihm Schertlin von Burtenbach ausgeliefert werden, was

Fugger als eine Infamie zurückwies; lieber — so schreibt er — wolle er seine Güter alle dem Verderben preisgeben, als seinem Vaterland diesen Schimpf und Spott rathen, der „ad perpetuam rei memoriam sein würde". Als die kaiserliche Kriegsmacht sich anschickte, die Donau bei Ulm zu überschreiten und das Land in der Richtung nach Augsburg zu verheeren, reiste Fugger selbst zum Kaiser nach Ulm und legte Alba und Granvella die ihm theure Sache seiner Vaterstadt an's Herz; schließlich versprach Alba, der Marsch des Heeres solle sistirt werden, bis die Negotiation mit Augsburg zu einem Resultate geführt haben würde. Karl selbst, bei dem Fugger einigemal Audienz hatte, zeigte unverholenen Grimm, verweigerte jedes Zugeständniß, machte keinerlei bindende Erklärung und bestand auf Unterwerfung zu Gnade und Ungnade; die Höf-linge hatten Trostesworte und Versprechungen genug auf der Zunge, dienten Fugger aber zu nichts und verlangten fortwährend Ge-schenke; am meisten kostete ihm Alba, der stets die hohe Wichtigkeit seiner Vermittelung hervorhob, um sich Gelder zu verschaffen, und der es an Versicherungen ohne allen Rückhalt nicht fehlen ließ; Granvella allein verschmähte es, sich beschenken und bestechen zu lassen. Fugger wurde es täglich unbehaglicher; denn während von Karl's Seite gar nichts zugestanden und immer härtere Forderungen gestellt wurden, drängten die Briefe aus Augsburg auf Abstellung der Beschwerden und auf Concessionen und zeigten ihm, daß da-heim die Opposition gegen eine demüthige Unterwerfung im Wachsen sei, von einem Theile der Geistlichen geschürt. Nach langen frucht-losen Debatten und Kämpfen wurde, nachdem Schertlin auf Her-brot's Zureden Augsburg verlassen, am 24. Januar 1547 vom Rathe beschlossen, unverzüglich eine Gesandtschaft zum Fußfall an den Kaiser zu entsenden. Man athmete wieder freier, denn die Hoffnung auf Gnade erfüllte die Bürgerschaft; am wenigsten erwartete Herbrot Gutes. Fünf Gesandte erschienen am 27. Januar in Ulm, wo sie am 29. den Fußfall vor des Kaisers Majestät thaten; in seiner demüthigen Rede mußte Dr. Peutinger ausdrücklich betonen, die Stadt sei zu ihrer Haltung einerseits verführt worden, anderer-seits habe sie aus Unverstand geirrt. „Obwohl sie es nicht ver-dient hätte", nahm Karl sie wieder zu Gnaden an, gab es durch Edikt bekannt und befahl überallhin, die beschlagnahmten Güter der

Bürgerschaft frei zu geben, was freilich letztere noch manche Handsalbe an Fürsten und Prälaten kostete. Jetzt begannen erst die schwie-
rigen Verhandlungen über die harten Bedingungen des Gnadenbriefes,
über die Strafzahlung, die Einlegung kaiserlichen Fußvolks, die
Auslieferung der Thorschlüssel an den kaiserlichen Obersten und die
von allen Seiten erhobenen Entschädigungsansprüche.   Herbrot
war in einer maßlosen Unruhe und Bekümmerniß, besonders weil
unter seiner Amtung das entsetzliche Geschick über die geliebte
Vaterstadt hereingebrochen.   Als im Februar das kaiserliche Kriegs-
volk einzog, zeigten Bürgerschaft und protestantische Geistlichkeit eine
sehr erregte Stimmung und nur mühsam hielten die Bürgermeister
den kaiserlichen Obersten davon ab, die Garnison zu verstärken; die
Prediger mußten vom Rathe zur Behutsamkeit in ihren Reden er-
mahnt werden, um ja die kaiserliche Gnade nicht zu verscherzen.
Feinde der reichen Stadt belagerten Karl's Ohr und flüsterten ihm
zu, sie könne mit großer Bequemlichkeit das von ihm diktirte Strafgeld, 200,000 Gulden, zahlen; vergebens flehten die Gesandten und
Anton Fugger um gnädigere Behandlung und schilderten beredt die
Nothlage, bis sich endlich der Kaiser zu 150,000 Gulden herab-
bieten ließ und für das erlassene Viertel zwölf Kanonen mit voller
Kriegszurüstung annahm.   Auf das Edelmüthigste unterstützte Fugger
die gebeugte Stadt, ohne aber bei der um Kleinigkeiten streitenden
Bürgerschaft viel Dank zu ernten.   Er streckte zum Theile aus dem
Ertrage seiner Tyroler Bergwerke 50,000 Gulden vor, bald weitere
30,000, kehrte aber, da seine Mitbürger immer mehr von ihm
verlangten, nicht nach Augsburg zurück.   Alba, die Räthe und
Höflinge Karl's erhielten große Summen, die meistens Fugger zu
zahlen hatte; zu seinen 80,000 Gulden streckte Herbrot 20,000
vor, die 150,000 wurden Karl's Abgesandten ausgeliefert und
der Rath mit den Bürgermeistern leistete im März Karl's Commissairen nochmals den Huldigungseid.   All dies aber war noch nicht
genug der Buße und Demüthigung.   Anstatt die Kriegsentschädi-
gungen an die durch Schertlin's Züge beeinträchtigten Gebiete auf
den ganzen Schmalkaldner Bund zu vertheilen, wurde Augsburg
ausgepreßt; es mußte an Baiern 20,000, an König Ferdinand,
Karl's Bruder, 100,000, an den Cardinal-Fürstbischof von Augsburg, Otto Truchseß von Waldburg, den Todfeind des Protestan-

7*

tismus, 95,000 Gulden, an verschiedene Prälaten u. s. w. bedeutende Gelder zahlen und dem Fürstbischofe allen Kirchenornat, die
goldenen und silbernen Gefäße ausliefern. Wie spotteten die Kaiserlichen über die gedemüthigten Städter, wie nicht minder der Hofhalt des Fürstbischofs! Als der Rath auf der kaiserlichen Pfalz
zur Tafel geladen war, rief ihm des Bischofs Gefolge höhnisch zu:
er möge fröhlich sein und es sich schmecken lassen, denn er habe ja
die Mahlzeit gar wohl bezahlt. Zum großen Schrecken derselben
Stadt, die sonst ihren größten Jubel über solche Besuche kund gegeben hatte, beschloß der Kaiser einen Reichstag in Augsburg zu
halten und Anton Fugger konnte nicht daran denken, ihn von diesem
Plane abzubringen. Tief verstimmt über die feindselige Haltung
des Kaisers, dem die ganze Bürgerschaft voll Mißtrauen entgegen
sah, zog sich Fugger, so oft man ihn auch zur Heimkehr beschwor,
für einige Jahre nach Schwaz in Tyrol zurück.

Von italienischen und spanischen Soldaten umgeben, die auf
dem Zuge der thierischsten Völlerei und Rohheit gefröhnt hatten, traf
Karl V. am 23. Juli 1547 in Augsburg ein und mit Entsetzen
sah das Volk, wie er seinen überwundenen Widersacher, den Kurfürsten von Sachsen, gleichsam im Käfige mit sich herum führte,
denselben, mit dem Augsburg im Schmalkalbener Bunde zusammen
gegangen war. Ganz im Gegensatze zu der cordialen Weise, in der
seine Vorgänger auf dem Stuhle Karl's des Großen mit den deutschen Fürsten zu verkehren pflegten, hielt er sie in respektvoller Entfernung und entfaltete die volle Hoffart spanischer Etiquette. Furcht-
bar war der Druck der Einquartierung für die Bürger, die spanischen Truppen hausten wie die Teufel, ihnen war nichts heilig und
Karl selbst konnte sie nur dadurch schrecken, daß er auf dem
Perlach ein Schaffot und vor dem Rathhause einen Galgen errichten
ließ. Die Domkirche mußte sofort geräumt und neu geweiht dem
katholischen Gottesdienste überlassen werden; es schien, als sollte sich
Herbrot's Wort an Fugger erfüllen, „die Pfaffen würden herein
und dagegen die Religion hinaus verschafft", denn die Mönche und
Priester kamen schaarenweise zurück, die Klöster wurden wieder in
Besitz genommen und die evangelischen Prediger in der Stadt
mußten sich glücklich preisen, daß ihnen die Ausübung des Berufs
nicht untersagt wurde, während ihre Amtsbrüder auf dem Lande

gar schwer durch des Fürstbischofs Haß zu leiden hatten. Der am
1. September eröffnete Reichstag zeigte alsbald, wie der Bruch des
Kaisers mit dem Papste, der sein Umsichgreifen voll Furcht bemerkt
hatte, vollzogen war und Karl in absoluter Verkennung des Protestantismus daran dachte, ihn als Waffe gegen päpstliche Anmaßung zu
verwerthen. Karl beschloß, selbst einen Vergleich in der Religion
zu erzielen und da er die ganze protestantische Lehre nicht verstand,
glaubte er denselben in einem Interim zu finden. Lügnerisch wurde
der Reichstag damit überrumpelt und obgleich die meisten Fürsten
bereits abgereist waren, erklärte man es als Ergebniß der allgemeinen Uebereinstimmung. Aber es befriedigte weder Protestanten
noch Katholiken; überall jammerte das Volk:

> „Des Papsts und Kaisers großen Grimm,
> Den zeiget wohl das Interim.“

und von Mund zu Munde flog das Wortspiel:

> „Das Interim, das Interim:
> Das hat den Teufel hinter ihm.“

Was half es Augsburg, daß es muthig und glaubenstreu sich
gegen das Augsburger Interim verwahrte? Wo des Kaisers Wunsch
nicht als Befehl erachtet wurde, wandte er sofort Gewalt an. Der
Rath der Stadt protestirte und erklärte, es sei nach seinem Gewissen
unmöglich, das Interim anzunehmen; der Kanzler Granvella, ein
eifriger Vorredner des Interim, wies aber die Eingabe kalt zurück; die
Stadt war in eines spanischen Kaisers Hand, dem ihre Opposition
lächerlich erscheinen mochte. Als das Interim von der Bürgerschaft
beharrlich abgelehnt wurde, griff Karl zur Gewalt, ließ die Thore
schließen, Soldaten in's Quartier legen, auf den Zunftstuben das
Interim verkünden und sperrte am 8. August 1548 alle protestantischen Kirchen, ihre Schlüssel dem Fürstbischofe Cardinale Otto
einhändigend; nur die St. Anna- und die Barfüßerkirche blieben,
aber nur zum Cultus nach dem Interim geöffnet. Die Prediger
Wolfgang Musculus und Johann Karg, Gegner des Interims,
gingen ab und der zu freimüthige Diakon Sebastian Hessel mußte
fliehen. In Augsburg wurde der unglückliche Kurfürst von Sachsen
Johann Friedrich, der seinem Glauben treu blieb, von Karl abgesetzt und von ihm auf dem Weinmarkte am 24. Februar 1548 der

verrätherische Moritz von Sachsen, „der Judas von Meißen", mit
der Kur belehnt.

Die Zeit, da die Städte ihren mächtigen Einfluß als Reichsstände ausgeübt, war vorbei; mit der Demüthigung Augsburgs war
seine große Periode abgeschlossen. Karl V. beseelte ein tiefer Grimm
gegen das zünftische Regiment, weil in ihm der Kern der protestantischen Opposition gegen seinen katholischen Absolutismus
lag. Er haßte diese Zünftler und ihren Propheten Herbrot mit
dem Hasse des bigotten Papisten und der höhnischen Verachtung des
nach der Weltherrschaft lüsternen Cäsaren und gar mancher Patricier
ließ es sich angelegen sein, ihm das Zunftregiment als Ursache alles
Elendes und aller Widersetzlichkeit gegen seinen Willen zu schildern.
Anton Fugger war zwar ein Gegner der Zunftherrschaft, aber zum
Conspiriren zu ehrlich und zu bequem, nicht so Andere. Sie schoben
alle Schuld am Beitritte der Stadt zum Schmalkaldener Bunde
auf die Zünfte und bezeichneten die Wiederauferstehung des Geschlech-
terregiments als durchaus nothwendig; auch schriftlich trugen sie
Karl ihren sehnlichsten Wunsch vor, sehr unglimpflich von den
Zünftlern als von „Narren, Trunkenbolden und Stockfischen" redend.
Herbrot wurde sich alsbald der kaiserlichen Ungnade bewußt; in scham-
loser Weise erpreßten Karl's Räthe von ihm 25,000 Gulden, obgleich doch für alles Vergangene Amnestie verheißen worden war. Grü-
belte man darüber nach, warum wohl der Kaiser nach der Abreise
der meisten Stände noch in Augsburg zurückblieb, so fiel in den
ersten Augusttagen der Schleier und grell beleuchtete das Nordlicht
kaiserlicher Tücke die verrathene Stadt. Der Rath mußte eine Reihe
Verordnungen erlassen, die sein Andenken verhaßt machen sollten,
das Interim verkünden und durch Unterzeichnung eines Vertrages
am 2. August die geistliche Jurisdiktion des Fürstbischofs wieder
herstellen. Am 3. August wurden großer und kleiner Rath, alle
Beamten und einige hervorragende Bürger vorgefordert und ihnen
vom kaiserlichen Vice-Kanzler Dr. Selb, dem Sohne eines Augsburger Goldschmieds, der den Fugger sehr viel verdankte, die Er-
öffnung gemacht: das bisherige untaugliche und verderbliche Regiment sei hiermit abgeschafft. An seine Stelle traten neue von Selb
dem Kaiser vorgeschlagene Räthe und trotz seiner achtzig Jahre
durfte Konrad Rehlinger die Wahl in den geheimen Rath nicht

ablehnen. Die Zahl der städtischen oberen Aemter wurde vermehrt und nur Mitglieder der Geschlechter sollten sie bekleiden; zwei Stadtpfleger krönten die Pyramide des neuen Stadtregiments als Häupter des geheimen Rathes, den sie mit fünf Beiständen (jetzt Rehlinger, Wolf Langenmantel, Bartholmä Welser, Johann Baumgärtner und Anton Fugger) bildeten. Anstatt zweier Bürgermeister gab es nun sechs, von denen je zwei vier Monate das Amt zu führen hatten und deren Befugnisse zu Gunsten der Stadtpfleger sehr eingegrenzt waren (jetzt befanden sich unter ihnen Anton Welser und Johann Jakob Fugger). Hierzu kamen drei Bau- und Ausgabsherren und drei Einnehmer. Alle Genannten durften nur aus den Geschlechtern und Mehrern entnommen werden. Der kleine Rath wurde von 21 auf 41 Mitglieder, darunter 31 Patricier, vermehrt und somit regierten von nun an die Patricier ausschließlich die Stadt. Am 27. Januar 1549 wurde von einem kaiserlichen Commissaire auch der große Rath reorganisirt und das zünftische Element darin in die Minorität gebracht. Bald waren einzelne Familien so in der Macht, daß „Vater, Sohn, Bruder und Tochtermann im Rathe bei einander saßen". Der Commissair ermahnte 1548 die neuen Räthe, die heilige Religion, den Gehorsam gegen den Kaiser und das Haus Oesterreich vor Augen zu haben, und speciell wurde ihnen die Beobachtung des Interims anempfohlen. Um den Widerstand der Zünfte völlig zu ersticken, erklärte Karl dieselben für aufgehoben, gebot den Zunftmeistern die Auslieferung aller Freiheiten, Privilegien, Ordnungen, Verträge und brieflichen Urkunden, untersagte bei Todesstrafe alle weiteren Zusammenkünfte und verordnete den Verkauf der Zunfthäuser und der Kaufmannsstube, deren Erlös nebst der eingezogenen Baarschaft der Zünfte der neue Rath in Verwaltung nahm. Nur die Zunfthäuser der Weber und Metzger blieben gewerblichen Zwecken erhalten; das Lober- und Fischhaus konnten ihrem Besitzer, dem Rathe, nicht entzogen werden. Nachdem Karl das zünftische Regiment zertreten und die Geschlechterherrschaft von ehedem zurückgeführt hatte, entließ er den größten Theil seines vandalisch hausenden Kriegsvolks und reiste am 13. August 1548 aus Augsburg ab. Aengstlich wachte der Rath über der Haltung des Interims und als eine Protestantin über katholische Gebräuche spottete, verurtheilte er sie nicht nur zu ewiger Verweisung, sondern selbst zum

Tode, den ihr jedoch die Fürsprache von Karl's V. Schwester, der Königin Maria, ersparte.　Gegen Herbrot stürmten die Feinde jetzt von allen Seiten an, während seine mit den protestantischen Fürsten abgeschlossenen Geschäfte auf ihm lasteten, aber durch Darlehen machte er sich den römischen König Ferdinand zum Gönner und Rückhalte, wurde sein Rath, geadelt und kaufte eine große Herrschaft in Oesterreich; während des Reichstags von 1550—1551 blieb er ohne spanische Einquartierung, was bei den Patriciern neue Wuth erregte; Pasquill auf Pasquill folgte rasch, aber Herbrot sah hochmüthig und voll Selbstolz auf seine Widersacher.　Dem neuen Reichstage, der in Augsburg am 25. Juni 1550 eröffnet wurde und erst am 14. Februar 1551 endete, wohnten Karl V. und Ferdinand bei; rücksichtslos und ohne alle Disciplin traten die spanischen und italienischen Kriegsleute auf; das Gefolge des Infanten Philipp zerschlug in der protestantischen St. Ulrichs-Kirche Kanzel, Stühle, Fenster ꝛc. und warf die Trümmer auf die Straße; in einem anderen Gotteshause spielten die Italiener Ball.　Auf Anstiften des Fürstbischofs Otto wurden am 26. August fast alle evangelischen Prediger, weil sie das Interim nicht annahmen, aus Augsburg verjagt, ebenso alle dem Interim abholden Schullehrer; mit Thränen in den Augen sah die erbitterte Bürgerschaft sie scheiden, reiche Geschenke begleiteten sie auf die weite Wanderschaft, am meisten gab wiederum Herbrot, der allezeit der Vertrauensmann seiner Gemeinde blieb.

Auch Nürnberg hatte sich gegen alle Neigung auf brandenburgisches Zureden dazu verstanden, das Interim vorläufig anzunehmen; die protestantischen Geistlichen setzten aber den erbitterten Kampf von der Kanzel fort und als auf die wirksamen Drohungen des sieggekrönten Kaisers hin der Rath manchen katholischen Brauch wieder einführte, räumten die bedeutendsten Prediger, den Staub von ihren Füßen schüttelnd, die Stadt, voran Osiander, der nach Königsberg ging.　Da der Rath die Messe nicht wieder einzusetzen wagte und wünschte, mußte er trotz seiner theilweisen Nachgiebigkeit den Zorn Karl's V. fürchten.　Gegen diesen aber erhob sich jetzt der von ihm groß gemachte „Judas von Meißen“, Kurfürst Moritz von Sachsen, der vor seiner Allgewalt die fürstliche Macht retten und vertheidigen wollte und mit Frankreich einen schmählichen Vertrag abschloß. Nürnberg blieb in dem Kriege gegen den Kaiser neutral und zahlte den protestantischen Reichsständen 100,000 Gulden, kam aber in einen heftigen Krieg mit dem streitlustigen Markgrafen Albrecht Alcibiades von Brandenburg-Culmbach, der die ganze Umgegend verwüstete, die Stadt sieben Wochen belagerte und sie im Juni 1552 zu einem sehr harten Vertrage zwang, den Karl V. vergebens im August für null und nichtig zu erklären suchte; 1553 begann der Markgraf abermals den Verwüstungskrieg, hauste wie ein Hunne, wurde in die Reichsacht erklärt und Nürnberg fühlte sich von diesem unablässigen Störenfriede erst befreit, als ihn der Tod ereilt hatte; jubelnd schrieb Hans Sachs 1557 die Satire seiner Himmelfahrt. Nur ganz allmälig erholte sich die schwergeschädigte Stadt von den entsetzlichen Brandschatzungen und Opfern der blutigen Jahre; man legte sorgsam neue Befestigungen an, um künftig gerüstet zu sein, und gab den Thürmen am Laufer-, Spittler-, Frauen- und Neuen Thore 1555—1568 ihre heutige Gestalt.

In Augsburg versuchte der patricische Rath sein Möglichstes, um die Stadt auf der Seite Karl's V. zu halten, aber die Bürgerschaft war zu sehr gegen ihn erbittert, um nicht auf die Worte Herbrot's und seines Freundes Oesterreicher zu hören, die zum Anschlusse an Moritz von Sachsen riethen; für Letzteren war Augsburgs Anschluß wegen des Marsches nach Tyrol von höchster Wichtigkeit. Moritz und seine Genossen zogen heran; der Rath rüstete zur Vertheidigung der Stadt und mit anderen Gesandten erbat Anton Fugger von Karl V. in Innsbruck Hülfe, die zwar zugesagt aber aus Mangel an Mannschaft nicht geschickt wurde. Um sich bei den Protestanten der Stadt zu empfehlen, erlaubte der Rath den evangelischen Schullehrern die Wiedereröffnung ihres Unterrichts und die Metzger durften wieder am Palmsonntag schlachten. Aber hinter seinem Rücken verhandelte bereits die Gemeinde unter der Hand durch Herbrot und Oesterreicher mit Moritz und orientirte ihn über die städtische Lage. Das Heer der Bundesfürsten lagerte am 31. März 1552 dicht bei Augsburg und Tags darauf erfolgte bereits die zweite Aufforderung zur Capitulation. Der Rath erbat sich Bedenkzeit und rüstete dabei weiter, aber von Herbrot und Oesterreicher glücklich bearbeitet, ließ sich die Bürgerschaft durch ein Schreiben der Fürsten für den Anschluß an die Verbündeten ge-

winnen, die im Namen der Freiheit, der Religion und der demo-
kratischen Richtung sprachen. Der Rath sah sich bedenklich gefährdet
und mußte in Unterhandlungen eintreten, die am 2. April zum
Abschlusse eines Vertrags führten; am 4. April rückten fürstliche
Truppen ein, der Rath lohnte seine 3000 Söldner ab und Moritz
von Sachsen, Albrecht Alcibiades von Brandenburg und Wilhelm
von Hessen hielten ihren Einzug. Moritz stieg bei Herbrot ab. Sofort wurden die städtische Verfassung und die kirchlichen Verhältnisse
gänzlich umgewandelt. Der Rath fiel und das alte Zunftregiment
kehrte wieder, wobei sich aber die Zünftler sehr versöhnlich erzeigten;
Herbrot besonders gab sich alle erdenkliche Mühe, die Patricier mit
ihnen dauernd auszusöhnen; er traute dem Bestande der neuen In-
stitutionen nicht recht und hätte gerne die Zukunft durch einen bindenden Vertrag der Zünfte und Patricier gesichert, aber die Patricier,
die auf das Einschreiten des Kaisers hofften, verweigerten beharrlich
jede Abmachung. Darum wurde das neue Regiment seiner Macht
nicht froh und zitterte vor abermaligem Umschwunge.

Die Soldaten der Alliirten erlaubten sich nun dieselben Ver-
höhnungen des katholischen Cultus wie die Soldaten Karl's V. vor
kurzem in Augsburg gegen den protestantischen und seine Gebräuche;
sie lärmten im Dome während des Gottesdienstes und störten die
Osterfeier des Domkapitels. Ein Theil der protestantischen Geistlichkeit kam zurück und predigte unter großem Zudrange, der katholische Gottesdienst wurde aufgehoben, die Messe verboten. Vergebens
forderte Augsburg im Auftrage der Fürsten Ulm zur Unterwerfung
auf, es hielt wie Nürnberg am Kaiser fest. Auf dem Städtetage
in Augsburg wurden der Stadt hohe Geldforderungen auferlegt,
gegen die das Berufen auf die Kapitulation mit den Fürsten nichts
half. Lauter ernüchternde Erfahrungen veranlaßten darum die Stadt,
von neuem Fühlung mit dem Kaiser zu suchen und ihm den Anschluß an die Alliirten als nothgedrungen darzustellen. Moritz rückte
Karl immer näher und zwang ihn zur eiligen Flucht nach Villach;
trotzdem nahm der Rath seine Soldaten nicht als Garnison auf,
rüstete zur eventuellen Abwehr, schlug Moritz ein Anlehen von
15,000 Thalern ab und bewilligte dem Könige Ferdinand außer
dem gemeinen Pfennige von 20,000 Gulden noch 5000 Gulden freiwillig zum Türkenkriege.

Von dem Passauer Vertrage erhoffte die Stadt wenig und in der That bot er keinen Schutz für das neue Zunftregiment. Laut diesem am 2. August 1552 abgeschlossenen Vertrage sollten die Augsburgischen Confessionsverwandten ihrer Religion wegen unangefochten bleiben und so predigten denn selbst während Karl's Anwesenheit ihre Geistlichen in drei Augsburger Kirchen und nur drei zu wilde und rücksichtslose Polterer unter ihnen wurden ausgewiesen. Auf dem politischen Gebiete hingegen war Karl nicht geneigt, den Nachgiebigen zu spielen; hier wollte er die Zügel um so strammer raffen. Er folgte Alba, der Truppen aus allen Landen nach Augsburg führte, am 20. August 1552 auf dem Fuße; abermals war der einstige Alliirte der Stadt, der entthronte Johann Friedrich von Sachsen, in seinem Gefolge. Am 25. August bereits sahen sich der zünftische Rath und die Beamten der Stadt abgesetzt und das ganze patricische Regiment abermals hergestellt. Was die Zünfte an Baarschaft wieder an sich gezogen hatten, mußten sie herausgeben, ihre Bücher und Register wurden verbrannt, die Zunftmeister abgesetzt und anstatt ihrer vom Rathe „Vorgeher" ernannt, denen die zornige Bürgerschaft den Spottnamen „des Raths Verräther" gab; auch der bei Karl sehr übel angeschriebenen Kaufleutestube wurde das Recht, ihre Meister zu wählen, entzogen und der Rath setzte ihr dieselben jährlich vor. Diese Neuordnung des Stadtregiments blieb fortan in Kraft und als Augsburg gleich Nürnberg 1806 seine Selbständigkeit verlor, um in das Königreich Baiern einzutreten, war seine Verfassung im großen Ganzen noch die von 1552.

Während Herbrot's Vetter Oesterreicher entfloh und in kursächsische Dienste trat, blieb er selbst ruhig in Augsburg und ließ die Feinde ihn umtoben, ja seinen Tod fordern; nach wie vor haßten ihn die regimentssüchtigen Patricier als ihren schlimmsten und gewichtigsten Feind, verziehen dem Kürschnersohne nie und freuten sich, wenn ihm ein Streich gespielt wurde. Da der höchste Stolz des „Pelzmannes", wie Anton Fugger ihn nannte, sein wundervoller Garten war, gestattete der ihm todfeinde Kaiser, daß in der Nacht vor seinem Abzuge derselbe durch eine Compagnie Hackenschützen in eine völlige Wüstenei verwandelt wurde. Auf die Dauer wurde das Leben in den umgestalteten Verhältnissen in Augsburg Herbrot unerträglich; er zog sich 1557 von seinem stark geschädigten Geschäfte

zurück, welches unter den drei Söhnen zu Grunde ging, lebte in
Lauingen als pfälzischer Pfleger, wurde aber, als seine Söhne sich
davon machten, von ihren Gläubigern 1562 in den Ruin hineinge-
rissen, während ihm selbst Kaiser Ferdinand und der König von
Polen große Summen schuldeten. In der nichtswürdigsten Weise wurde
sein absoluter Bankerott bewerkstelligt; seine Widersacher rasteten nicht,
bis sie ihm auch das Letzte genommen hatten, und der einst so ge-
fürchtete Mann, der letzte zünftische Bürgermeister von Augsburg,
endete 21. April 1564 in der Schuldhaft zu Neuburg; weil er
Calvinist war, reichten ihm die Geistlichen das letzte Abendmahl nicht
und nur mit knapper Noth erhielt sein Leichnam, anstatt wie der
eines Uebelthäters verscharrt zu werden, in einem Winkel des Fried-
hofes ein ehrliches Grab. Höhnend sangen seine Feinde das Verslein:

> „Der Herbrot ist verdorben,
> Sein Weib vor Leid gestorben,
> Des freut sich Jedermann.“

Die Macht und der Reichthum Augsburgs sanken in den letzten
Jahren von Karl's V. Regierung rasch, während es seiner Zeit
gleich Nürnberg unter ihm und seinem Großvater in dem Zenith
der Größe gestanden. Der Abzug der kaiserlichen Besatzung im September 1553 wurde mit Jubel begrüßt; desto mehr Mißstimmung erregte das dreiste Auftreten des neuen Ordens der Jesuiten, die sich in
Augsburg um den gefeierten Peter Canisius schaarten. Im Namen
des Kaisers eröffnete König Ferdinand am 4. Februar 1555 den
sehr schwach besuchten Reichstag zu Augsburg, auf dem am 26. September der Religionsfrieden abgeschlossen und trotz des exaltirten
Protestes des Augsburger Bischofs Otto in's Leben geführt wurde.
Leider erwies sich der ersehnte Frieden gar bald als eine wurm-
stichige Frucht; jetzt aber jubelte Alles über die Religionsfreiheit
und achtete nicht auf Roms Widerspruch.

Karl V. zog sich, angeekelt von der Lage der Dinge, in's
Kloster St. Just zurück und Ferdinand I. bestieg 1556 den Kaiserthron.

Im December 1558 hielt er in Augsburg einen Reichstag und
sein Nachfolger, Kaiser Maximilian II., erschien hier im Januar
1566 mit seiner Familie zum Reichstage, was zu einer langen
Reihe von Festlichkeiten in der alten Stadt führte. Im Juni 1570
kam er zum Reichstage nach Nürnberg; wieder war die ganze

Familie mit ihm und in dem stattlichen Gefolge erregte ein Elephant, den ein Mohr ritt, das höchste Aufsehen; im December desselben Jahres kam er nochmals, die Nürnberger hegten für den edlen Fürsten und seine toleranten Religionsansichten besondere Sympathie. Wie schmerzlich war der Contrast, den ihm gegenüber sein Sohn, Kaiser Rudolph II., dieser öde Geist ohne alle Spannkraft, bildete. Im Juni 1582 hielt er in Augsburg einen Reichstag ab und 1593 verlieh er der Stadt das privilegium de non appellando, eine Erweiterung des Guadenbriefs von 1506.

Noch immer erregte Augsburg das Staunen der Reisenden; sie setzten es in eine Reihe mit Paris und Rom, und Petrus Ramus, der große Rhetoriker Frankreichs, wunderte sich über die Masse Wagen, worin die Frauen aus den Kirchen heimführen. Trotz dieses äußeren Wohlstands verfiel der Handel Augsburgs, theilweise auch durch Mitschuld der zu üppig lebenden Kaufherren, die mehr Genuß als Arbeit suchten; eine Anzahl bedeutender Firmen fallirten, der gemeine Mann erlitt große Einbuße an seinem Verdienste, ein ansehnlicher Theil der Bürgerschaft verarmte. Ebenso erging es in Nürnberg und mit dem dreißigjährigen Kriege wurden dann deutscher Handel und deutsche Volkswirthschaft löblich getroffen.

Fünftes Kapitel.

Fugger und Welser.

——

In dem mächtigen Eichenwalde deutscher Handelsgröße, den wir mit Bewunderung und stolzgeschwellter Brust durchschritten, zogen zwei Stämme immer wieder unser Auge auf sich; hoch über die anderen ragen die breitgewölbten Kronen dieser Riesenbäume empor, sich enge berührend und ihren Schatten auf die Gruppen um sie herum werfend; die knorrigen Arme gehen nach allen Seiten aus, gebieterisch Raum fordernd; um sie schlingt sich der üppige Epheu, um von ihnen hinaufgetragen zu werden zur lichten Höhe, unter ihrem starken Schutze empor zu klettern. Die beiden Giganten sind gar alt und bemoost, aber in ihrem Innern rinnt noch jugendfrischer Saft; immer wieder treiben sie und schlagen aus, grünen und prangen; immer neue Ringe vermählen sich mit den hunderten und aber hunderten, die von der Zeit um sie geschmiedet worden. Jeder kennt die jungen Alten, denn überall im Haine sind sie sichtbar, durch jede Lichtung blickt ihr würdiges Haupt, Jedem erscheinen sie als die Könige in dem Eichenvolke. Man nennt sie die Fugger und die Welser.

Schwaben ist die Heimath der Familie Fugger, die aus den bescheidensten Verhältnissen entsproß und sich zu einer Weltmacht emporschwang, die nur mit derjenigen zu vergleichen sein dürfte, welche das Haus Rothschild in unserem Jahrhunderte errang — freilich haben Fugger und Welser sonst wohl kein tertium comparationis mit der genannten Firma.

Bei Schwabmünchen liegt der kleine Ort Graben, die Heimath des heute fürstlichen Hauses Fugger. Hier trieb eine Familie Fugger gleich ihren Bekannten Landwirthschaft und beschäftigte sich gleichzeitig mit Weben und Färben. Als das Haus später reich und mächtig wurde, ſchämte es ſich des kleinen Urſprungs nicht, war vielmehr ſtolz darauf, daß es durch die beſcheidene Leinweberei den Grund zu ſeinem königlichen Vermögen gelegt hatte und brachte die in Tagen der Noth von den armen Vorfahren veräußerten Wieſen und Felder in Graben wieder an ſich. Dieſe Familie verdankte Alles ſich ſelbſt, ihrem Fleiße und ihrem Geſchicke, das glücklich jede günſtige Conſtellation der Umſtände zu benützen wußte; wie der Napoleoniſche Marſchall Lefèvre durfte ſie ſelbſtbewußt ausrufen: „Ich habe keine Ahnen, ich bin ein Ahne!" 1368 zog Johannes Fugger, ein Sohn des Webermeiſters gleichen Namens von Anna Meisner aus Kirchheim, von Graben nach Augsburg und 1376 folgte ihm hierhin ſein Bruder Ulrich: Augsburg wurde nun der Sitz der Familie. Die Brüder bewohnten gemeinſam ein ziemlich abgelegenes Haus und arbeiteten unermüdlich, was um ſo größeren Gewinn abwarf, als die Augsburger Weberei in hoher Blüthe ſtand. Die Heirath mit Clara Widolf führte Johannes, den Stammvater des Hauſes Fugger, 1370 zum Augsburger Bürgerrechte und in zweiter Ehe theilte er ſeit 1383 zweiundzwanzig Jahre Freude und Leid mit Eliſabeth Gfattermann (Gevattermann), der Tochter eines Rathsherrn; von ihren ſechs Kindern wuchſen nur Andreas und Jakob heran. Der Alte ſtarb 1409 als Mitglied des großen Rathes für die Weberzunft und Freiſchöffe des Vehmgerichts mit Hinterlaſſung von 4000 Gulden, damals einem netten Vermögen.

Andreas (Endres), 1406 geboren, ein hoffärtiger und von Uebermuth getriebener Mann, brachte das Geſchäft des Vaters in Schwung und hieß bereits „der reiche Fugger", welchen Beinamen ſo viele Familienglieder mit der Zeit verdienten. Er ſtarb 1456; ſein Sohn von Barbara Stammler vom Aſt, Jakob, erhielt 1452 von Kaiſer Friedrich III. für ſich, ſeine Descendenz und ſeine Brüder das erſte Familienwappen, ein goldenes Reh in blauem Felde, doch erloſchen dieſe „Fugger vom Reh" 1583. Der jüngere Sohn Johannes Fugger's von Eliſabeth Gfattermann, der 1410 geborene Jakob, wurde der Fortpflanzer des Geſchlechtes; alle heute blühenden Linien verehren in ihm den Urvater. Jakob wurde Zunftmeiſter der Barchentweber und Zwölfer, trieb ausgebreiteten Handel, heirathete Barbara, die Tochter des Münzmeiſters Baeſinger, die ihm zehn Kinder ſchenkte, und ſtarb am 23. März 1469. Von ſeinen

Töchtern reichte Walburg, die 1500 das Zeitliche segnen sollte, Wilhelm Rem (Rehm) aus dem bekannten Kaufhause ihre Hand und von den Söhnen starben Andreas und Johann jung in Venedig, wo sie in der Faktorei des Geschäftes arbeiteten, Peter 1473 in Nürnberg, Marcus wurde Propst des Marienstiftes in Regensburg, Canonikus zu St. Johann in Freising, vom Augsburger Domkapitel, in das er gewählt worden, aber nicht aufgenommen, hing demselben darum einen Proceß bei der Curie an und starb in Rom 1478. Seinen Brüdern Ulrich, Georg und Jakob verdankt das Haus seine erste Berühmtheit.

Am 9. Oktober 1441 geboren, unternahm der gewandte Ulrich, von Erfolg begleitet, große Creditoperationen, schloß 1473 mit Kaiser Friedrich III. die ersten Geldgeschäfte ab, lieferte ihm das seidene und wollene Gewand zur Reise nach Trier zu Karl dem Kühnen, der seinen Königstraum träumte, und erhielt für sich und seine Brüder vom Kaiser die blauen und goldenen Lilien zum Wappen. Von nun an nannte man diesen Zweig des Geschlechts zum Unterschiede von dem oben erwähnten die „Fugger von den Lilien". Ulrich war keine Einnahme zu unbedeutend und dadurch trug er zum Aufkommen des Geschäftes so sehr bei; durch ihn ging der Versand von Dürer's Arbeiten nach Italien. Für tausend Dukaten erkaufte er von dem berüchtigten Papste Alexander VI. für seine Familie auf ewig das Patronat über eine Canonikatspfründe bei St. Moritz in Augsburg und mit Georg und Jakob erbaute er in der Carmeliterkirche St. Anna eine Kapelle, von der bei Jakob zu sprechen sein wird; zum Baue der Fuggerei steuerte er ebenfalls bedeutend bei.

Am 18. August 1494 erneuerten die drei Brüder ihre Handelsgesellschaft auf sechs und 1502 wieder auf ebenso viele Jahre: sie handelten mit Specereien, Seide und Wolle nach und aus Italien, Tyrol, den Niederlanden, Deutschland, Ungarn und Polen. Ulrich erlag einer Steinoperation am 19. April 1510. Seine Gattin, Veronika Lauginger, die ihm 1507 im Tode vorangegangen, hatte ihm sieben Töchter und drei Söhne geschenkt und doch ist sein Stamm so bald erloschen. Von den Töchtern heirathete Anna 1497 den Ungarn Georg Thurzo von Bethlehemsalva, mit dessen Familie die Fugger den gemeinsamen Bergbau in Ungarn betrieben, wie früher geschildert worden ist; Ursula verband sich mit Philipp von Stein, Sibylla mit Marcus von Bubenhoven und Susanna mit Georg von Stetten auf Bocksberg, der ein sehr großes Handelshaus leitete, gleich den Fugger die höchste Steuer, 800 Gulden, zahlte und für seine erkauften Besitzungen in die schwäbische Reichs- ritterschaft aufgenommen wurde. Nachher erstand sie Sebastian Schertlin von Burtenbach, der sie an die Fugger veräußerte (Schloß Bocksberg, die Dörfer Laugna, Rogden, Mindelshausen, Burgwalden, Hinterburg und Mittelneufnach). Von den Söhnen heirathete Ulrich der Jüngere, eine allgemein beliebte Persönlichkeit, geboren am 17. April 1480, 1516 die Rathsherrntochter Veronika Gaßner, und starb kinderlos in Schwaz, wo das Haus große Hüttenwerke besaß, 14. Mai 1525; ihn und seine Frau hat Holbein's Meisterhand verewigt; sein Bruder Hieronymus, geboren am 12. August 1499, begegnet uns 1520, als Dürer seine niederländische Reise machte; in Köln zeichnete ihn der reiche Kaufherr damals sehr aus und in Antwerpen besuchte Dürer wiederholt die Fugger, deren glänzenden Haushalt, schönen Garten mit großem Thurme am Hause und reichen Marstall er rühmt. Hieronymus erhielt gleich seinen Vettern Rai- mund und Anton vom Kaiser großartige Privilegien, wurde 1530 in den Reichsgrafenstand und 1535 in den ungarischen Erbadel er- hoben und zum kaiserlichen Rathe ernannt. Er gründete ein Spital in Waltenhausen, vermachte den Armen 20,000 Gulden und war ein Wohlthäter des Elends; durch große Legate vermehrte er das Fugger'sche Fideicommiß und beschloß seine Tage unvermählt als Letzter dieses Zweiges am 26. November 1538.

Weit imposanter als die Gestalten seiner Brüder Ulrich und Georg erhebt sich diejenige Jakob's, der abermals den Beinamen des Reichen trägt, des eigentlichen Begründers der Weltmacht seines Hauses. Der Spiegel der Ehren des Hauses Oesterreich von Johann Jakob Fugger nennt ihn „in Erhöherung seines Stammes der Vörderste" und in der „Cronica wie die Hern Fugger in die Stadt Augspurg eingetreten" heißt es, er habe „den Fuggerischen Namen und Stamm an Ehre, Handlung und Gütern treffentlich hoch gebracht." Eine Silberstiftzeichnung Hans Holbein's des Jün- geren, in Berlin befindlich, überliefert uns das Profilbild des in- teressanten und gefeierten Mannes, den derselbe Meister in einem

8

zweiten Porträt fast ganz en face malte und den auch Dürer wiederholt verewigte. Geboren am 6. März 1459, wurde Jakob als jüngster Sohn zum geistlichen Stande bestimmt und erhielt eine Domherrnstelle im Collegiatstifte Herrieden im Bisthum Eichstädt. Mitten aus seinen ernsten Studien riß ihn die bringende Bitte seines kinderlosen Bruders Ulrich, er möge, da vier Brüder gestorben, seinem geistlichen Berufe entsagen, in's weltliche Leben zurückkehren und seine Kräfte dem elterlichen Geschäfte widmen. Jakob legte seine Würde nieder und bestand im Fugger'schen Lager zu Venedig seine Lehrzeit. Venedig war damals die hohe Schule zur Erlangung kaufmännischer Bildung und Routine und Jakob der rechte Mann, um sie sich im vollendeten Maße anzueignen; in Venedig trat er auch in jene engen Beziehungen zu dem ungarischen Hause Thurzo, von denen ich im Beginne meiner Arbeit ausführlich sprach. Er machte große Reisen, besuchte die Centren des europäischen Handels und sammelte reiche Erfahrungen, die er für sein Geschäft derart verwerthete, daß man ihn den reichsten Kaufmann Europas nennen durfte.

Auf den alten Spezerei-, Wollen- und Seidenhandel der Firma legte er wenig Gewicht, betrieb ihn nur nebenbei, warf sich hingegen mit voller Kraft auf die Montanindustrie und auf große Bankspekulationen. Die Bergwerke in Kärnthen, Tyrol, Ungarn, Thüringen, Spanien u. s. w. (s. oben) trugen Jakob und seiner Familie ungeheure Summen ein, Millionen strömten in seine Kassen, allüberall arbeiteten seine Faktoreien und das mit dem Bergbaue verbundene Münzrecht führte wiederum zu großen Einnahmen; als Jakob und die Thurzo wegen der in Ungarn eingeführten schlechten Münze um 60,000 Dukaten gestraft wurden, wollte dies bei dem Reichthume des Hauses nichts bedeuten.

Jakob war der Banquier der Kaiser und Könige und Maximilian I. nannte ihn scherzend seinen Juden. 1498 heirathete Jakob die schöne Tochter des reichen Kaufherrn Artzt, Sibylle, die ihm keine Kinder gebar und ihn überlebte; sie brachte ihm großes Vermögen zu; ihr Großvater, der reiche Ulrich Artzt, hatte 1429 die erste Handelsgesellschaft zu Augsburg begründet. Als der Welthandel in neue Bahnen einlenkte, verzagte Jakob Fugger nicht; er schlug sofort den gleichen Weg ein und nahm an den Expeditionen

nach Indien Theil, deren ich früher gedachte und die einen Gold-
regen über die Fugger, Welser, Höchstetter u. A. ergossen.

Jakob und sein Geschlecht waren die treuesten und gehorsamsten
Söhne der Mutter Kirche und entschiedene Feinde der Reformation,
freilich, wie schon erwähnt, auch aus manchem sehr pekuniairen
Motive. Papst Leo X. wußte ihre inneren und äußeren Vorzüge
völlig zu würdigen und ernannte Jakob zum Ritter vom gol-
benen Sporn (eques aureatus) und Pfalzgrafen des Lateran, zumal er und manche andere Päpste die Schuldner seines Hauses
waren. Letzteres blieb stets seiner Devise: „Gott und Maria"
treu und eine der werthvollsten Stützen des Katholicismus in Süd-
beutschland. Maximilian I., der Jakob sehr hoch hielt, adelte ihn
und seine Neffen 1504, ernannte ihn zum kaiserlichen Rathe, was
er auch unter Karl V. blieb, für dessen Kaiserwahl er, wie wir
sahen, so unendlich einflußreich eintrat. Das Haus Oesterreich hatte
an ihm einen ergebenen Diener, der aber selbstbewußt genug war,
auch Kaisern in's Gedächtniß zu rufen, was sie ihm und seiner Ver-
wendung schuldeten.

1509 konnte Jakob binnen acht Wochen Maximilian I. für
den Papst, Spanien und Frankreich 170,000 Dukaten Subsidien
zum italienischen Kriege auszahlen. Maximilian verhalf ihm dagegen zu ansehnlichem Grundbesitze; 1507 erhielt Jakob pfandweise
von ihm für 70,000 Gulden die Grafschaften Kirchberg und Weißenhorn, die Herrschaften Marstetten, Pfaffenhofen, Wellenstetten, Klein-
kuffendorf und Tisenhausen, 1509 Schmiechen (Schmiehen) und 1514
wurde er mit der dem Hause Pappenheim abgekauften Herrschaft
Biberbach belehnt. Seine Liebhaberei für die Studien verließ den
ehemaligen Domherrn nie; er begründete eine große Bibliothek zur
Zeit, da das Büchersammeln bei Privaten Eingang fand; seine
Neffen Raimund und Anton und spätere Sprossen des Hauses ver-
mehrten sie bis auf 15,000 Bände und verleibten ihr kostbare
lateinische und griechische Handschriften ein, die ihre Agenten im
Oriente und in Europas Hauptstädten auftrieben; Kenner schätzten
sie auf 80,000 Gulden; als aber ihr letzter Besitzer, Graf Friedrich Fugger, tief verschuldet starb, verkauften die Agnaten sie 1655
für 15,000 Gulden an Kaiser Ferdinand III. Ebenso sammelten
die Peutinger, Herwart und andere den Wissenschaften holde Ja-

8*

milien große Bibliotheken an.   Der Rath von Augsburg nahm Jakob
Fugger, gewiß einen der größten Bürger, in seine Mitte auf.   Jakob
und seine Familie wußten von ihren enormen Reichthümern den
segensreichsten und edelsten Gebrauch zu machen; neben den Handels-
und Industriezwecken verwandten sie dieselben auf Wissenschaft, Kunst,
Lebensgenuß im edelsten Sinne, Menschenbeglückung und Wohlthun.
Darum sprach Mit- und Nachwelt in gerechter Dankbarkeit von
Jakob's „Magnificenz, durch die er im ganzen Reich und an allen
Höfen in großes Ansehen gekommen, da er nicht, wie etwa Geiz-
wänste pflegen, seinen Reichthum in Kisten verschlossen, sondern Herr,
nicht blos Hüter desselben gewesen ist.“   Jakob hegte eine mächtige
Baulust und befriedigte sie in reichstem Maße.   Auf seinen Land-
sitzen erhoben sich glänzende Schlösser, erbaut von den ersten Meistern; in Augsburg ließ er die zwei Fugger'schen Häuser auf dem
Weinmarkte, die seine Brüder bewohnt hatten, ganz umbauen und
errichtete so das prunkvolle Fuggerhaus, welches völlig mit Kupfer
gedeckt wurde.   Durch die bedeutendsten Maler ließ er es mit Fresken
schmücken und nach Riehl's schlagendem Ausdrucke stellten sie ihre
Meisterstücke zum Schmucke des Bürgerhauses auf die Gasse.   Albrecht Altdorffer's Wandbilder in dem märchenhaft schönen, aber
veröbeten und grasbewachsenen Arkadenhofe des einen der Häuser,
1516 gemalt, sind verblichen, „erwecken aber“, wie Woltmann sagt,
„durch das, was sie auch jetzt noch sind, lebhafte Sehnsucht nach
der einstigen Herrlichkeit“.   Peutinger vorzüglich hatte die Sujets
angegeben, die an den Fuggerhäusern gemalt werden sollten, historische Scenen, besonders zu Maximilian's Verherrlichung.   In den
Jahren 1860—63 schmückte der Augsburger Maler Ferdinand
Wagner die Façade des einen Hauses im Auftrage des Fürsten
Fugger-Babenhausen mit den berühmten fünf Prachtfresken zu Ehren
der Stadt und der Familie: hier erblicken wir Jakob den Reichen,
wie er die Fuggerei stiftet und Anton, der Karl V., den zürnenden
Imperator, um Gnade für die Vaterstadt anfleht.   Jakob Fugger's
Haus war eine Zierde Augsburgs, die vorzüglichsten Gemälde
schmückten die Gemächer, für welche die ersten Handwerker und
Künstler wetteifernd ihr Bestes lieferten.   Seine Gärten, in denen
die kunstvollsten Erz- und Marmorstatuen standen, wurden von den
Zeitgenossen kecklich neben denen der Könige von Frankreich genannt,

ja von Beatus Rhenanus denen von Tours und Blois vorgezogen.
Augsburg zeichnete sich damals ungemein durch Gartenanlagen aus.
Jedermann staunte über den Garten des reichen Ambrosius Höchstetter, in dem neben den seltensten Pflanzen und Bäumen sich Lusthäuser in Teichen und Bäder voll Geschmack und Comfort befanden;
ein Werk trieb das Wasser durch zweihundert Röhren, die Statue
einer Nymphe besprengte die Lustwandler mit Wasser und wenn
man in einem der Lusthäuser an einem Ringe zog, so stürzte eine
Welle über den Marmortisch und schwemmte Alles, was darauf lag,
hinweg. Wie berühmt wurde der Garten Jakob Herbrot's, nicht
minder der Heinrich Herwart's, der seit 1557 zuerst Tulpen züchtete;
späterhin überbot sie Johann Kaspar Rembold, aber der dreißigjährige Krieg zerstörte auch diese friedlichen Werke.

Solche Häuser voll Pracht und Geschmack wie das Fugger'sche
leuchten Johannes Falke vor, wenn er von jenen Bauten spricht,
die „von Jahrhundert zu Jahrhundert in demselben Geschlechte wie
der kostbarste Familienschatz vererbten, so daß noch heute aus manchen derselben uns der Geist des 15. und 16. Jahrhunderts, ja noch
früherer Zeit anweht". Dann schildert er sie in ihrer imposanten
Erscheinung. „Mit den kräftig gebauten, aufstrebenden Giebelmauern,
deren Rundbogenfenster im Erdgeschosse durch ein kräftiges Eisen-
gitterwerk geschützt waren, mit den mächtigen, durch weitverbreitete
Eisenbänder gefestigten und oft ganz mit Eisen belegten Thoren im
gothisch gemeißelten Portal, das wieder durch einen in der Höhe
seitwärts angebrachten Erker oder durch ein oder mehrere von Grund
des Daches aufstrebende Thürmchen behütet und bewacht war, glichen
sie von außen sicheren Burggebäuden und gaben ein vollständiges
Abbild von der Festigkeit des Geschäftes. Die gewölbte weite Haus-
flur, welche mit den kellerartig festen Hallen rechts und links zur
Waarenniederlage diente, führte in einen viereckigen von Nebenge-
bäuden umgebenen Hofraum, der meistens mit rings umlaufenden,
über einander aufsteigenden offenen Galerien, welche von schlanken
Säulen getragen und mit Brustwehren von gothischem Maßwerk in
reichstem Style geschmückt waren, ein Muster von malerischem An-
blicke und vollendeter gothischer Baukunst darbot. Das obere Stockwerk enthielt den gemeinsamen Familien- und Prunksaal, der rings
vom geschnitzten Tafelwerke im schönsten Style umgeben, mit Teppichen

belegt, durch die braune Holzdecke und den mächtigen Durchzugs-
balken, welche beide wieder Schnitzwerk zierte, abgeschlossen war".
Ein kleiner Theil des Fuggerhauses wurde, als das neue Prunk-
hôtel zu den drei Mohren vor wenigen Jahren entstand, zu diesem
gezogen; darin befand sich ein Plafond mit prachtvollem Holzgetäfel
in Feldern, der aus der Blüthezeit Augsburgs datirt, später aber
mit Stuck zugeworfen worden, gänzlich in Vergessenheit gerathen
war und nun bei dem Neubaue bloßgelegt wurde. Die Fugger'sche
Familie strengte einen Proceß um diesen Plafond an, für den sie
20,000 Gulden beanspruchte, während der Hôtelier ihn in die Decke
seines Frühstücksalons einfügte — wie der Proceß ausging, ist mir
unbekannt. In dem früheren Gasthause zu den drei Mohren wurde
das Zimmer, in dem Anton Fugger Karl V. bewirthet hatte, im
damaligen Zustande erhalten und allen Reisenden mit dem Frem-
denbuche, das die Autographen gar vieler Berühmtheiten trägt, gezeigt.

   In der St. Anna-Kirche, einem Denkmale der Spätgothik, errichtete Jakob Fugger mit seinen Brüdern 1510—12 im italienischen
Geschmacke eine Kapelle mit Familiengruft, die angeblich über
160,000 Gulden kostete; die feinen Holzarbeiten sind von Meister-
hand wie das 1512 erbaute prächtige Orgelwerk, dessen Thüren von
Lucas Cromburger und Hans Burgkmair, der zuerst unter den deutschen Malern die Formen der italienischen Renaissance in seinen
Werken wiedergab, gemalt wurden; außerdem bestimmte er viele
Gelder für Messen, Fürbitten, Opfer, Gedenktage u. s. w., ein echter
Sohn der römischen alleinseligmachenden Kirche. Das erhabenste
Monument aber hat der Mann, nach dem bereits großartige Ge-
schäftsanlangen als „Fuggerei" bezeichnet wurden, sich und seiner Fa-
milie, aere perennius, durch die Zeugen seiner Wohlthätigkeit, seines
stets hülfbereiten Sinnes gesetzt. Auf der Halbinsel im St. Jakobs-
Viertel legte er, nachdem er längst mit den Brüdern überein ge-
kommen, 1519 „die Fuggerei" an, besonders weil der steigende
Hauszins gar vielen Armen trotz allen Fleißes unerschwinglich war.
In einundfünfzig kleinen Häusern, die für sich ein besonderes Qua-
drat, eine abgeschlossene Armenstadt, bilden, sind 106 bescheidene
Wohnungen für bedürftige Mitbürger; sie mußten jährlich einen
Gulden Miethzins dafür entrichten, den einer von ihnen, über Alle
gesetzt, einsammelte: wie Graf Wolrad II. von Walbeck 1548 be-

merkt, nicht zum Nutzen der Fugger, sondern damit die Häuser aus
der aufgespeicherten Summe reparirt werden könnten, wenn einst
kein Fugger mehr lebe; außerdem mußten die Insassen täglich ein
Vater Unser, ein Ave Maria und ein Credo beten. Heutzutage
kosten die Wohnungen die einmalige Einstandssumme von dreizehn
Gulden und vier Gulden zwölf Kreuzer Jahreszins. Die Fuggerei
hat sechs Gassen und drei Thore; über einem von diesen steht in
lateinischer Sprache: die Gebrüder Ulrich, Georg und Jakob Fugger,
hätten diesen wohlthätigen Bau errichtet, da sie erwögen, sie seien
zum Besten des Gemeinwesens geboren und verdankten ihr großes
Vermögen nur dem allgütigen Schöpfer. 1580 stiftete Marcus
Fugger in dem Complexe der Fuggerei einen öffentlichen Brunnen
und eine eigene Kirche mit Beneficiat= und Schulhaus. Zur Unter=
haltung der Fuggerei, der Kapelle bei St. Anna und der von ihnen
1517 gestifteten Prädikatur bei St. Moritz setzten die Fugger ein
Kapital von 10,000 Gulden aus. Ewig wird das Gedächtniß des
Welthauses in Ehren bleiben, denn die Armen und Kranken reden
für es; Gott aber hat ja selbst ausgesprochen: Was Ihr einem dieser
Geringsten thut, das habt Ihr mir gethan. Jakob Fugger stiftete
auch das Holz= oder Blatternhaus für 32 von den „französischen
Blattern“ befallene Kranke, um sie völlig von den Mitmenschen ab=
zusondern.

Der große Kaufherr, dessen Comptoire in allen Hauptstädten
des Handels arbeiteten, vermachte zahlreiche Legate an die Armen,
damit sie nach seinem Ableben nicht der Hülfe entbehrten, sorgte
aber auch für die dauernde Blüthe seines Hauses, indem er das
Familienfideicommiß begründete, ihm mächtige Fonds zuwies und
die Veräußerung der Güter des Hauses verbot. Er setzte seine
Neffen, Georg's Söhne, zu Generalerben ein und starb allgemein
betrauert am 30. December 1525.

Sein älterer Bruder Georg, am 10. Mai 1453 geboren, hatte
mit Ulrich die Häuser auf dem Weinmarkte gekauft, Regina, die
Tochter Peter Imhof's aus dem bekannten Nürberger Hause, zur
Ehe genommen und wurde durch sie der Ahnherr aller heutigen Zweige
des Stammes Fugger; er starb am 14. März 1506, Regina am
13. März 1526.

Seine Söhne Raimund und Anton setzten das Haus fort,

Marcus, geboren 1488, widmete sich dem geistlichen Stande, wurde
apostolischer Protonotar, Propst zu Regensburg, Speyer, Würzburg,
Bamberg und Augsburg, Archidiakon in Liegnitz und starb in Rom,
wo sein Marmordenkmal sich in der Kirche Sancta Maria Anima-
rum erhebt, am 27. Oktober 1511; Regina wurde Johann Baumgärtner von Baumgarten, Freiherrn von Hohenschwangau und Erbach, dem großen Kaufmanne, von dem ich früher sprach, angetraut.
Unter Raimund und Anton erstieg das Fugger'sche Haus den Gipfel
seines industriellen und politischen Ansehens, von ihnen gemeinsam
geleitet.

Am 24. Oktober 1489 geboren, war Raimund von Fugger
ein ebenso klug berechnender Geschäftsherr wie seiner Weltmann, ein
hochgebildeter Patricier, Gönner und Freund der Künstler und Gelehrten. Durch große Reisen gewann er einen weiten Blick in die
Verhältnisse und die Chronik schildert ihn als „schöne, lange und
fast lustige Person, stark von Leib und Gemüth, nicht allein ein
besonderer Liebhaber, sondern ein Vater aller wahrhaften Historien,
ein fleißiger Nachfrager aller guten Künste, besonders der Antiquitäten. Von ganzem Herzen und Gemüth ist er sanft, mild und geb-
reich gegen männiglich und insonderheit gegen alle Armen gewesen."
Auch er gründete eine Bibliothek, legte kostbare Sammlungen an,
unterstützte Gelehrte bei ihren Arbeiten reichlich und Beatus Rhenanus zeigt uns, daß er antike Statuen und venetianische Gemälde
besaß; der jüngere Holbein hat ihn und Anton gemalt. Die Fugger
liebten sehr Musik und ihre Organisten bei St. Anna waren zum
Theile gute Componisten von „Cantionen".

Ein gewisser Uebermuth tritt bei Raimund bereits hervor;
neben dem Spekulationsgeiste macht sich ein den Gliedern des Hauses
bisher fremder Zug geltend; Raimund's junger Adel veranlaßt ihn
zu Anklängen an das Faustrecht der Ritterzeit, die doch vorüber ist.
1529 brach er aus seiner Herrschaft Mickhausen mit zahlreichem
Gefolge in das Dorf Langeneisnach ein, welches dem Matthäus Ehem
gehörte, befreite gewaltsam einen Gefangenen und führte ihn nach
Mickhausen: trotz des hohen Ansehens der Fugger nahm die Sache
einen für Raimund unangenehmen Ausgang. Ehem's Klage über
Landfriedensbruch veranlaßte den Magistrat, Raimund in den Göp-
pinger Thurm zu sperren und erst loszulassen, nachdem er zehn

Brände Ziegelsteine zu den Stadtgebäuden geliefert und an Ehem
Schaden und Unkosten erseht hatte. Raimund war kaiserlicher Rath
unter Karl V. und Ferdinand I. 1530 wohnte Karl V. auf dem
Augsburger Reichstage im Fuggerhause, wo sein ganzer Hofhalt
Platz fand und herrliche Feste gegeben wurden. Eine merkwürdige
pantomimische Komödie voll Anspielungen auf die weltbewegende Reformation machte damals, vor dem Kaiser aufgeführt, großes Aufsehen. Ein Gelehrter, womit Reuchlin gemeint war, schleppte auf
dem Rücken ein Bündel Holz herbei, wovon einige Stücke gerade,
die anderen krumm waren, und warf sie unwillig durcheinander. Eine
zweite Person, Erasmus von Rotterdam, erschien nun, verglich die
geraden und krummen Hölzer, suchte letztere umsonst grade zu machen
und ging kopfschüttelnd davon. Mit glühenden Kohlen zündete der
ihm folgende Luther das krumme Holz an und ging, als es brannte,
weg. In kaiserlichem Ornate schlug hierauf Einer — Karl selbst
war damit gemeint — mit dem Schwerte in die Flamme, die
hoch emporloderte und immer mehr um sich griff. Papst Leo X.
trat zuletzt auf, rang verzweifelnd die Hände, suchte den Brand zu
löschen, ergriff aber anstatt des Wasserbehälters ein Gefäß mit Oel,
goß es in die Lohe und eilte in starrem Entsetzen von der Brand-
stätte. Auf diesem Reichstage empfingen die Fugger reichen Lohn
für ihre erprobte Treue an das Haus Oesterreich, ihre persönliche
Anhänglichkeit an Karl V., ihre enormen Hülfsgelder an ihn und seine
Familie und ihre Beharrlichkeit im katholischen Glauben. Vom
1. März 1530 datirt das Raimund und Anton ertheilte Haupt-
privilegium, von dem Karl V. sagte, kein deutscher Kaiser habe je
dergleichen ertheilt oder werde es thun: sie erhielten den erblichen
Reichsgrafenstand und volle Landeshoheit für ihre Personen und Güter,
wozu 1535 noch der erbliche ungarische Adel kam. Sie wurden von den
gewöhnlichen bürgerlichen Lasten befreit, sollten nur von ihren liegenden
Gütern in Augsburg Steuern zahlen und alle städtischen Privilegien
fielen in Bezug auf ihre Familien weg; sie waren frei von der Gerichtsbarkeit des Raths, wie überhaupt von jeder, was Karl V. 1541
bestätigte, und konnten nur vom Kaiser belangt werden. 1534
erhielten die Fugger von Karl das keiner anderen Privatfamilie zu-
gestandene Münzrecht, sie durften Münzen in Gold und Silber
prägen und errichteten eine Münze in Babenhausen. Sie kamen am

14. November 1530 als Grafen und Bannerherren auf die fränkische Reichsgrafenbank und empfingen die Erlaubniß, roth zu siegeln.
Ihre Stellung war geradezu einzig unter den Kaufherren, sie waren
Reichsstände geworden; das waren die Enkel jenes armen Weber-
meisters Johannes, der vor 160 Jahren von Graben mit seinem
Bündel in Augsburg eingewandert war. Jetzt kauften die Ge-
brüder 1530 die verpfändeten Grafschaften Kirchberg und Weißenhorn Karl V. für 525,000 Gulden ab, erstanden außerdem mit der
Zeit die Herrschaften Glött, Oberndorf, Gablingen, Mickhausen,
Babenhausen, Brandenburg, Kirchheim, Eppishausen, Düttenstein,
Abelfingen, Stettenfels, Waltenhausen, Rettenbach, Pleß, Ehingen
u. s. w. und erhielten vom Könige Ferdinand als Pfandschaft die
Herrschaften Pfirt und Altkirch im Sundgau und die Vogtei Senn-
heim. Karl V. verordnete 1548, daß alle ihre Güter sich nur auf
den Mannsstamm vererben sollten und Anton Fugger verbot im
Testamente, irgend eine Besitzung zwischen Donau, Lech, Iller und
den Alpen zu veräußern. Die Fugger empfanden es aber als unhaltbar, der Vaterstadt gegenüber allzu sehr ihre exemirte Stellung hervor-
zukehren, erboten sich jährlich eine gewisse Steuersumme abzugeben
und kamen 1535 mit dem Rathe von Augsburg dahin überein, es
solle jeder von ihnen jährlich 800 Goldgulden zahlen, dagegen von
der Leistung des Steuereides enthoben sein. Als die Familie am
18. December 1538, in das Patriciat von Augsburg aufgenommen,
vereidigt wurde, kostete es sie große Opfer: sie mußte der Ausübung ihrer fürstlich zu nennenden Privilegien bezüglich der Jurisdiktion gegenüber Augsburg eidlich entsagen und wie alle anderen
Familien die bürgerlichen Lasten auf sich nehmen. 1535 lieferten
Raimund und Anton, die Karl V. fortwährend Gelder zufließen
ließen, ihm die Mittel zu seinen Expeditionen nach Tunis und
Algier. Ihre Geschäfte gingen durch ganz Europa hin, die Fürsten
und Könige waren ihre Schuldner, Indien und Amerika strömten
ihre köstlichen Produkte in ihre Schatzkammern aus und Karl V.
durfte in Paris erklären, den ganzen königlichen Schatz könne ein
Leineweber von Augsburg baar in Geld bezahlen. In sieben Jahren
erwarben diese Kaufmannsfürsten dreizehn Millionen und 1546 betrug ihr Vermögen, wie ihr Sekretair verbürgte, 63 Millionen
Gulden — damals eine wahrlich fabelhafte Summe! Aus Raimund's

Nachlasse kaufte Albrecht V. von Baiern 1566 und 1576 seltene Mufikalien, Antiquitäten und Rüftungen. 1513 hatte Raimund wiederum eine Thurzo, die Tochter des ungarischen Kammergrafen Johann Thurzo von Bethlehemfalin, Katharina, heimgeführt, die ihm dreizehn Kinder gebar und am 31. Januar 1535 ftarb; er folgte ihr im Tode am 3. December desselben Jahres. Raimund ift der Stammvater der einen Hauptlinie des Fugger'schen Hauses, der „Raymundus-Linie", von der nach Erlöschen mancher Theil-linien heute noch ein Aft, der Georgs-Aft (Kirchberg und Weißen-horn), grünt.

Viel bedeutender und geiftvoller als Raimund trat sein Bruder Anton, dem dieselben Würden und Ehren zufielen, auf die Bühne, gleich Raimund Rath der Kaiser Karl V. und Ferdinand I. Am 10. Juni 1493 geboren, wurde Anton, als Diplomat ebenso ge-wandt wie als Kaufherr, eine Hauptftütze der römischen Kirche und gewann die persönliche Freundschaft Karl's V. Ulrich von Hutten griff ihn hingegen unbarmherzig an, verhöhnte ihn als Knaufer und suchte ihn verächtlich zu machen. Sein Haus ftand jetzt auf dem Höhepunkte der Macht und der große Hiftoriker Francesco Guicci-ardini nennt ihn „das Haupt und den Fürften aller Kaufleute".

Die Pracht in seinem Haushalte war ungemein. 1548 war Graf Wolrad II. von Waldeck, der ein offenes Auge für Alles be-faß, auf dem Augsburger Reichstage und schildert in seinem Tage-buche die Eindrücke dieses Aufenthalts; besonders interessirten ihn auch die Wohnungen der Geldkönige und unter Johann Georg Fugger, den er besuchte, wird wohl Anton zu verftehen sein, wenn er nicht Johann Jakob meint. Voll Bewunderung spricht er von dem feen-haften Garten, von den Vogelhecken und Quellenftuben, von dem Prunke des Hauses und den gewölbten Hallen, worin sich so schön luftwandeln lasse; Erzherzog Maximilian, dem die spanische Luft von den Aerzten verboten worden, habe da einen herrlichen Früh-ling durchlebt („Frühlingsbäder gehabt"). Eine meifterhaft ausge-führte Sonnenuhr an der Mauer gefiel Waldeck so sehr, daß er sie näher beschreibt und begeiftert ausruft: „Wahrlich ein Werk würdig des Apelles oder Zeuris"; auf ihr waren Augsburg, seine Lage und alle Städte und Flüsse der Umgegend dargeftellt und Zeichen gaben an, wie jede Stadt klimatisch gelegen und wie weit sie von

Augsburg entfernt sei. Das Haus Anton's in Wörth (Werdt) ge-
fällt ihm noch mehr; er meint: „Es könnte eine Königswohnung
sein". Hier sah er Kamine aus Eichstädter weißem Marmor, Getäfel aus verschiedenen Hölzern, reich vergoldete Plafonds und einen
meisterlich geebneten Estrich; auf diesem befand sich ein Labyrinth
aus behauenen Balken mit einem wunderlichen Eingange, allerhand
Krümmungen und Windungen, aus denen sich herauszufinden dem
Suchenden schwerlich gelang, wenn er nicht der Spielerei überdrüssig
wurde und die Linie übersprang. Mehr als fürstlich war die Pracht,
in der Graf Anton lebte. Auf seiner Hochzeit mit der wunderbar
schönen, engelhaften Anna Rehlinger von Horgau waren am 5. Februar 1527 „viele Fürsten, Botschafter, Grafen, Ritter, Edelleute
und andere geistliche Herren. Darauf hat ein ehrsamer Rath
64 Kanten mit Landwein geschenkt — sonst nichts", wie Mair's
Chronik ehrlich versichert. Bei diesem Fugger, dessen Wahlspruch
war: „Stillschweigen stehet wohl an", konnte vor allen das damals
übliche Sprüchwort gelten „Hoffart ist allenthalben Sünde, aber in
Augsburg gehört sie zum Wohlstand"; noch war ja die Aeußerung
Pius' II. im Gedächtnisse, daß Augsburg an Reichthum alle anderen
Städte der Welt überstrahle.

Die Gastmähler und Feste des Hauses entsprachen der fabel=
ähnlichen Pracht in allen Räumen; die seltensten Speisen wurden,
wenn auch mit enormen Kosten, herbeigeschafft, um Aufsehen zu erregen. Vorzüglich in Venedig hatte Anton sich zum Handelsmanne
ausgebildet, dabei aber auch gelehrte Studien mit Verständniß betrieben. Karl V. war ihm sehr zugethan, ja sein Freund. Als Christian III. von Dänemark und Holstein gegen die mit den Fugger
abgeschlossenen Verträge ihre Kupferladungen beschlagnahmt hatte,
schrieb Karl sofort an seine ebenfalls mit ihnen in Geschäftsver-
bindung stehende Schwester, Königin Maria, die Regentin der Niederlande, am 17. Februar 1539, auf daß sie in Kopenhagen für
eine Familie eintrete, die „voll Verdienste um ihn und sein ganzes
Haus, stets geneigt und thatbereit sei und bei der heiligen Lehre und
Religion treu verharre". Daß Anton, als Karl V. bei einem Besuche
fröstelte, den Ofen mit Zimmetholz geheizt und dies mit Karl's Schuld=
verschreibung über eine gewaltige Summe angezündet habe, gehört
in den Bereich der Fabel. Hingegen kehrte Karl V. häufig bei ihm

zu Beſuche ein. Wie opferwillig Anton war, wußte er zu würdigen. Obgleich ein Gegner der herrſchenden Demokratie und des Proteſtantismus, folgte Anton 1547 dem Rufe der geängſtigten Vaterſtabt, leitete ihre Unterhandlungen mit dem Kaiſer, wie wir oben geſehen, ließ es ſich große Summen koſten, ſeine Räthe zu beſtechen und für den Ausgleich zu gewinnen, und zog ſich, über die gewiſſenloſe Härte Karl's V. ergrimmt, auf einige Jahre nach Schwaz zurück. In der tief gebemüthigten Stadt trat er bann in den geheimen Rath und machte ſich durch zahlreiche und große Stiftungen hoch verdient. Für ſolche Kranke, bie chirurgiſch zu behandeln waren, errichtete er das wohl botirte Schneidhaus auf dem Roßmarkte, für am Stein, an Brüchen oder an Epilepſie Leibénde das „ſonderbare Holzhaus" auf dem Gänsbühel; in jeder Weiſe ſorgte der Hort der Armen für Abwehr von Noth und Elend. Als der Kirche treuer Sohn überwies er ihr große Schenkungen, nicht nur in der Heimath, ſondern ſelbſt in Caſtilien, wo die Salvator-Kirche zu Almagro ſeine wohlthätige Freigiebigkeit genoß. Fleißigen Studenten erleichterte der großmüthige Kaufherr den Beſuch der Univerſitäten; ſeiner Bibliothek reihte er werthvolle Werke ein; in ſeinem Auftrage arbeiteten Gelehrte, fürſtlich belohnt; Hieronymus Wolf überſetzte für ihn den Zonaras, Niketas Akominatos und Nikephoros Gregoras in's Lateiniſche und gab ſie in Baſel 1557 und 1562 heraus. Der Jenenſer Profeſſor Reusner nennt voll Dankbarkeit Anton „die einzige Zuflucht der Armen und Literaten". Graf Anton ſtarb, mit Hinterlaſſung von ſechs Millionen Goldkronen in baarem Gelde, nachdem ſeine Gemahlin bereits am 25. März 1548 verſchieden, am 14. September 1560 und fand ſein Grab in Babenhauſen. Elf Kinder waren ihm von Anna Rehlinger geboren worden; Anton iſt der Stammherr der „Antonius-Linie", die ſich wieder in Aeſte und Zweige theilte; heute grünen noch zwei Aeſte. Der Johann-Erneſtiniſche Zweig in Glött iſt, ſeit 1878 auch der Otto-Heinrich'ſche in Kirchheim im Mannsſtamme erloſch, der letzte Zweig des Hans'ſchen Aſtes; der Jakobs-Aſt iſt der der Fürſten Fugger-Babenhauſen, von Jakob, Anton's jüngſtem Sohne, gegründet. Deſſen Abkömmling, Graf Anſelm Maria, wurde kurz vor dem Ende des heiligen römiſchen Reiches deutſcher Nation von Kaiſer Franz II. für ſich und ſeinen Mannsſtamm nach dem Rechte der Erſtgeburt am 1. Auguſt 1803

in den Reichsfürstenstand erhoben, verlor aber schon 1805 seine
Souverainetät an die Krone Baiern, erlangte am 3. August 1808
das ungarische Indigenat und der jeweilige Chef des fürstlichen
Hauses ist erblicher Reichsrath und Kronoberstmarschall des Königs-
reichs Baiern Anstatt des Weberschiffchens hält das Haus Fugger
den Fürstenhut und die Grafenkrone; nie aber ist es übermüthig genug
gewesen, seines bescheidenen Ursprungs zu vergessen oder gar so
thöricht, sich desselben zu schämen; unter den Fürsten des Reiches
stehend, vom Handel längst zurückgetreten, schaut es mit unbegrenzter
Verehrung auf den Grabener Webersmann als seinen Urahnen, als
den Mann, dessen Fleiß das Fundament seiner Größe legte.

Von den Töchtern Raimund's, des ersten Grafen Fugger, hei-
rathete Regina 1538 Johann Jakob von Mörsberg, Baron von
Beffort, Sibylle 1539 den Freiherrn Wilhelm von Kuenring und
nach seinem Tode 1542 den Freiherrn Wilhelm von Büchheim,
Veronika den Freiherrn Daniel Felix von Spaur, Barbara den
Freiherrn Ferdinand von Fels (Wels) und Ursula den Grafen
Joachim von Ortenburg; von den Töchtern seines Bruders, des Grafen
Anton, starb Anna als Braut des Freiherrn Johann Rechberg von
Hohenrechberg, Katharina vermählte sich 1553 mit Jakob, Grafen
von Montfort, Regina 1555 mit Wolfgang Theoderich, Grafen von
Harbegg, Susanna mit Balthasar, Freiherrn von Trautson, dessen
Haus später in den Reichsfürstenstand erhoben wurde, Maria mit
Michaël, Freiherrn von Eyzing, und Veronika mit Gaudenz, Frei-
herrn von Spaur.

Eine sehr interessante Persönlichkeit des merkwürdigen Hauses
ist der zweite Sohn Raimund's, Graf Johann Jakob, geboren
am 23. December 1516. Ihm fielen bei der Theilung Pfirt, Altkirch und Isenheim zu. Sein Vater sandte ihn und seine Brüder
unter der Obhut des nachmals zum Reichsvicekanzler aufgestiegenen
Georg Sigmund Selb auf die Universität; er ging 1532 nach Ingolstadt, dann nach Padua, welche Hochschule damals durch ihren
Ruhm Söhne reicher Familien aus ganz Europa anzog, und nach
Bologna. Der auf diesen Schulen eingesogenen Liebe zu gelehrten
Studien widmete Johann Jakob vorzugsweise sein Leben. Er wurde
Rath der Kaiser Karl V., Ferdinand I. und Maximilian II. und
bekleidete in Augsburg hohe städtische Aemter. Als großer Förderer

von Kunst und Geschmack zog er, vielleicht auf Tizian's Rath, Antonio Ponzano nach Augsburg und ließ durch ihn, nicht aber durch
seinen Lehrer Tizian selbst, die inneren Räume des Fuggerhauses
mit herrlichen Fresken zieren. Er war der Freund und Helfer
aller Gelehrten und selbst in den mannigfachsten Wissenschaften wohl
beschlagen, erweiterte die Bibliothek wesentlich und legte mit
fürstlichem Aufwande Sammlungen an; von seinen Arbeiten wurde
die weit bedeutendste von Sigmund von Birken als „Spiegel der
Ehren des höchstlöblichen Kahser- und Königlichen Ertzhauses Oesterreich" 1668 in Nürnberg nur ungenügend im Auszuge edirt.
Hieronymus Wolf stand längere Zeit als Bibliothekar in seinen
Diensten. Zu seinen ererbten Gütern erwarb er neue hinzu, vor
allen 1554 Markt und Schloß Taufkirchen. 1565 verließ er Augsburg und siedelte nach München über, wo er das herzliche Vertrauen Albrecht's V. genoß, jenes prunkliebenden Jesuitengönners,
den die frommen Väter einen zweiten Theodosius und Josias nannten
und der München zum Centrum der Kunst erhob, freilich oft genug
bei der Fugger'schen Firma Gelder entleihen mußte. Johann Jakob
wurde sein Rath und schließlich sein Kammerpräsident. An Spanien
hatte er große Summen vorgestreckt und erhielt sie nicht zurück,
seine gelehrten Liebhabereien und reichen Sammlungen verschlangen
große Summen und so kam es, daß die Verhältnisse des reichen
Mannes sich so mißlich gestalteten, daß er selbst Schulden machen
und seine literarischen und artistischen Schätze theilweise veräußern
mußte. Albrecht V. kaufte seine Bibliothek und die für ihn vom
kaiserlichen Archivare in Mantua, Jakob Straba, in 30 Bänden ge-
lieferten 9000 Zeichnungen seltener Münzen. König Ludwig I. von
Baiern ehrte den weisen Diener und Freund seiner Vorfahren auf
dem Throne, indem er 1857 dem „Beförderer der Wissenschaft" ein von
Ferdinand von Miller nach Friedrich Brugger's Entwurf gegossenes
würdiges Standbild gegenüber dem Maximilian-Museum in Augsburg errichtete. Graf Johann Jakob starb in München am
14. Juli 1575 und ruht in Augsburg. Sein Bild bewahrt die
reiche Ambraser Sammlung. Seine erste Gemahlin, Freiin Ursula
von Harrach, verstorben am 18. September 1554, schenkte ihm acht
Söhne und drei Töchter, seine zweite, Sidonia Wazler von Colaus,
verstorben am 19. April 1573, sieben Söhne und drei Töchter.

Die Töchter heiratheten in die freiherrlichen Häuser Lamberg, Her-
mannstein, Welsperg, Sprinzenstein und in das Adelshaus Holln-
egg; von den Söhnen wurde Sigmund Friedrich 1598 Fürstbischof
von Regensburg und starb 5. November 1600, Karl und Ferdinand
starben als spanische Truppenführer 1580 in Bonn und Arlon,
Alexander als Propst in Mainz und Freising 1612, Victor
August als Propst in Regensburg 1586, Maximilian als Deutsch-
ordens-Ritter 1588, Severin als bairischer Vogt zu Friedberg
1601 u. s. w.

Während die Descendenz Johann Jakob's kein weiteres Interesse für uns gewinnt, als daß sich das Fugger'sche junge Blut
noch mit manchem altadeligen mischt, so erweckt das Loos seiner
Nichte Anna Jakobäa und seines Bruders Ulrich unsere Theilnahme.
Anna Jakobäa, die Tochter des Grafen Georg Fugger, eines tüchtigen Mathematikers, und der Ursula von Lichtenstein, wurde am
27. Februar 1547 geboren und gegen ihren Willen in's St. Ka-
tharina-Kloster zu Augsburg, wo schon 1539 Felicitas Fugger gestorben war, gebracht; ihre bigotte Mutter hatte sie mit dem beredten Jesuiten Peter Canisius dazu gezwungen. 1561 aber gelang
es dem armen Opfer, mit Hülfe eines Goldschmieds zu entfliehen;
sie eilte zu ihrem von der ganzen Familie wegen seiner protestantischen Ueberzeugung verpönten Oheime Ulrich nach Heidelberg, hängte
die Kutte auf und schrieb daran:

"Gott allain die Ehr!
In die Kutten kom ich nimermehr!"

1585 heirathete sie, von Ulrich berathen, trotz ihrer vorgerückten Jahre den Grafen Heinrich von Ortenburg und starb am
8. Februar 1587. Graf Ulrich, am 20. April 1526 geboren,
widmete sich gleichfalls dem geistlichen Berufe, wurde Kämmerer
des Papstes Paul III. und lebte längere Zeit in Italien. In die
Heimath zurückgekehrt, trat er — der einzige der ganzen streng
katholischen Familie — mit Reformatoren in Verbindung und wagte
es sogar, sich offen zum reformirten Glauben zu bekennen. Als er
in eine Schuldenlast von über 200,000 Gulden gerieth, benutzten
dies seine Brüder, um ihn gerichtlich als Verschwender erklären und
unter Curatel stellen zu lassen; sie behaupteten, er vergeude seine
Habe mit Gelehrten und Künstlern. Schließlich sah sich Ulrich

genöthigt, vor den Verfolgungen der Seinen zu flüchten und fand
ein ſchützendes Aſyl bei Kurfürſt Friedrich III. von der Pfalz, dem
frommen Calviniſten. Ulrich war ein gründlicher Helleniſt, wandte
ſehr viel zur Förderung correkter Ausgaben der Klaſſiker auf, ließ
Heinrich Etienne (Henricus Stephanus), der in ſeinen Dienſten ſtand,
auf ſeine Koſten griechiſche Autoren, beſonders den Xenophon, ediren
und der berühmte Typograph ſchätzte es ſich zur Ehre, ſich auf
einigen Werken „typographus illustris viri Huldrici Fuggeri"
nennen zu dürfen. Ulrich's weithin bekannte Bibliothek war reich
an klaſſiſchen, hebräiſchen u. a. Handſchriften; der kurfürſtliche Bibliothekar Janus Gruterus ſchätzte ſie auf über tauſend Bände und nach
teſtamentariſcher Beſtimmung Ulrich's fiel ſie 1584 dem Kurprinzen
zu, worauf ſie der Adminiſtrator Johann Caſimir von dem Poëta
laureatus Meliſſus ordnen und mit der kurfürſtlichen Bibliothek
vereinigen ließ. Sein Vermögen hingegen beſtimmte Graf Ulrich
auf dem Sterbebette zu Unterrichtsſtipendien für arme Jünglinge.
Als ſein Bruder Chriſtoph im April 1579 geſtorben war, über-
machten ſeine Neffen, die Söhne Johann Jakob's und Georg's, trotz
alles Widerſpruchs, den Ulrich erhob, den Jeſuiten aus ſeiner Erb-
ſchaft 30,000 Gulden, um 1580 ein Collegium in Augsburg zu
errichten; hierdurch erſt gewann der Orden feſten Sitz in der Reichsſtadt. Die Fugger waren die emſigſten und freigiebigſten Gönner
dieſer leichten Truppe des Papſtthums, die für die Zwecke der
Gegenreformation ſo ungemein brauchbar und nützlich werden ſollte.
Von den Erben Georg Fugger's erhielten die Jeſuiten acht Häuſer
und einen Garten auf dem Frauengraben, der Magiſtrat erlaubte
ihre Anſiedelung und 1586 empfingen ſie von den Fugger
abermals 16,000 und 1598 40,000 Gulden nebſt liegenden
Gütern. Aber ihre Schule erreichte nie die Blüthe des proteſtan-
tiſchen Gymnaſiums zu St. Anna. Auch gegen andere Orden
waren die Fugger voll Großmuth und Liberalität, 1602 ſchenkten
ſie den Kapuzinern ihr Haus in der Schönauer Gaſſe und erbauten
ihnen Kirche und Kloſter und 1609 beſchenkten ſie die Franziskaner
ebenſo mit Kirche und Kloſter. Zum Aufblühen des Collegiums
zu St. Anna war hingegen Ulrich Fugger, obgleich er in der Fremde
lebte, emſig thätig; es wurde baulich erweitert, mit reicheren Mitteln ausgerüſtet und 1582 mit 32 Stipendiaten eröffnet; Ulrich
9

stiftete am Abende seines Lebens 10,000 Gulden dafür und verblich unvermählt in Heidelberg, wo er ruht, am 25. Juni 1584.

Aus der Antonius-Linie des Hauses machten sich mehrere Glieder als Militairs einen Namen, besonders der 1664 bei St. Gotthard an der Raab gefallene Generalfeldzeugmeister Graf Franz Fugger, ein Enkel des gleich zu nennenden Marcus, und der 1635 verstorbene, im dreißigjährigen Kriege für den Katholicismus entschieden eintretende kaiserliche und kurbairische General Graf Otto Heinrich, ein Urenkel Anton's, des Stifters der Linie. Graf Marcus, Anton's ältester Sohn, geboren am 14. Februar 1529, war Zwölfer der Stadt Augsburg, 1576—97 Stadtpfleger, kaiserlicher Rath unter Maximilian II. und Rudolph II. und zeichnete sich wie so viele Glieder der Familie durch die feinste Bildung aus. Neben zahlreichen Spenden für Arme und Kranke gab er reichlich für Zwecke des Unterrichts, dotirte 1574 die Schule in Babenhausen von neuem u. s. w. 1578 erschien sein mit vielen Holzschnitten geziertes Buch „Wie und wo man ein Gestüt von guten edlen Kriegsrossen aufrichten soll", das erste deutsch geschriebene Werk über Gestütswesen (1611 in dritter Auflage und 1788 in zwei Bänden von Wolstein in Wien edirt). Er war besonders für Anlegung einer Reitbahn vor dem Gögginger Thore thätig. Marcus beschäftigte sich viel mit Kirchengeschichte; er gab achtzehn von ihm in's Deutsche übersetzte Bücher der Kirchengeschichte des Nikephorus Callistus und einen Band der Kirchenannalen des Cäsar Baronius, ebenfalls übertragen, heraus und auf seine und seines Bruders Johann Veranlassung übersetzte Wilhelm Xylander die Geschichte des Georg Cebrenus aus dem Griechischen in's Lateinische. Wie schon mancher Fugger führte Marcus stets mit dem Archivare Straba und Anderen Unterhandlungen wegen Erwerbung seltener Geräthe, Kleinobien, Bücher ꝛc. für Albrecht V. und Wilhelm V. von Baiern; Fuggerische Faktoren, besonders David Ott in Venedig, vermittelten den Transport der Gegenstände; auch aus Augsburg beschafften die Fugger und die Welser viel Werthvolles nach München; ihrer Vermittelung verdankten die Herzöge sowohl bedeutende Musiker, Künstler wie Tapezierer u. a. Arbeiter. Vermählt mit Sibylla, Gräfin von Eberstein, starb Marcus am 18. Juni 1597. Erfahren wir aus dem von A. F. Butsch uns mitgetheilten Inventare einer Einrichtung während

der Studienzeit in Padua, mit welch fürſtlichem Luxus ſeine Neffen
daſelbſt auftraten und ſich bewegten, ſo iſt uns von einem Zeitgenoſſen
ein Bild ſeines eigenen Haushaltes überliefert, welches beſſer als
alle Betrachtungen ſpäteren Datums gezeichnet erſcheint. Der abenteuerliche Ritter Hans von Schweinichen kam mit ſeinem lüberlichen
Herzoge Heinrich XI. von Liegnitz, einem Schulbenmacher par ex-
cellence, der Bettelreiſen durch ganz Europa anzuſtellen liebte,
1575 nach Augsburg; Heinrich wollte hier Geld aufbringen, um es
in Italien zu verpraſſen, und ſand das Leben in der fröhlichen
Stadt bei ſchönen Frauen und herrlichem Weine, am Spiel-
tiſche und an der üppigen Tafel ſo köſtlich, daß er ſich gar nicht losreißen mochte. Schweinichen fährt in ſeinem Berichte über dieſe
Wonnezeit fort:

„Herr Max Fugger lud den Herrn einſt zu Gaſte nebſt einem
Herrn von Schönberg. Ein dergleichen Bankett iſt mir kaum vor-
gekommen; ſelbſt der römiſche Kaiſer kann nicht beſſer traktiren,
dabei war überſchwengliche Pracht. Das Mahl war in einem Saale
zugerichtet, in dem man mehr Gold als Farbe ſah. Der Boden
war von Marmelſtein und ſo glatt, als es auf Eis ging. Ein
Kreuztiſch war aufgeſchlagen durch den ganzen Saal und mit lauter
Krebenzen beſetzt und mit ſchönen venetiſchen Gläſern, was Alles
weit über eine Tonne Goldes werth ſein ſollte. Ich ſtund dem
Herzoge vor den Trank. Der Herr Fugger gab ihm einen Will-
kommen, ein Schiff von dem ſchönſten venetiſchen Glas gar künſtlich
gemacht. Als ich dies vom Schanktiſch nahm und über den Saal
ging, glitt ich aus, fiel mitten im Saal auf den Rücken und goß
mir den Wein auf den Hals. Da ich nun ein neues rothbamaſtenes
Kleid anhatte, ward es mir gar zu Schanden. Das ſchöne Schiff
ging aber auch in viele Stücke. Als nun wohl unter der Hand ein
großes Gelächter entſtand, ſo ward ich doch hernach berichtet, daß der
Herr Fugger geſagt: er wolle lieber hundert Floren verloren haben
als das Schiff. Es war aber ohne meine Schuld, denn ich hatte
weder gegeſſen noch getrunken. Als ich ſpäter einen Rauſch bekam,
ſtand ich feſter und fiel hernach kein Mal, auch im Tanze nicht.
Der Herr Fugger führte meinen Herrn im Hauſe herum,
welches ein ſo gewaltig großes Haus iſt, daß der römiſche Kaiſer
auf dem Reichstage mit dem ganzen Hofe darin Raum gehabt.

9 *

Auch hat der Herr Jugger den Herzog in ein Thürmlein geführt und ihm da von Ketten, Kleinodien und Edelgesteinen, auch von seltsamen Münzen und Stücken Goldes, wie Köpfe groß, einen Schatz gewiesen, von dem er selbst gesagt, er wäre über eine Million Goldes werth. Hernach schloß er einen Kasten auf, der lag bis oben voll von Dukaten und Kronen, wohl an zweihunderttausend Gulden, welche er dem Könige in Spanien durch Wechsel übermachte. Damit bewies er meinem Herrn große Ehre, dabei aber auch seine eigene Macht und sein Vermögen.

Man sagt, der Herr Jugger habe soviel, daß er ein Kaiserthum bezahlen könnte, und mein Herr versah sich auch eines stattlichen Geschenkes, aber damals bekam er weiter nichts als einen guten Rausch. Um dieselbe Zeit sagte Herr Jugger einem Grafen *) seine Tochter zu und versprach, ihr neben dem Schmuck zweihunderttausend Reichsthaler in Jahr und Tag zu geben. Das war ein Brautschatz!

In der Herberge ging täglich viel auf, so daß der Herzog gegen dreizehnhundert Reichsthaler dem Wirth schuldig war, der nun endlich Geld haben wollte. Der Herr schickte mich zu Herrn Jugger und ließ um viertausend Reichsthaler bitten. Er schlug aber solches ab, besonders weil er dem Könige von Spanien eine große Summe leihen müsse, und entschuldigte sich höflich. Den andern Tag aber schickte er seinen Hofmeister zu mir, ihn bei meinem Herrn anzusagen. Da ließ er ihm zweihundert Kronen und einen schönen Becher von achtzig Reichsthaler verehren, auch ein schönes Roß mit einer schwarzsammtenen Decke.

Da nun der Anschlag bei Jugger mit den viertausend Thalern nicht gelang, schickte der Herzog mich zu den Herren vom Rath zu Augsburg und ließ um ein Darlehen von viertausend Reichsthalern bei ihnen anhalten. Im Rath fand ich zwölf alte tapfere Männer, darunter zwei Grafen und drei Freiherren. Ich war zwar jung und blöde, nahm mir aber ein Herz, brachte mein Gewerbe auf's Beste vor und bat um viertausend Thaler. Darauf ließen sie mich abtreten, hielten mich in einer Wartstuben zwei Stunden auf, schickten hernach zu mir vier Rathsherren mit einer langen Rede und schlossen

---

*) Johanna heirathete 1576 Karl, Freiherrn von Wolckenstein.

endlich dahin, daß sie dem Herrn tausend Goldenthaler auf Revers auszahlen wollten lassen und auf ein Jahr ohne Interessen darleihen. Ich sollte sie folgenden Tags im Rentamte abfordern lassen, auch wollten sie ihm einen Gaul, so gut er vorhanden, verehren. Ich bedankte mich höflich und brachte dem Herrn die gute Zeitung.

Da dies Alles noch nicht reichen wollte, der Herr aber auf einem Tisch Silber besaß, welches er zum Theil zu Nürnberg und Augsburg *) hatte machen lassen, befahl er mir solches zu versetzen, was denn auch bei einem Kaufmann um achthundert Reichsthaler geschah, obgleich es über zwölfhundert Reichsthaler werth war.

Nachdem nun der Herr ein Stück Geldes besaß, befahl er mir, mit dem Wirthe abzurechnen. Die Rechnung ergab, daß vierzehnhundertundsiebzig Reichsthaler verzehrt worden. Darauf wurden dem Wirth die tausend Gulden vom Rathe gegeben, das andere borgte er zwei Monate lang auf Revers. Als da der Herzog spürte, daß der Wirth mit Borgen so gutwillig war, beschloß er, noch ein Bankett zu geben und befahl mir, dasselbe auf das Stattlichste anzustellen und lud sechs Rathsherren, darunter ein Graf und ein Freiherr, und zwei Fuggers und sonsten vier Personen ein. Dabei waren die Herren lustig und hatten eine schöne, kunstreiche Musik dabei.

Nach dem Bankett brach der Herr zu Augsburg auf und die Herren ließen ihm mit sechzig Rossen auf zwei Meilen das Geleite geben."

Der finstere Aberglaube der Zeit, in der Hexen, Zaubereien, Erscheinungen, Teufelsbeschwörungen die Gemüther beschäftigten, kann es erklären, daß ein Mann wie Graf Marcus Fugger sich von den schlauen Jesuiten, deren Macht auf der Thorheit Anderer allein fußte, bestricken ließ. 1570 trieb Peter Canisius, einer der geriebensten und darum von Papst Pius IX. beatificirt, aus einer Magd des Marcus sieben Teufel aus, was auf den frommen Mann den gewaltigsten Eindruck machte; zum Danke wallfahrtete er mit seiner Gemahlin nach Altötting zur schwarzen Mutter Gottes, der er einen kostbaren goldenen Kelch weihte. Bei solcher Gläubigkeit war es kein Wunder, daß Marcus Alchymisten in die Hände fiel und von einem, der ihm die Kunst des Goldmachens für 400,000 Gulden

---

*) Noch heute gilt das Augsburger Silber für besonders rein und werthvoll.

lehren wollte, sich aber herabbieten ließ, um große Summen ge-
preßt wurde. Die späteren Kaiser waren den Fugger, die auch
ihnen wiederholt beisprangen, herzlich zugethan, besonders ertheilte
ihnen Ferdinand II. Vorrechte und Freiheiten und ihr Grundbesitz
wuchs derart, daß sie im siebzehnten Jahrhunderte zwei Grafschaften,
sechs Herrschaften, 57 Orte und zahlreiche Häuser besaßen. Wie
andere Geschlechter ihr Ehrenbuch hatten, um ihre Sprossen zu verewigen, so ließen sie die Porträts ihrer Ahnen und die eigenen anfertigen, resp. sammeln, und als vollständiges Sammelwerk erschien
1618 in Augsburg und vermehrt 1754 in Ulm die „Pinacotheca
Fuggerorum Sancti Romani Imperii comitum ac baronum in
Khierchperg et Weissenhorn“. Beherrschten sie einst als Könige
den Geldmarkt, waren sie die Banquiers aller Potentaten, so bleibt
doch ihr schönster Ruhmestitel das Mäcenatenthum, welches sie mit
feinstem Verständnisse zu üben und in edlem Epikurcismus zu genießen verstanden; sie waren die Mediceer Deutschlands. Alle
Künste und Wissenschaften fanden in dem humanistisch gebildeten
Hause Pflege und Förderung, die Sonne, deren sie zum Blühen bedurften; Prachtbauten entstanden aus ihrer freigiebigen Hand, um
die Heimathsstadt auszuzeichnen vor allen anderen Städten des Reiches, wie auch die Italiener hierin unter sich wetteiferten; bedrängte
Mitbürger sahen voll Zuversicht und Vertrauen auf sie, die ersten
Bürger des Gemeinwesens, und fanden die weittragendste Unterstützung. Wie unendlich hoch stehen solche Kaufherren über denen
unserer Tage, die egoistisch und ohne ideale Neigungen nur für ihren
Vortheil arbeiten! Mit ihnen kann die Nation nicht die Freude
am Aufschwunge theilen, ihr Gedeihen berührt das Nationalbewußt-
sein nicht — auf die Fugger und Welser hingegen sah unser Vorfahr als auf die Volksgenossen, die Deutschland zur höchsten Ehre
gereichten, deren Ruhm mit dem der Nation vermählt und ein inte-
grirender Theil des nationalen Glanzes geworden war.

Wie so viele Adelsfamilien hat auch die der **Welser** eine
alberne Sage über ihre Abstammung; leiteten die Comnenen von
Ascanius, die Massimo von Fabius Maximus, die Grafen Reinach
von einem bei Christi Kreuzigung anwesenden römischen Soldaten,
die Grafen Sternberg von einem der heiligen drei Könige — von

welchem, wußten sie selbst nicht — ihren Ursprung her, so nannten die Welser Belisar als ihren Ahnherrn. Nach anderer Version stammt der Name, der in den Calendar State Papers wiederholt als Belser erscheint, von Valesia, einer Stadt in Italien, von wo die Familie kommen sollte. Als entfernter Stammvater tritt Philipp Walfer auf, der von Karl dem Großen wegen hervorragender Dienste gegen die Langobarden zum Ritter geschlagen, durch Verleihung einer Lilie in's Wappen ausgezeichnet worden sein soll und 859 im Kloster Diffentis in Graubünden begraben wurde. Sein Enkel, Julius Welser, Feldhauptmann des Kaisers Otto I., erhielt der Tradition zufolge nach der Entscheidungsschlacht auf dem Lechfelde 955 vom Kaiser den Ritterschlag und starb 96 Jahre alt, 1003. Julius' Enkel, Oktavian Welser, diente Kaiser Konrad II. als Feldhauptmann und Rath, ließ sich in den Siebziger Jahren des elften Jahrhunderts in Augsburg nieder und wurde mit seiner Familie unter die rathsfähigen, patricischen Geschlechter aufgenommen. Die Familie gelangte in Augsburg bald zu hohem Ansehen und großem Reichthume. 1318 und 1330 war Bartholmä Welser Bürgermeister, 1327—28 Baumeister der Reichsstadt und im ersten Augsburger Zunftbriefe vom 24. November 1368 begegnen wir neben Ulrich und Peter Langenmantel u. A. „Herrn Hans dem Welser". 1451 wurde Lorenz Welser mit mehreren Nürnberger Kaufleuten vom Grafen Heinrich von Görz, einem übermüthigen Gesellen, gefangen genommen. Als Freisingische Pfleger zu Oberwelß und Rottenfelß in Oesterreich, theilweise auch als Kastner ebenda, begegnet uns 1435—1524 eine lange Reihe von Welser. 1457 führte der Augsburger Bürger Hans Welser die rechte Schwestertochter seiner verstorbenen Frau heimlich aus Augsburg und heirathete sie, eine geborene Mörlin, wobei die Chronik bemerkt, er habe es des Geldes halber gethan. Ob der Bierschenk Welser, dessen 6—7 jähriges Töchterchen um einiger Groschen willen, die es im Kleide trug, ermordet wurde — der Mörder endete 1467 auf dem Rade — zu dieser Familie gehörte, ist mir ebenso wenig erfindlich, wie ob Wolfgang Fugger, Schreibmeister zu Nürnberg, der Dürer's Majuskeln und Minuskeln 1553 bei seiner Kalligraphie benutzte, der berühmten Familie entstammte und in welchem Verhältnisse zu dieser der reiche Sigismund Fugger stand, der neben dem gefeierten Spontheimer

Abte Trithemius der Lehrer des seiner Zeit angestaunten Theophrastus Paracelsus in der Experimentalchemie gewesen ist und sowohl Alchymie wie Wundarznei trieb. Bartholmä Welser heirathete Katharina Riedler, kaufte 1422 das an die ehemalige St. Leonhards-Kapelle anstoßende Ilsung'sche Haus „auf dem Stein" (in der Judengasse) und starb nach 1446, wo er noch im Rathsbuche erscheint. Das Haus ging 1615 an einen Eisenhändler über und gehört jetzt der Familie von Hößlin. Bartholmä hinterließ zwei Söhne, Bartholmä und Lukas (Laux). Ersterer erscheint 1457 als Bürgermeister, 1459 als Altbürgermeister und Gesandter nach Zürich und 1466 mit der Bezeichnung „Herr", wurde von Kaiser Friedrich III. sehr ausgezeichnet und trat keck der Tyrannei des Bürgermeisters Schwarz entgegen, wie ich früher erzählte, während Lukas, im zwölften Gliede Oktavian's Sprosse, der gemeinsame Ahnherr aller Welser'schen Linien wurde, seit 1449 mit Ursula Lauginger vermählt. Er bekleidete die Würden eines Baumeisters und Senators in Augsburg und betrieb in dem besagten Hause ein bedeutendes Handelsgeschäft, wie schon sein Vater gethan. Mit der Zeit nahm dasselbe einen hohen Aufschwung, besonders brachte der Safranhandel, den die Welser und Imhof vor allen Concurrenten beherrschten, sehr viel ein; den Mailändern im Handelsverkehre gleichgestellt, hatten beide Firmen zu Bari in Apulien Privilegien und zahlten an der Douane weniger als andere Geschäftsleute. Im Fleiße und in der Betriebsamkeit standen die Welser den Fugger nicht nach und wurden wie sie bei ihren Operationen vom Glücke begünstigt; in Mailand, Lyon, Genf, Freiburg, Bern, Antwerpen u. s. w. arbeiteten ihre Faktoreien und häuften Reichthümer auf; Fürsten und Private wurden ihre Schuldner und Erstere mußten sie mit Privilegien und Vortheilen überschütten, um in Tagen der Noth an ihre hülfreiche Hand appelliren zu können.

Lukas Welser starb 1496 und das Haus trennte sich in drei Linien. Anton, der Erstgeborene, hatte Katharina Vöhlin, die Tochter eines großen Kaufherrn in Memmingen, geheirathet, dessen Familie 1494 auch unter die Geschlechter in Augsburg trat, und war Bürger wie Stadthauptmann in Memmingen geworden. Mit seinem Schwager Konrad gründete er das weltberühmt werdende Haus „Anton Welser, Konrad Vöhlin und Gesellschaft." Nach des Vaters Ableben gab er sein Bürgerrecht in Memmingen nicht auf, obgleich er nach Augsburg zurückkehrte, sondern vertrug sich mit dem Rathe Augsburgs dahin, daß ihm gegen eine gewisse Steuer und anderweitige Bedingungen 1498 gestattet wurde, zunächst zwölf Jahre als Paktbürger in Augsburg zu wohnen. Er starb als einer der größten Kaufherren 1518. Wir werden auf ihn zurückkommen. Sein Bruder Lukas heirathete Ursula Gossembrot aus ebenfalls bedeutendem Geschäftshause und erwarb ländlichen Grundbesitz; seine Linie hat für uns kein Interesse. Die Schwester Magdalena wurde die Hausfrau des 1496 verstorbenen Lukas Rem und die Mutter des uns bekannten Kaufherrn gleichen Namens; 1502 verkaufte sie mit Einwilligung ihrer Kinder Schloß und Dorf Riedhaim, ein immediates Rittergut, an Ulm. Ihr jüngster Bruder Jakob kam mit seinen Reichthümern 1490 nach Nürnberg, heirathete hier Ehrentraut Thumer, begründete ein eigenes Handelsgeschäft und bald hieß es von ihm: er treibe den großen Handel in alle Lande, wie ihn nie ein „Kaufmann-Bürger“ in Nürnberg getrieben habe. Jakob wurde der Stifter der jüngeren Linie des Welser'schen Hauses, der sogenannten Nürnberger. Dieselbe erscheint mit ihm, der die Senatorie erlangte, 1504 zuerst im Rathe von Nürnberg und begegnet uns 1521 unter den rathsfähigen Geschlechtern, die zum Tanze auf dem Rathhause berechtigt waren; noch 1797 rangirten die Welser in dieser Kategorie. Jakob's Enkel, Sebastian (I.) war 1541 unter denen, welche Karl V. in Nürnberg empfingen. Unter seinen Söhnen schied sich die Nürnberger Linie in zwei Unterlinien: Sebald gründete den Nürnberger, Sebastian (II.) den Oesterreicher Zweig.

Dieser Sebastian stand in kaiserlichen Kriegsdiensten, erwarb sich dann als Beförderer des kaiserlichen Salzwesens in Oberösterreich und Steyermark Verdienste und sein Sohn Georg, der Güter und Eisenwerke in diesen Landen besaß, erhielt von Kaiser Matthias am 1. September 1616 Anerkennung und Bestätigung seines altadeligen Standes und Herkommens, von Kaiser Ferdinand II. nach einer steyrischen Besitzung das Prädikat „von Gumptenstein“. Georg's vier Söhne, Johann Georg, Johann Adam, Peter Paul und Karl Friedrich wurden von Kaiser Ferdinand III. mit dem Prädikate „von Welsersheimb“ am 27. Februar 1651 in den Reichs- und erbländisch österreichischen Freiherrnstand erhoben. Während Peter Paul 1681 bei der Belagerung von Ofen, ohne Kinder zu hinterlaſſen, fiel, pflanzten ſeine Brüder das Geſchlecht fort. Erlangten die Welſer auch nicht wie die Fugger und die Eggenberg, jene Wein-, Eiſen- und Getreidehändler in Graz, welche Kaiſern borgen konnten, den Reichsfürſtenſtand, ſo fiel doch wenigſtens ihrer öſterreichiſchen Linie der Reichsgrafenrang zu. Kaiſer Karl VI. creirte den Sohn Johann Adam's, Sigismund Friedrich, den Sohn Johann Georg's, Georg Friedrich, und den Sohn Karl Friedrich's, Wolf Chriſtoph, am 29. November 1719 zu „Reichsgrafen von Welsersheimb, Freiherren auf Gumplenſtein, Herren zu Falkenburg, Grünbichl, Welsberg und Thunau". Sigismund Friedrich's Stamm blüht noch heute in Oeſterreich.

Sebald's Nürnberger Zweig theilte ſich wieder in Nebenzweige. Dieſe Welſer gelangten in Nürnberg zu den höchſten Ehrenſtellen und Aemtern und machten große Stiftungen an Nürnberg und die Univerſität Altdorf, die eigentlich Nürnberg Alles verdankte. 1790 finden wir ſie bei der Reichsritterſchaft immatrikulirt, wie denn ihr Name häufig in den Hochſtiftern Augsburg und Regensburg und im Johanniter- und Deutſchherren-Orden vorkommt; auf Grund von Urkunden des letzteren von 1368 wurde die ganze Welſer-ſche Familie am 13. Juli 1819 in die bairiſche Freiherrnmatrikel eingereiht. Paul von Stetten ſagt von ihr: „Es hat ſich dieſes Geſchlecht in den vornehmſten Reichsſtädten ausgebreitet. Wegen ſeiner beſonderen Verdienſte hat es von den Römiſchen Kaiſern viele herrliche Freiheiten erhalten, nämlich daß ſie aller Privilegien der Ritter und Adelsperſonen in Franken und Schwaben genießen und fähig ſein, ohne Erlaubniß der Reichskammer ihnen von keinem Kurfürſten und Stand des Reichs etwas Beſchwerliches aufgeladen werden und ſie von fremden Gerichten befreit ſein ſollen. Dieſe Frei-heiten hat Kaiſer Karl V. beſtätigt, mit dem Zuſatze, daß ihnen ihre große Handlung an den ritterlichen Uebungen keinen Nachtheil bringen ſolle, weil ſie nicht nur dem Kaiſer mit Vollſtreckung einer Million Golds behülflich geweſen, die Städte Indiens zu erkaufen, ſondern auch dieſe Städte zum Theil ihnen zu regieren eingeräumt worden."

Hans Welſer in Nürnberg wurde Loſunger und ſtarb im Sep-tember 1601; bei ihm wohnte auf der Reiſe zum Regensburger Reichstage 1594 der Mainzer Kurfürſt Wolfgang von Dalberg und im Juni 1615 tanzten auf der Hochzeit seiner Tochter Rosine mit Heinrich Hagelsheimer, genannt Held, die zu so viel Trauer ausersehenen Friedrich V. und Elisabeth von der Pfalz. 1619 finden wir Hieronymus, der Truppen für den Erzherzog Leopold von Oesterreich anwirbt. Die Nürnberger Linie, auch zu Neunhof genannt, erlosch 1878.

Anton Welser (s. oben), der Stifter der älteren Linie des Geschlechts, hatte überall seine Filialen und Faktoreien, war ein Handelsfürst wie wenige und wußte, als die Entdeckung neuer Welten dem Handel andere Bahnen anwies, sich sogleich auf diesen zu bewegen und seinem Geschäfte einen ungeahnten Flor zu verleihen.

Von dem großartigen Verkehre nach Portugal und Spanien, wie von den indischen Expeditionen, an denen Welser sich hervorragend betheiligte, habe ich früher ausführlich gesprochen, ebenso von den Privilegien der Firma besonders in Portugal. Hier durften die Welser außerdem ohne weiteres Schiffe und ohne jede Abgabe Häuser bauen, wie die Portugiesen frei das Meer befahren u. s. w. Anton hinterließ eine zahlreiche Familie. Von den Töchtern heirathete Margaretha, am 18. März 1481 geboren, durch alle häuslichen Tugenden ebenso wie durch seltene Gelehrsamkeit ausgezeichnet und besonders des Lateinischen völlig Meisterin, den berühmten Konrad Peutinger, der 1538 mit seiner Familie in's Augsburger Patriciat aufgenommen wurde, verwittwete am Weihnachtstage 1547 und starb am 7. September 1552. Von den Söhnen widmete sich Christoph dem geistlichen Berufe, erlangte die Doctorwürde, wurde Dompropst zu Regensburg und vom Papste 1513 zum Augsburger Domherrn ernannt; als ihn das Domkapitel als Bürgerssohn nicht zulassen wollte, machte man zu seinen Gunsten geltend, sein Vater sei kein Augsburger Bürger. Anton, Bartholmä und Franz, der Vater Philippinens, deren Leben uns bald beschäftigen soll, gründeten drei Speciallinien, deren eine durch Bartholmä's Descendenz dauernd blühte. Bartholmä erwarb viel Grundbesitz, darunter das Gut Leutershofen, bekleidete die Aemter des Bürgermeisters und 1548 eines geheimen Rathes in dem „Karolingischen Rathe" und genoß ein außerordentliches Ansehen in seiner Vaterstadt. Er war einer der gewaltigsten Handelsherren der Zeit, keck neben Anton und Raimund Fugger zu stellen und die ersten Höfe der Christenheit standen in seinem Schuldbuche. Unter ihm schoß sein Haus mit dem Fugger'schen Franz I. von Frankreich, der ihm trotzdem manche harte Buße auferlegte, nach dem Damenfrieden von Cambrai (1529) zwölf Tonnen Goldes vor, ohne freilich die Rückzahlung des Kapitals oder Zinsen zu erlangen. Die französischen Könige gaben, wie wir gelegentlich hören, den Welsern zweihundert Kronen jährlich und ließen ihre Güter zollfrei aus dem Königreiche; 1571 ist ein Zwerg der Firma auf dem Wege zu Karl IX. Karl V. empfing als Kaiser und als König von Spanien von Bartholmä Welser ungeheure Vorschüsse; ihm und seinem Hause soll der wie ein König lebende Handelsfürst an zwei Millionen (wiederum zwölf Tonnen nach Weyermann) in Gold vorgeschossen haben und nicht gar oft geschah es wohl, daß er wie 1528 13,000 Dukaten zurückgezahlt erhielt. Bei der Religionsbewegung, die Augsburg so sehr ergriff, fürchteten die Welser sehr für die Sicherheit bei ihnen deponirter kaiserlicher Gelder; Karl V. sandte stets durch sie oder die Fugger Summen an seinen geriebenen und eifrigen Agenten, den Lunder Erzbischof Johann von Wese; ihn aber bestürmten die Welser, er möge Karl veranlassen, ihnen die kaiserlichen Gelder abzunehmen, und der Erzbischof schrieb in diesem Sinne am 15. September 1534 an Karl V. Da die Welser mit scharfem Auge jede Gelegenheit erspähten, die Vortheile für ihren Großhandel versprach, so dachten sie alsbald an die Ausbeutung der neuen Entdeckungen in Mittelamerika und schlossen 1527 mit Karl V. den Vertrag, der ihnen Venezuela überlieferte. So war für Deutschland frühe die Aussicht eröffnet, in Amerika eine Colonie mit einer Handelscompagnie zu gewinnen, aber aus Mangel an nationalem Interesse, an kräftiger Leitung, an Colonisationstalent und an nachhaltigem Schutze der Staatsregierung scheiterte in wenigen Jahren die ganze verheißungsvolle Expedition, mit der wir uns näher beschäftigen werden. Die Welser unterstützten auch Karl V. im Schmalkalbener Kriege mit bedeutenden Summen und ich habe oben gezeigt, wie sie sich 1547 vergebens in Ulm an seinem Hoflager bemühten, ihr Geld wieder zu erhalten, auch wie sie mit ihren Gesellschaftern sich auf mehrere Jahre 1546 von Augsburg entfernten, um nicht mit Karl V. in Conflikt zu gerathen, und nach Arbon übersiedelten. Bartholmä war kaiserlicher geheimer Rath und durch Diplom vom 22. November

1532 aus Mantua erhob Karl V. ihn, seine Brüder Anton und
Franz und alle ihre ehelichen Leibeserben „in Stand und Grad
des Abels, der recht edelgeborenen Lehens-Turniers-Genossen und
rittermäßigen Edelleute", zierte ihr angestammtes Wappen durch
Verleihung des Turnierhelms, gab ihnen das Recht, mit rothem
Wachse zu siegeln und das Privileg, sich in jeder Reichsstadt nieder-
lassen zu dürfen, ohne mit Abgaben, Raths- und Gerichtsdiensten
belastet zu werden. Am 6. April 1541 nahm der Kaiser in aus-
drücklicher Anerkennung der Treue und Ergebenheit Bartholmä's,
seiner bisherigen und ferneren guten Dienste ihn und seine Kinder,
alle Theilhaber und Diener seines Geschäftes wie alle ihre beweg-
lichen und unbeweglichen Waaren und Güter, wo immer sie seien, „gegen-
wärtige und zukünftige, nichts ausgenommen", „in seinen des heiligen
römischen Reichs und seiner übrigen Königreiche besondern Schutz"
auf und ertheilte ihnen freies und sicheres Geleite. Bartholmä
Welser und sein Haus hielten wie die Fugger treu zum Katholicismus, aber nahe Verwandte schlossen sich eifrig der neuen Lehre
an. So begegneten wir dem jungen Sigmund Welser, der mit
Cellarius in der katholischen Kirche zerstörend auftrat; so rastete der
Bürgermeister Hans Welser, Jakob Herbrot's Collega, nicht, bis die
katholische Geistlichkeit aus Augsburg verdrängt war; als aber der
Krieg mit dem Kaiser ausbrach, wollte Hans wenig davon wissen
und wiederholt versicherte er, ihm seien die ganzen Händel von An-
fang an leid gewesen. Dieser Hans, Mitglied des geheimen Rathes
in Augsburg, war sehr begütert; in den Jahren 1549—80 erscheint
er als Herr von Oberschweinbach (im heutigen bairischen Land-
gerichte Bruck) und von Spielberg. Wie die Fugger unterstützten
die Welser den Jesuitenorden im reichsten Maße; so begabten sie
1580 sein Collegium in Landsberg (Oberbaiern) mit tausend Gulden
und 1601 erscheint Anton Welser als Rektor des Jesuitenkollegs zu
Ingolstadt, Inhaber des Stiftes Peter und Paul zu Münchsmünster
(bei Vohburg), 1633 als Provinzial des Jesuitenordens in Baiern.
Bartholmä Welser, der größte Sohn des ganzen Hauses, wurde
auch zu mannigfachen Missionen herangezogen; so stellte er einmal
den Frieden zwischen Zürich und den alten Cantonen der Schweiz,
die Krieg mit einander geführt hatten, her. Robertson nennt ihn den
damals reichsten Kaufmann in ganz Europa. Obgleich die Höfe

schlechte Schuldner waren und die Expedition nach Venezuela große
Summen ohne Nutzen verschlang, hinterließ Bartholmä ein bedeutendes
Vermögen, als er 1561 auf seinem Landsitze Amberg (bei Türkheim)
starb. Seine Tochter Veronika, eine eifrige Freundin der Kunst,
trat in das Augsburger St. Katharinen-Kloster, worin vielfach
Glieder der ersten Familien lebten, und brachte das Gut Walters-
hofen und zwei Sölden dem Kloster zu. Bis 1503 war sie
Schreiberin, dann wurde sie Priorin, was sie bis 1530 blieb.
Ihrer Kunstliebe konnte sie ihres Reichthums halber huldigen. Da-
mals war mit der Lehre von der unbefleckten Empfängniß der
Cultus der heiligen Anna, der Mutter Maria's, sehr im Gange
und Veronika soll das Bild des jüngeren Hans Holbein „Anna und
Maria mit dem Christuskinde" auf den Altarflügeln von 1512 im
St. Katharinen-Kloster gestiftet haben, welche jetzt in der Augs-
burger Galerie sind. Für sie malte Hans Burgkmair 1504 die
Basilika des heiligen Kreuzes und für 93½ Gulden malte ihr der
alte Holbein die Basilika des heiligen Paulus, sein schönstes Bild.
Sie regte 1515 den Neubau der Kirche an, gab dazu 200 Gulden
und schon 1517 konnten die Altäre gesetzt werden. Ihr Bruder
Bartholmä wurde 1546 in der Charwoche in Venezuela ermordet.
Unter den Enkeln des alten Bartholmä, des Venezuelaner Fürsten,
Christoph (II.) und Heinrich, schied sich die Augsburger Linie in
die Hauptäste Ulm und Augsburg. Der Augsburger Ast gelangte
zu hohem Ansehen durch die Würden, welche viele Sprossen be-
kleideten, erlosch aber 1797. Ihm gehörte der gefeierte Polyhistor
M a r c u s Welser an, des Reichspfennigmeisters Matthäus Sohn
von Barbara Engelin von Engelsee aus der Mehrergesellschaft.
1558 geboren, studirte er in Rom, wo ihn vorzüglich der große
Lateiner Marc Antoine Muret anregte, und gab sich mit ganzer
Seele dem Genusse des Alterthums hin. 1592 wurde er Rathsherr,
1600 kaiserlicher Rath und Stadtpfleger zu Augsburg, welchem
Amte er mit größter Gewissenhaftigkeit vorstand. Von Herzens-
grunde Katholik, kränkte er doch seine protestantischen Mitbürger
niemals aus Glaubensmotiven, suchte hingegen weise zu verhindern,
daß Augsburg, als der Krieg auszubrechen drohte, sich in irgend
ein Bündniß einließe: ihm stand mahnend die Strafe von 1547
vor Augen und seine Mitbürger folgten seinem weisen Rathe. Marcus

und ſein Bruder Matthäus beſaßen ein großes Münzcabinet. Galilei
war mit Marcus wohl bekannt und erklärte ihm 1610 von Rom
aus brieflich die Erſcheinung der Sonnenflecken. Der Peutinger'ſchen
Familie verwandt, kam der Alterthumsforſcher den Copien der
Tabula Peutingeriana auf die Spur, verſah ſie mit einem gelehrten Commentare und gab ſie mit einer Widmung an den Reichsvicekanzler Jakob Curtius von Senfftenau 1591 in Venedig heraus;
1598 fand er nach langem Suchen auch das Original in der
Peutinger'ſchen Bibliothek und unter ſeinen Auſpicien gingen nun
Copien deſſelben in die Welt: eine ſolche findet ſich in der Ausgabe von Welſer's Werken (Nürnberg 1682), die Arnold als „Opera
historica et philologica, sacra et profana“ edirte. Marcus
machte ſich um die Geſchichte Baierns, beſonders aber ſeiner Vaterſtadt hoch verdient. 1602 erſchienen in Augsburg die „Res Boicae“,
in's Deutſche überſetzt, ebenda 1602 und 1605 als „Bayriſche
Geſchicht, in fünff Bücher getheilt“, 1594 in Venedig „Rerum
Augustanarum Vindelicarum libri octo“ (neue Ausgabe, Augsburg 1620), verdeutſcht als „Chronica der freien und des H. Reichs
Statt Augsburg“ (Frankfurt 1595). 1590 endlich kamen in Venedig
ſeine „Inscriptiones antiquae Augustae Vindelicorum“ in den
Handel. Mit David Höſchel errichtete er in Augsburg die weithin
bekannte Buchdruckerei ad insigne pinus, der die beſten Ausgaben
griechiſcher und lateiniſcher Klaſſiker entſtammten. Marcus ſtarb
in ſehr beſcheidenen Verhältniſſen 1614 und unmittelbar darauf
fallirte unter Matthäus und Paulus Welſer das einſt weltgebietende
Bank- und Handelshaus mit 586,578 Gulden bei 374,000 Gulden
Credit. Es bat um ein Moratorium und machte Vergleichsvor-
ſchläge, aber die Gläubiger waren voll Mißtrauen. Hatte ſchon Lukas
Rem, der 1499 in Welſer'ſche Dienſte getreten war, ſie im Streite
mit den Häuptern der Geſellſchaft verlaſſen, weil er Unehrbares in
ihrer Handlungsweiſe fand, ſo heißt es jetzt, als die Welſer auf
Nachgiebigkeit ihrer Gläubiger rechneten, bei einem Chroniſten:
„Dieſes oben erzählte fälſchliches der Welſer Fürgeben und ver-
maintes demüthiges Bitten an ihre Creditores iſt anders nichts,
als ein hochmüthige, ſtolze und hoffärtige Demuth, damit ſie ihre
Creditores zu blinden und hinter das Licht zu führen meinten.“
Das Welſer'ſche Haus wurde, wie ich oben erwähnte, verkauft.

Erlosch der Augsburger Ast 1797, so blüht hingegen der zu Ulm noch heute; ein Urenkel seines Stifters, Marcus Christoph, Proviantherr in Ulm, wurde durch Kaiser Karl VI. am 29. April 1713 Reichsfreiherr von Welser und ihm entstammen die gegenwärtig lebenden Welser.

Bietet die Geschichte der Welser auch nicht den ganzen Reiz wie die der Fugger, weil das kaufmännisch-industrielle Element, welches in Anton und Bartholmä die reichsten Früchte zeitigte, ideales Leben und Fühlen zu überwuchern scheint, so ruht doch in ihr eine Anzahl köstlicher Perlen. Die mährchenhafte Pracht und Herrlichkeit von Venezuela bestrickte mit gleißendem Gewebe die Sinne der Zeitgenossen, in Veronika und Marcus fanden heitere Kunst und ernste Wissenschaft Mäcene und Bekenner und das Andenken der schönen Philippine bleibt das lieblichste Vermächtniß des berühmten Geschlechtes an die späteste Nachwelt.

Sechstes Kapitel.

Venezuela.

———

Der Wind treibt mit seinen Fittichen, durch die Llanos dahin saufend, Haufen Sandes empor und hüllt damit die baumlose Wüste ein, die sich unabsehbar ausdehnt; tritt aber anstatt der Trockenheit, die Alles ausdörrt und entseelt, die Regenzeit ein, so lagert sich in unglaublicher Schnelle das schönste Pflanzengewinde über die Erde, die üppigste Vegetation überwuchert den durch viele Wasserspiegel durchtränkten Sand und ein ewiger Frühling scheint in den Hochebenen zu herrschen, während auf den schneebedeckten höchsten Bergspitzen und Vulkanen die schärfste Kälte und an den Küsten wie in den Niederungen eine unerträgliche Hitze auftritt. Das ist Venezuela, Klein-Venedig, das Land der Welser, die erste deutsche Colonie der Geschichte in fernen Welten und noch heute ruht hier der Handel hauptsächlich in deutschen Händen.

Colombo entdeckte 1498 das Festland von Südamerika, Alonzo de Hojeda 1499 mit Juan de la Cosa und Amerigo Vespucci die ganze Küste Venezuelas vom Rio Essequibo bis zum Vorgebirge de la Vela und die Krone Spanien schritt zur Colonisation des neuen Erwerbes, welcher alsbald in der Einbildung des Volkes zum Wunderlande unermeßlicher Reichthümer, zum Arsenale von Gold und Juwelen, zum mythischen zweiten Lande Colchis wurde. Diese Gerüchte drangen auch zu den Ohren von Bartholmä und Anton Welser. Als ihre Geschäftsträger bei Hofe weilten 1527 in Madrid Ambrosius Dalfinger aus angesehener Ulmer Familie und Hieronymus Sayller, und diese schlossen für die Welser (von Antonio de Herrera Belzares genannt) mit König Karl I. von Spanien (Kaiser Karl V.) folgenden Vertrag ab: Die Welser rüsten vier Schiffe mit 300 Mann und Lebensmitteln für ein Jahr auf eigene

10

Kosten aus, um den der Provinz Santa Marta zunächst liegenden Landstrich und die Gegend vom Cabo de la Vela bis zum Cabo de Maracapana zu unterwerfen; sie oder für sie die Ulmer Dalfinger und Georg Ehinger dürfen auf diesen Küsten und auf den ihnen anliegenden Inseln, wo sie es wünschen, Ansiedelungen gründen; die Mannschaft wird von ihnen aus dem Auslande herbeigeführt; die Welser müssen binnen zwei Jahren nach ihrem Eintreffen wenigstens zwei Niederlassungen und drei Festungen anlegen und binnen dieses Zeitraums für alle indischen Länder fünfzig deutsche Bergleute und in einem gewissen Termine 4000 Negersklaven liefern. Der König gibt auf Lebenszeit dem Statthalter des Landes 200,000, dem Generalkapitaine 100,000 und dem Lieutenant 75,000 Maravedis, was 754 bis 283· Gulden entspricht. Die Welser erhalten auf ewig für ihr Haus die Würden eines Oberrichters und Lieutenants der drei Festungen und derjenige, den sie aus ihrer Mitte vorschlagen, soll stets Statthalter sein. Von dem ganzen der Krone zufallenden Gewinne werden sie 4% beziehen; vorausgesetzt daß sie mit den aus- und eingehenden Lebensmitteln keinen Handel treiben, erhalten sie dieselben zollfrei und in den Magazinen zu Sevilla wird ihnen auf sechs Jahre Raum angewiesen, um ihre Einfuhrartikel niederzulegen. Sie empfangen zwölf □Meilen des eroberten Landes als Eigenthum, berechtigt Pferde und überhaupt Vieh von den östlichen Antillen (Barlovento) zu holen und alle Eingeborenen, die sich auf die erste Aufforderung nicht unterwerfen wollen, zu Sklaven zu machen, sowie gegen Abgaben an den König Sklaven von den indianischen Eingeborenen zu kaufen. Die königlichen Beamten hingegen durften bei ihren Untergebenen nach verheimlichten Schätzen forschen und schuldig befundene bestrafen.

Dieser Vertrag eröffnete den Gebrüdern Welser die glänzendsten Aussichten auf Reichthum und Macht und sie beauftragten sofort Ambrosius Dalfinger mit der Ausrüstung von drei Schiffen und 400 Mann mit 80 Pferden, während sie gleichzeitig Schiffe nach Westindien sandten, um neue Handelsverbindungen anzuknüpfen und die Gewürzinseln zu entdecken. Dalfinger, ein verwegener und abenteuerlustiger Mann, schloß mit dem spanischen Statthalter von Santa Marta ein wechselseitiges Unterstützungsbündniß und traf mit seiner Mannschaft 1528 in Coro ein, wo er den bisherigen Statthalter

Juan de Ampues verdrängte. An der Stelle von Coro erbaute er auf Felsen im Meere Venezuela und nachdem er die Indianer jenseits des Maracaibo-Sees unterworfen, gründete er die Stadt Maracaibo. Dalfinger war es aber weit weniger um Colonisation zu thun als um Erbeutung von Schätzen; er durchzog 1529 das Thal de Upari (Eupari) und verheerte die schöne und reiche Landschaft entsetzlich. Der berühmte Verfechter der Menschenrechte der Indianer, Bartolome de Las Casas, der freilich die Farben ungemein dunkel aufträgt, schildert die Greuel, welche Dalfinger und seine Söldner verübten. „Sie trafen — so sagt er — die Indianer an ganz sanft wie die Lämmer, stürzten sich aber wie reißende Thiere, ja wie eingefleischte Teufel auf sie und ergriffen alle Mittel, um ihnen Gold und Silber zu rauben. So verwüsteten sie mehr als 400 Meilen sehr fruchtbares Land, sehr große, wohlbevölkerte und goldreiche Flecken und richteten, schätze ich, mehr als 4 oder 5 Millionen Seelen zu Grunde. Manche große Stämme wurden mit ihrer Sprache fast ganz ausgerottet und bis auf den heutigen Tag hören sie mit Ueberfällen, Rauben und Morden nicht auf." Auch auf einem Zuge an den Rio Grande de Madalena zerstörte der rohe Dalfinger Alles, schleppte viele Eingeborene, Männer und Weiber, gebunden oder mit Lasten überbürdet mit und peinigte sie, bis sie todt niederfielen. Wo er hinkam, griffen die auf's Aeußerste erbosten Indianer zu den Waffen; seine Expeditionen nach Tamalameque und dem Rio de Lebrija mißglückten, er verlor viele Leute und traf im Mai 1530 wieder in Coro ein. Die Welser hatten ihn für verschollen angesehen und aus Sevilla drei Schiffe mit einem neuen Statthalter, ihrem Beamten Hans Seißenhofer, nach Venezuela ausgesandt, der nun im April in Coro sich huldigen ließ und zum Vice-Statthalter den Ulmer Nikolaus Federmann bestellte.

Nach merkwürdigen Abenteuern kam Federmann, der auf San Domingo dem Welser'schen Faktor Sebastian Renz, einem Asienund Afrikareisenden, begegnet war, am 8. März 1530 in Venezuela an. Dalfinger, der auf Seißenhofer's Wunsch die Statthalterwürde wieder angenommen, überließ sie am 31. Juli d. J. an Federmann und begab sich nach San Domingo. Die spanischen Beamten machten ihm das Leben gar sauer, denn sie waren voll Eifersucht auf die deutschen Eindringlinge und beflissen, ihnen Schwierigkeiten in den

Weg zu legen; sie beschwerten sich, die Deutschen betrieben den
Handel als Monopol und die Preise der Lebensmittel würden über-
mäßig durch sie gesteigert, während sich die Gemeinden von Santa
Marta bei der Vicekönigin, Colombo's Schwiegertochter Maria, be-
klagten, anstatt der ausbedungenen 4000 Neger würde von den
Deutschen nur faules und zur Desertion geneigtes Gesindel gestellt.
Dalfinger war selbst der Schuldigste an den trüben Verhältnissen; er
hatte, anstatt civilisatorisch zu wirken, wie ein Wütherich mit Sengen
und Brennen gehaust. William Robertson's Worte verdienen angeführt zu werden:

„Man hätte erwarten sollen, daß unter der Oberaufsicht solcher
Männer eine Niederlassung nach ganz anderen als spanischen Grund-
sätzen angelegt werden würde, welche tauglicher wären, jene nütz-
liche Industrie zu befördern, wovon sie aus eigener Erfahrung hätten
wissen sollen, daß sie die einzige gewisse Quelle des Reichthums und
Glücks ist. Allein zum Unglücke trugen sie die Ausführung ihres
Entwurfes einigen von den kriegerischen Abenteurern auf, deren es
im sechzehnten Jahrhundert in Deutschland eine große Menge gab.
Diese Abenteurer waren gierig sich zu bereichern, um desto geschwinder
einen, wie sie bald sahen, sehr beschwerlichen Dienst wieder verlassen
zu können; und anstatt eine Colonie anzulegen, die das Land hätte
anbauen und bessern können, schwärmten sie aus einer Gegend nach
der anderen, um Minen aufzusuchen, und plünderten die Eingeborenen
mit unbarmherziger Raubsucht oder unterdrückten sie mit unerträg-
lichen Arbeiten.. In wenig Jahren verheerten ihr Geiz und ihre
Erpressungen, gegen welche der Spanier ihre noch gemäßigt waren,
das Land so sehr, daß es ihnen kaum den nothdürftigen Lebens-
unterhalt mehr gewähren konnte; und die Welser ließen eine Besitzung fahren, aus welcher sie, des unbesonnenen Verhaltens ihrer
Agenten wegen, niemals einigen Vortheil hoffen konnten."

Federmann hatte den Oberbefehl an Dalfinger zurückgegeben
und im September 1530 mit 126 Spaniern und 100 Caquetios-
Indianern eine Expedition in das Innere angetreten, war auf unzählige Hindernisse und Gefahren gestoßen, hatte abwechselnd mit
den Wilden gerungen und sie getauft, gewöhnlich den Weg der
Güte zuerst versucht, um sie zu Unterthanen des Königs von Spanien
zu machen. Er fand das erträumte Goldland, El Dorado, nicht,

kam ohne große Ausbeute am 17. März 1531 wieder in Coro an
und ging mit Rentz 1532 nach Ueberwindung neuer Gefahren über
Spanien nach Augsburg zurück. Nach einem Protokolle, welches
der ihn bei der Entdeckungsreise begleitende spanische öffentliche
Notar verfaßt hatte, ließ Federmann 1557 in Hagenau seine „In-
dianische Historia" erscheinen. Indessen Federmann unterwegs war,
hatte Dalfinger einen neuen Entdeckungszug angetreten. Wenn auch eine
von ihm ausgeschickte Abtheilung unterwegs verunglückte, so erpreßte
er doch selbst viel Gold und Werthsachen von den Indianern und
gelangte in ein von kahlen Bergen umschlossenes Thal, welches er
nach sich „Valle de Ambrosio" nannte; aber bald zwangen ihn
die Bobures zum Rückzuge. Dalfinger ging nicht nach Coro
heim, sondern drang 1531 in dem noch unentdeckten Neu-Granada
ein. Die hier vorgefundenen Spuren von Goldlagern hätten ihn
zu gründlicher Colonisation veranlassen sollen, aber seine kurzsichtige
Habgier trieb ihn immer vorwärts; er lechzte nach den Schätzen
Peru's und verlor darüber, was er hatte, aus den Augen. In die
kälteren Gegenden gelangt, mußte er mit den Eingeborenen fortgesetzt kämpfen und seine eigenen Leute murrten wegen der maßlosen
Strapazen des Zuges und der rechtlosen Beutevertheilung derart,
daß er mit Strang und Peitsche unter ihnen wüthete. Wohin er
kam, verwüstete und plünderte er unbarmherzig Alles aus. Von
den Indianern in einem Treffen schwer verwundet, kehrte der tyran-
nische Condottiere nach Coro heim, wo er 1582 starb.

Der von den Welser ernannte Nachfolger in der Statthalterschaft von Venezuela, Johann der Deutsche, ein humaner Mann,
starb leider schon 1534 und ihm folgte Georg Hohemut (Hohermuth)
aus Memmingen, der wegen längeren Aufenthalts in Speier kurzweg Georg von Speier genannt wird. Am 7. Februar 1535 ließ
sich Georg in Coro huldigen. Mit ihm waren angelangt Nikolaus
Federmann, der ritterliche und nach Abenteuern lüsterne kaiserliche
Edelknabe Philipp von Hutten, sein Freund Franz Lebzelter von
Ulm u. A. Hieronymus Köler, dessen interessante Aufzeichnungen
über die Ausrüstung dieser Expedition der Freiherr Johann Michaël
Anton von Welser publicirte, kehrte unterwegs, alle Lust an der
Seefahrt verlierend, nach Nürnberg um.

Da seine ganze Umgebung nach einem Beutezuge rief, ließ sich der Statthalter Georg von Speier bestimmen, im Mai 1535 einen solchen mit 400 Mann anzutreten; mit ihm zogen Hutten und Lebzelter, während Federmann als Vicestatthalter zurückblieb und auf königlichen Befehl eine Colonie am Cabo de la Vela gründen sollte. Aber unter unsäglichen Strapazen verlor Georg große Theile seiner Mannschaft, selbst grausame Scenen schüchterten die Wilden nicht ein, das Goldland war nicht zu finden und als er bis in die Nähe des Marañon-Stroms vorgedrungen war, zwang ihn der allgemeine Wunsch Mitte August 1537 zur Umkehr: er durfte das gelobte Land nicht betreten. In Spanien wie in Venezuela hatte man die Expedition als verunglückt angesehen, in Venezuela bereits die Kleider und Effekten der Theilnehmer am Zuge verkauft und die Audiencia.in San Domingo hatte Georg suspendirt, als Untersuchungs- richter gegen ihn aber Antonio Novarro und als Statthalterschafts- verweser den Bischof Bastidas nach Venezuela geschickt. Da kamen die Trümmer der Expedition, 160 Mann, unter Georg am 27. Mai 1538 fast nackt in Coro an. Erst nachdem Schiffe, die das zur Niederlassung am Cabo de la Vela nöthige Material gebracht, im Februar 1536 eingelaufen waren, ging Federmann an die Gründung der Colonie, zog aber keine königlichen Finanzbeamten bei und wurde darum bald beschuldigt, die spanische Finanzverwaltung zu betrügen. Als er die Gegend nicht lohnend genug fand, unterließ er die Er- bauung der Colonie und trat im Juni 1536 mit 200 Mann eine Entdeckungsreise nach dem Goldlande an. Er kam nach Neu-Granada, suchte vergebens von hier aus Georg von Speier die Hand zu reichen und als ihn König Karl 1538 an Stelle des Letzteren zum Statt- halter ernannte, beschwerten sich die Einwohner von Coro so beredt über seine Willkürlichkeiten, daß das Dekret von Karl zurückgenommen wurde. Federmann erbeutete große Reichthümer, traf in Neu-Granada mit zwei spanischen Entdeckungscorps zusammen und beanspruchte gleich deren Chefs die Statthalterschaft von Neu-Granada. Er ließ seine Leute zurück und segelte 1539 mit den beiden Mitbewerbern nach Castilien ab, jedoch keiner der drei erhielt das Amt.

Die Welser leiteten eine Untersuchung gegen den ohne Erlaubniß von seinem Posten gewichenen Federmann ein, doch weiß man nichts Zuverlässiges mehr von ihm; nur klagten die Welser fortgesetzt über ungeheure Verluste, die er ihnen zugefügt habe. Es hieß, er habe

eine große Geldsumme in die Welser'sche Faktorei nach Antwerpen
eingeschickt, wo sie beschlagnahmt worden sei, und am Madrider Hofe
wurde der Verdacht rege, er habe seine Schätze, um sie Karl zu
entziehen, dem ja 96 % aller Beute zukamen, den Welser in Antwerpen übergeben; dieser Verdacht erschütterte wesentlich Karl's
Vertrauen in die Ehrenhaftigkeit des Großhauses, wie Christoph Peutinger an Bartholmä Welser am 26. Februar 1547 aus Ulm bekennt.

Der königliche Untersuchungsrichter Novarro hatte gegen Georg
von Speier nichts ausrichten können und ein königlicher Befehl ihn
nach San Domingo zurückgerufen. Georg war bei den Soldaten
beliebt, bei der Bevölkerung wohl gelitten und doch fingen unter
ihm die Streitigkeiten zwischen der Regierung und dem Hause Welser
wegen des Zolls, der Zehnten, der Grenzen u. s. w. an, die nicht
mehr aufhörten, bis die Welser Venezuela räumten. Einen Solda-
tenaufstand schlug der Bischof Bastidas in Venezuela nieder. Hutten
machte 1540 einen Streifzug nach Bariquicemeto, wie Jedermann
nach Gold lüstern, und als Georg von Speier, der eben dahin
ziehen wollte, starb, wurde er vom Bischofe Bastidas im December
1540 zum Statthalter ernannt. Aber die Welser schienen, obgleich
der König ihn bestätigte, einen Anderen zum Statthalter einsetzen
zu wollen und zwar Bartholmä Welser's gleichnamigen Sohn,
um desto besser ihre Interessen gewahrt zu wissen. Der junge Welser
kam im Frühjahr 1541 nach Coro, vertrug sich jedoch alsbald mit
dem biederen Philipp von Hutten und wurde sein Lieutenant. Hutten
hegte colonisatorische Pläne und fürchtete weit mehr Gefahren von
christlichen als von heidnischen Feinden, sein Geschick gleichsam ahnend.
Sein mit 350 Mann im Jahre 1541 unternommener Zug scheiterte
gänzlich und 1545 war seine Soldatenzahl so zusammengeschmolzen, daß
er in Bariquicemeto nur noch 70 Mann um sich hatte. Der alte
Welser wandte sich wiederholt an Franz Davila, einen Oberbeamten
der Audiencia zu San Domingo, auf daß dieser seine Angelegenheiten
in Venezuela begünstige, machte ihm Aussichten auf die Statthal-
terei und im Februar 1543 versicherte er ihm aus Arbon, das
Land trage für ihn bis jetzt noch keine Früchte.

Während Hutten auf seinem unglücklichen Zuge war, wurde
vom Oberrichter der Schwabe Heinrich Rembold zum Alkalden von
Venezuela ernannt und vermehrte die äußerst decimirte Bevölkerung

von Coro durch eine Aushebung in Cubagua, verschleuderte aber das Welser'sche Vermögen in gewissenloser Weise. Er starb frühe und seine zwei spanischen Nachfolger, nichtswürdige Menschen, entzogen sich der Strafe bald durch die Flucht. Abermals griff nun die Audiencia zu San Domingo ein, ernannte 1543 de Frias zum Untersuchungsrichter und Juan de Carvajal zum Statthalter von Venezuela, ohne im Geringsten zu berücksichtigen, ob Hutten noch lebe, ohne die Welser, welchen das Ernennungsrecht oder die Krone, welchen das Bestätigungsrecht der Statthalter zustand, nur zu benachrichtigen. Carvajal war ein Tyrann gemeinen Schlages und verübte eine Kette von Grausamkeiten.

Nach einem Eroberungszuge, in dessen Verlaufe er 1545 die Stadt Tokuyo anlegte, brachte er durch Hinterlist Hutten und Bartholmä Welser in seine Gewalt, indem er sie nach Tokuyo lockte. Nach blutigem Handgemenge entkamen sie ihm zwar; nachdem er aber eben Frieden mit ihnen bei Zabana de Quibore geschlossen und beschworen hatte, verfolgte er sie, überfiel sie und ihre Leute im Schlafe und nahm sie gefangen. In der Charwoche 1546 endeten Hutten, Welser und zwei Spanier auf sein Geheiß unter dem Beile; ihre Leute entrannen. Aber seine Strafe blieb nicht aus. Der thatkräftige neue Untersuchungsrichter Juan Perez de Tolosa zog gegen ihn aus, überfiel ihn, brachte ihn nach Tokuyo, unterzog ihn und einige Mitschuldige einem strengen Verhöre und Carvajal wurde, aller Missethaten überführt, geviertheilt. Als Karl V. (I.) 1547 nach Augsburg kam, beschwor ihn Hutten's Bruder, der Fürstbischof Moritz von Eichstädt, im Namen seiner Familie und des alten Welser, er möge Befehl ertheilen, daß alle Mitschuldigen Carvajal's nach Spanien geschleppt und dort abgeurtheilt würden und daß die rechtmäßigen Erben der von ihm Ermordeten ihre Kostbarkeiten und brieflichen Urkunden durch die Aemter in Sevilla erhielten. Der Kaiser und König ordnete hierauf eine besondere Commission an den Rath zu San Domingo ab, deren Ergebniß nicht bekannt ist. 1550 ernannten die Welser Carvajal's ehemaligen Lieutenant, Juan de Villegas, zum Statthalter von Venezuela; er entdeckte 1552 an den Ufern des Buria-Flusses Goldadern, weßhalb er hier die Colonie Neu-Segovia anlegte; ihres ungesunden Klimas wegen übertrug er aber bald die Niederlassung nach Bariquicemeto.

Die Welfer hatten ungeheure Kosten durch den Besitz des fernen Landes, welches unter ihrer Herrschaft zur Einöde wurde, müssen aber doch auch manchen Ertrag davon gehabt haben, da sie als gewiegte Kaufleute sonst nicht so lange an Venezuela fest gehalten hätten. Sie gaben Venezuela nicht freiwillig auf, wohl aber hatten ihre Streitigkeiten mit der Krone Spanien zu einem Processe geführt, der 1555 einen Machtspruch der Krone veranlaßte. Sie nahm dem Hause Welser das unglückliche Land weg und ohne das Dorado gefunden zu haben, kehrten die elenden Trümmer der Welser'schen Expedition nach Europa heim.

Deutschland hatte seine Rolle in Südamerika ausgespielt.

Siebentes Kapitel.

Philippine Welser.

Nahe dem Hause der unseligen Agnes Bernauer und dem
Standbilde Johann Jakob Fugger's schräg gegenüber steht in der
Philippine Welser-Straße ein ziemlich unbedeutendes Gebäude, an
dem jedoch eine Denktafel versichert, hier sei Philippine, die schöne
Welserin, geboren.

Chr. Meyer straft die Inschrift Lügen: nach ihm wohnte Phi-
lippine niemals in diesem Hause, sondern nachweisbar in der heutigen
Ludwigs-Straße, und gleichzeitig verweist er die Meldung von dem
Steine unter ihrem Fenster, an dem das Pferd des ritterlichen Erz-
herzogs strauchelte, wobei er in die Höhe blickte und das holde
Mädchen sah, in das große Fabelreich.

Unweit Innsbruck erhebt sich auf einem Hügel inmitten der
höchsten Bergkuppen, ziemlich isolirt und weithin das schöne Inn-
thal beherrschend, das stolze Schloß Ambras, die Lieblingsstätte
Philippinens, die zweite große Station ihres Lebens.

Die dritte ist jene in Pracht strahlende silberne Kapelle in der
Innsbrucker Hofkirche der Franziskaner, wo „der Bürgermeister von
Augsburg", Kaiser Maximilian, sein Kenotaph fand. Von des
Mechelners Alexander Colin's Meisterhand stammt hier die Tumba
aus weißem Marmor, auf der Philippine in ganzer Figur ruht;
an den Seiten sind in vortrefflichen Reliefs Werke der Barmher-
zigkeit dargestellt. Unter kaiserlichem Gefolge sieht die Augsburger
Patriciertochter in der Gruft dem Tage entgegen, da sie zur Auferstehung gerufen wird.

Wer kennt nicht das historische Schauspiel „Philippine Welser",
welches Oskar von Redwitz dichtete; wer von uns hat nicht mitge-
fühlt, mitgelitten, mitgejubelt mit der wonnigen Maid, die vom Ge-

schicke zu ungeahntem Glanze und zu so tiefem Herzeleid geführt wurde! Nirgends aber klingt ihr Name voller an als in dem treuen und gemüthvollen Tyrol; überall begegnet man ihrem Bilde; in Sage und Lied lebt sie fort in ewiger Jugend, ein Ideal für alle weiblichen Tugenden, geradezu wie eine Heilige verehrt.

Als jüngere Tochter des Patriciers Anton Welser, des Bruders des mächtigen Bartholmä, und der Anna Adler 1527 oder 1530 geboren, genoß Philippine unter den Augen der klugen und sorgsamen Mutter eine ausgezeichnete Erziehung, in der ihr reich beanlagter Geist wie ihr tiefes Gemüth und ihre edle Seele sich herrlich entfalteten. Mit diesen Vorzügen und der gewinnenden Liebenswürdigkeit ihres Auftretens vermählte sich, von den Zeitgenossen einstimmig gepriesen, vollendete körperliche Schönheit. Die von ihr auf Schloß Ambras befindlichen drei Gemälde, deren eines sie auf dem Paradebette zeigt, ihr Bild im kaiserlichen Schlosse zu Schönbrunn und ihr Ruf als ungewöhnliche Schönheit, der die Jahrhunderte durchtönt, bestätigen die Worte der Mitwelt. Die Liebe, die ihr Alle entgegen trugen, erwiderte sie mit einer Herzensgüte und Menschenfreundlichkeit, wie sie nur ein so warmes und inniges Gemüth fühlen kann; darum ist die sentimentale Färbung, die Redwitz ihrem Wesen verliehen hat, völlig der Natur abgelauscht; in ihr war nichts Hartes und Herbes, nichts Selbstbewußtes und Anspruchsvolles; nur sinnige Ruhe erfüllte sie, weich und zart war ihr Empfinden, demuthsvoll und bescheiden ihr Bezeigen, auch als sie die Landesmutter von Tyrol geworden, und sie sann beständig darauf, wie sie dem geliebten Eheherrn die ungeheuren Opfer vergelten könne, die er durch ihre Erwählung dargebracht. Elastisch und schlank von Gestalt, ohne der Fülle zu sehr zu entbehren, trug Philippine in der ganzen Erscheinung den Stempel der Jungfräulichkeit; es lag etwas unbeschreiblich Holdes, Liebliches und bei aller Anspruchslosigkeit Edles in ihren reinen Zügen. Das oval geschnittene Gesicht wurde beseelt von dunkeln Augen, den Bürgen eines tiefen inneren Lebens und Empfindens, über denen sich schön geschwungene Bogen formten. Die Stirn war frei und hoch und gleich dem ganzen Antlitze von blendender Weiße, während das vollste Haar sie in dichten Wellen umfloß, einfach gescheitelt und von einem Goldhäubchen zurückgehalten.

1547 verweilte gleich Kaiser Karl V. und seinem Bruder, dem römischen Könige Ferdinand, des Letzteren zweiter Sohn, der liebenswürdige und durch Schönheit hervorragende Erzherzog Ferdinand von Oesterreich, ein junges Blut von achtzehn Jahren, der sich soeben bei Mühlberg die Sporen verdient hatte, auf dem Augsburger Reichstage. Hier lernte er die schöne Welserin, deren Familie 1532 in den Adelstand erhoben worden war, wahrscheinlich im Winter 1547/48 kennen und die Liebe ergriff ihn allgewaltig; sie erwiderte seine Neigung aus vollem Herzen, wies aber stolz und würdig alle Liebesanträge zurück, die seine rasche Sinnesart ihm eingab. Ihre besonnene Mutter bestärkte sie, durch Welterfahrung geleitet, in ihrer standhaften Haltung, rieth ihr, vorsichtig gegen den Erzherzog zu sein, beobachtete sorgfältig und in echter Muttertreue seine wie ihre Schritte und suchte Philippinen klar vor Augen zu legen, daß ihre legitime Verbindung mit dem Habsburger Prinzen ein Ding der Unmöglichkeit sei. Aber gerade der entschiedene Widerspruch, den Ferdinand bei beiden Frauen erfuhr, reizte ihn an, seine Liebe wurde immer stürmischer und siegeslustiger; es galt, durch sie alle Hindernisse zu überwältigen und die Flagge des Gelingens aufzuhissen. Da Philippine Welser um nicht Haares Breite von ihrer Tugend abwich, beschloß er sich mit ihr am Altare zu vereinigen; ohne sie, das fühlte er, konnte er nicht leben, und alle Rücksichten auf seine Familie über Bord werfend, heirathete er Philippine in der tiefsten Stille am 24. April 1548; diese Vermählung blieb in dichtes Geheimniß gehüllt und wird darum von sehr Vielen nicht angeführt.

Der Erzherzog, dessen Verlobung mit der französischen Königstochter zu Wien geplant wurde, war seit Ende 1547 Statthalter in Böhmen, wo er sich rasch die Herzen gewann, und Philippine, ging eben dahin zu ihrer Tante Katharina Abler, die als Gattin des Ritters Georg von Loran auf dem Schlosse Brzeznic (Brzesnitz) lebte. Hierhin kam der junge Fürst oft, um diejenige zu sehen, die er der Welt verhehlen mußte, von deren Umarmungen Niemand außer der guten Tante Loran Zeuge sein durfte. In neunjähriger Verborgenheit erlahmte aber der Flügelschlag der Liebe nicht, er blieb gleich jugendfrisch; nur reisten die Jahre die Gefühle des verschwiegenen Paares und ketteten ihre Herzen unauflöslich zu-

ſammen. Ferdinand's Ehe war der Welt gänzlich unbekannt geblieben, auch ſeinem Vater, wie aus deſſen Dispoſition über ſeine
Lande vom 25. Februar 1554 hervorgeht, in der dem Erzherzoge
Tyrol als einſtiges Erbe überwieſen wurde. Im Januar 1557
ließ Ferdinand, den Schleier ein wenig lüftend, zu Brzeznic in
Gegenwart der Schloßherrin die Trauung durch ſeinen Beichtvater,
den Prieſter und nachmaligen Propſt von Trient, Johann de Cavalleriis, vollziehen, wie es heißt „nach in jenen Tagen nicht unge-
wohnter Sitte und Gebrauch". Von nun an lebte er, wenn auch
unter Vermeidung der Oeffentlichkeit, mit Philippine als ihr Ehe-
gemahl. Sie ſelbſt verbrachte ſchwere und kummerreiche Zeiten;
daß ihre Liebe das Licht des Tages fliehen müſſe, goß Wermuth
in den Becher ihres jungen Glücks; der Druck des Geheimniſſes
wuchtete ſchwer auf ihr, wenn ſie auch von Ferdinand viel zu edel
und vertrauend dachte, als daß er — vor der Welt frei — auch
einſt vor ſeinem Gewiſſen ſich von ihr löſen und ſie einem aus-
ſichtsloſen Schickſale anheim geben könne. Beſonders laſteten die
Sorgen um eine ungewiſſe Zukunft auf ihr, als ſie ſich Mutter fühlte.
Am 15. Juni (nach Anderen 12. Dec.) 1558 genaß ſie auf Brzeznic
eines Knaben, der den Namen Andreas empfing und von Ferdinand's
Caplan Jakob Pilsner von Starlowiz getauft wurde. Bei ihm
wie bei ihren anderen Kindern beobachteten die Eltern eine eigen-
thümliche Formalität. Einige vertraute Perſonen, die um die
geheime Ehe wußten, ſezten die Täuflinge aus, fanden ſie dann
als „ehelich gelegt" auf und brachten ſie den Eltern als Findlinge
zu. Sie ſollten als Findel- und Pflegekinder gelten und erzogen
werden, doch verſäumte ihr Vater nicht, jedesmal Urkunden über ihre
eheliche Geburt von Zeugen unterſchreiben zu laſſen, damit ihrem
Leben kein Makel anhänge. Am 22. November 1560 gebar
Philippine auf Schloß Bürgliz (Pürgliz), in deſſen Kerkern König
Wenzel einſt die Großen Böhmens hatte ſchmachten laſſen, ihren
zweiten Sohn Karl, den der Beichtvater Cavalleriis taufte; ihn
legten die Töchter der Frau von Lozan, ſpätere Frau von Sternberg, und Anna Saxinger vor die Thüre des Lazlo von Sternberg,
deſſen Diener ihn auffand wie der erſte Sohn Andreas durch Frau
von Lozan und ihre Tochter als ehelich zwiſchen die Thore von
Brzeznic gelegt und vom Thorwarte gefunden worden war. Als

Philippine zum letzten Male am 7. August 1562 niederkam, wurden die Zwillinge Philipp und Maria gleichfalls, nachdem Cavalleriis sie getauft hatte, von der verwittweten Tante Loxan und Wenzel Schissowsky als Findlinge dem Erzherzoge überbracht; diese beiden Kinder starben schon 1563 und auf dem Zinnsarge in der Insbrucker Hofkirche wurde kein Name angebracht, einzig die Bemerkung

J N R J — MDLXIII.

Als Ferdinand I. endlich von der Heirath seines hoffnungsvollen Sohnes Kunde erhielt, wurde er von Kummer und Zorn überwältigt, verbot ihm den Zutritt, sah ihn Jahre lang nicht und der Gedanke an Philippinen erfüllte ihn mit sich stets verjüngender Bitterkeit: sie erschien ihm als eine listige Gauklerin, die das überwallende Herz des unerfahrenen Königssohnes in Fesseln zu schlagen verstanden habe und sich wie ein Dämon der Zwietracht zwischen die Harmonie von Vater und Sohn dränge. Am liebsten hätte er das verhaßte Band zerrissen, die Ehe für null und nichtig erklärt, aber machtlos stand er der treuen Liebe der glücklichen Gatten gegenüber. Er sann darüber nach, ob er nicht zur Strafe seine Disposition von 1554 ändern und wegen Ferdinand's Erbfolge andere Verordnungen treffen solle, stand jedoch, milder werdend, hiervon ab. Philippine lebte seit 1559/60 auf Schloß Bürglitz, von mäßigem Gefolge umgeben, dem Frau von Loxan als Hofmeisterin vorstand. Um ihres Gemahls zürnenden Vater, der 1556 den Kaiserthron bestiegen hatte, zu besänftigen, fand Philippine 1558 Mittel und Wege aus, auf Schloß Ambras zu ihm durchzubringen; unter anderem Namen wurde sie, als Pilgerin gekleidet, zu ihm geführt und überreichte ihm kniefällig eine Bittschrift, die Gnade für ihren Gemahl und sie forderte. Der Kaiser trat dem Liebespaare allmälig näher. Am 31. Juli 1559 stellte dasselbe in Prag eine Verschreibung aus, worin es erklärte, den Vater um Verzeihung gebeten zu haben, sich zu schwerer Versündigung gegen ihn bekannte und auf sein Begehren, „doch ungezwungen und ungedrungen" sich verpflichtete, die eheliche Verbindung für Lebenszeit außer vor einigen Vertrauten vor Jedermann ebenso geheim zu halten wie „den Eid, den sie vor dem Priester gethan." Ferdinand und Philippine gaben ihre Zustimmung, daß ihre Kinder in den Erbfürstenthümern nicht succediren könnten; die Söhne sollten entweder mit geistlichen Würden oder aus ihres Vaters Vermögen mit Graf- und Herrschaften versorgt werden, die Töchter nicht über 10,000 Gulden Heirathsgut zu einer Anzahl Kleinodien erhalten und Philippine ein Wittshum von nur 3000 Gulden jährlich zufallen.

In einer eigenhändigen Urkunde aus Augsburg vom 1. August d. J. entschied der Kaiser dahin: „so fern die also heimlicher Weise und ohne sein Wissen und Willen geschlossene Heirath kräftig und beständig sei, welches er Gott dem Allmächtigen und dem Urtheil der heiligen Kirche befehle", bestätige er die Verschreibung vom 31. Juli in allen Punkten. Er sicherte jedem Sohne dieser Ehe eine Jahresrente von 30,000 Gulden und jeder Tochter oben genannte Aussteuer zu; für den Fall, daß der ganze Mannsstamm des Hauses Oesterreich ausstürbe, sollte der Mannsstamm aus dieser Mißheirath in seinen Erbkönigreichen und Erblanden nachfolgen. Die Kinder Philippinens und ihre Nachkommen sollten für ihre Person von allen Steuern, Zöllen u. s. w. im heiligen römischen Reiche und in den Erblanden frei sein, den Namen „von Oesterreich" (b'Austria) und das habsburgische Wappen, nie aber andere dem Erzhause zustehende führen. Außer den bereits in die Sache Eingeweihten und Philippinens Mutter sollten noch eine Hebamme, falls die jetzige stürbe, und eine vertraute Kammerfrau unter dem Eide der tiefsten Verschwiegenheit in's Geheimniß gezogen werden und des Erzherzogs beide Brüder im tiefsten Geheimnisse die Angelegenheit von ihm erfahren, falls Ferdinand I., ohne sie darüber zu belehren, verscheiden würde. Wollte Jemand gegen diese Bestätigungsurkunde vom 1. August handeln, so solle sie zuerst allein des Kaisers Erben im Mannsstamme geheim und bei Erforderniß mitgetheilt werden. Schließlich betonte der Kaiser, er wolle der beregten Angelegenheit wegen weder den Sohn und seine Gemahlin noch die um ihre Verbindung Mitwissenden irgendwie beschweren oder dies von Anderen dulden, denn er habe sie zu Gnaden aufgenommen. Der Kaiser holte nun die Einwilligung seiner Söhne Maximilian und Karl ein, die sich „anfänglich gleicher Gestalt (und nit unbillig) zum allerhöchsten entsetzt und bekümmert, auch allerhand Beschwerung darin fürgewendet", aber endlich aus kindlichem Gehorsam und brüderlicher Liebe Alles ratificirten. Später wurden die Urkunden von 1559 durch andere vom 6. September 1561

Seitens des jungen Paares aus Prag und vom 13. September
d. J. Seitens des Kaisers aus Wien erfolgt: den Söhnen wurde
zusammen ein Jahreseinkommen von 30,000 Gulden zugesichert;
von der Eventualsuccession sollten Ungarn und Böhmen ausdrücklich
ausgenommen sein, die Einwilligung der Brüder zu den Ab-
machungen wurde mitgetheilt und in das Ehegeheimniß sollten auch
noch der jeweilige oberste Kämmerer des Erzherzogs und der Hofmeister Philippinens eingeweiht werden.

Die Fortbewahrung unverbrüchlichen Schweigens wurde vom
Kaiser als souveraine Bedingung der Begnadigung aufgestellt; bei
ihm schwebte noch ein gewisser Zweifel über der Gültigkeit der Ehe,
und bei einer etwa eintretenden Lösung des Bündnisses war sehr
zu wünschen, daß nur einige Wenige überhaupt darum wissen
möchten. Aus diesem Grunde mußten die jungen Leute getrennt
leben, nur hie und da durfte Ferdinand von Prag nach Bürglitz
gehen; 1561 weilte Philippine von Ostern an einige Zeit bei ihm
in Prag, von wo er sie nach ihrem einsamen Heim zurückführte.

1563 besuchte Kaiser Ferdinand I. Tyrol und stellte zu Innsbruck seinen Sohn Ferdinand den Ständen als künftigen Regenten
vor. Er löste Herrschaft und Schloß Ambras (Amras) den Herren
von Schurf ab und schenkte beide dem Sohne, der nach Böhmen
zurückkehrte und dort zum Mißvergnügen der Tyroler noch über
drei Jahre blieb. Schon am 3. März 1564 machte er mit Herrschaft und Schloß Ambras Philippinen ein köstliches Geschenk; die
Urkunde hierüber ist 1881 im Archive der Benediktinerabtei Viecht
(Fiecht) aufgefunden worden. Da die Ehe Geheimniß bleiben mußte,
konnte Ferdinand den Stern seines Lebens in dem Schenkungsbriefe
nicht als seine Gemahlin bezeichnen und so spricht er von der
„Edlen Philippina Welserin", der er „aus sonderlichen hochbeweg-
lichen, schuldigen und billigen Ursachen, sonderlich ihres in Ehren
und Tugend Wohlverhaltens halber" seine Geneigtheit bezeugen
wolle. Am 25. Juli 1564 starb Kaiser Ferdinand I., Maximilian II. wurde Kaiser. Sein Bruder Ferdinand, dem Tyrol
und Vorderösterreich zufielen, hielt erst am 17. Januar 1567 unter
endlosem Jubel seinen Einzug in Innsbruck. Von nun an lebte
er fast ununterbrochen in Tyrol, wo er einen ungemeinen Aufwand
machte. Am 5. Mai 1567 erhob er durch Diplom seinen Rath

Franz Welser, seinen Schwiegervater, und dessen Söhne Karl und Johann Georg mit allen ehelichen Descendenten zu „Freiherren von Zinnenburg" und Philippine nannte sich nun „Freiin von Zinnenburg"; erst seit 1570 führte sie durch Verordnung ihres Gemahls und mit kaiserlicher Autorisation den Titel „Die durchlauchtigste Fürstin und Frau Philippine, Markgräfin zu Burgau, Landgräfin zu Nellenburg, Gräfin von Ober- und Nieder-Hohenberg ꝛc." Den Rang einer Erzherzogin erhielt sie niemals. Ihr Bruder Karl wurde Rath, Kämmerer und Landvogt des Erzherzogs zu Burgau, heirathete Eva Freiin von Schönburg (Schumburg), erhielt von seinem Schwager reiche Lehen und Vergünstigungen aller Art und stand mit ihm im besten Einvernehmen.

Mit der Uebersiedelung ihres Gemahls nach Innsbruck begann ein neues Leben für die bis dahin sehr vereinsamte Frau und Mutter. Jetzt war er ihr nahe, an dem sie in grenzenloser Liebe hing und der ihre Zuneigung so innig und treu vergalt. Ambras ward für Philippine ein unschätzbar köstliches Heim und auch der Erzherzog liebte das Schloß besonders. An den herrlichen Schöpfungen, die er hier in's Dasein rief, hatte Philippine mit dem ihr eigenen Takte und Geschmacke hervorragenden Antheil. Das Schloß wurde bedeutend erweitert, das „untere Schloß" mit großen Sälen und weiten Hallen angebaut und das „obere Schloß" vergrößert. Um das stolze Gebäude, das über der reizenden Landschaft thronte, breiteten sich Anlagen aus, bei denen alle Feinheiten der Gartenkunst verschwendet waren. Von dem Prunke und Luxus auf Ambras entwirft der Reisebegleiter des jungen frühe verstorbenen Prinzen Karl Friedrich von Jülich, Kleve und Berg, Stephanus Vinandus Pighius, 1574 ein verführerisches Gemälde. An den Abhängen und in den Thälern gab es Seen und Teiche mit seltenen Fischen, dort Weingärten, Obstanger, Wäldchen, Hasengehege, Wildplätze und Thiergärten, hier eine Rennbahn, ein Ballhaus und Uebungsplätze für ritterliche Spiele. Aeußerst geschmackvoll war die reiche Einrichtung; mit Teppichen, Statuen und Gemälden waren Höfe, Hallen und Speisesäle geziert. In einem weiten Gemache hingen die Portraits sämmtlicher Grafen von Tyrol mit Angabe ihrer einzelnen Thaten. Eine Unzahl seltener Waffen war in der Rüstkammer vereinigt, genügend „daß sich in wenigen Augenblicken

11

mehrere Schaaren Krieger vollkommen damit rüsten und wie aus
dem trojanischen Pferde hervorbrechen könnten". Neben dem kriegerischen Eindrucke fesselte den Reisenden sofort wieder der Anblick der
schwebenden Gärten, der aus Drahtnetzen gemachten Vogelbauer
und er kann nicht genug sprechen von den in den Gärten angelegten
„Paradiesen, Labyrinthen, allerlei Grotten, den Wassernymphen ge-
heiligt und mit künstlichen Quellen bewässert", von den zahlreichen
Springbrunnen, in die das Wasser der Wildbäche durch unter-
irdische Röhren reichlich eingeleitet wird und die der Luft wonnige
Kühle zuführen. Ihn ergreift dasselbe Staunen wie den Grafen
von Waldeck bei dem Besuche der Fugger. Besonders nieblich fand
Pighius die im Freien gelegenen mit frischem Grün umkleideten
Lusthäuser und Speisesälchen und die Rotunde mit einem Ahorn-
tische, unter dem Räder angebracht waren; diese wurden vom Wasser
bald sachte bald rasch getrieben und der Tisch mit den Leuten drehte
sich fortwährend; ausgelassene Heiterkeit brach aus, wenn sie schwin-
delig wurden. Das Merkwürdigste aber war das Heiligthum des
Gottes Bacchus, eine gewaltige finstere Felsenhöhle, in die man
auf steinernen Stufen hinabstieg. Hatten die Fremden hier reichlich
getrunken und strebten der Oberwelt wieder zu, so merkten sie erst
die Falle, in die sie arglos gegangen waren; die Gitter waren ver-
riegelt, Fußfesseln gelegt, kein Entrinnen war möglich. Plötzlich erschienen Trinkpriester mit ungeheuren Humpen, die nahezu drei Maaß
faßten, verlasen eine alte Trinkordnung, und diejenigen, denen es
gelang, auf den Comment hin den Humpen mit köstlichem Weine in
einem Riesenzuge zu leeren, durften als Eingeweihte ihren Namen
in das Ambraser Trinkerbuch einzeichnen.

Erzherzog Ferdinand, einer der prunkliebendsten Fürsten seiner
Zeit und um das Geld nicht verlegen, das er oft hart und leicht-
fertig seinem darbenden Volke auspreßte, liebte glänzende Feste über
die Maßen und verband mit Ritterspielen große Jagden, wie er
denn ein Hauptgönner des Waidwerks war; unter allen Festlichkeiten
waren die pomphaftesten die Schau- und Ritterspiele, die er Philippinen zu Ehren im Februar 1580 in Innsbruck bei der Verheirathung
ihres Neffen, seines Kammerherrn Johann Freiherrn von Kolowrat,
mit ihrer Hofdame Katharina Freiin von Boymond abhielt und bei
denen er inmitten seines glanzstrahlenden Adels als Jupiter, sein

Sohn, Markgraf Karl, als Herkules erschien. Weltberühmt aber wurde sein Name durch die Ambraser Sammlung, ein wahres Museum alles Sehenswerthen aus den Gebieten der Natur, der Kunst und der Wissenschaft. Neben Harnischen, Waffen und Kriegs= geräthen älterer und neuerer Zeit, die er oft mit sehr bedeutenden Kosten erwarb, sammelte er Bildnisse berühmter Menschen, Gemälde der großen Meister aller Schulen, Schnitzwerke aus Elfenbein, Holz, Perlmutter 2c. 2c., kostbare Uhren, mathematische und musikalische Instrumente, Gold= und Silbergefäße und =Arbeiten aller Art, an= tike Büsten und Figuren in Marmor und Bronce, Glasgemälde und Glasarbeiten, geschnittene Steine, werthvolle Mineralien, merkwürdige ausgestopfte Thiere und dergleichen mehr. Sein Geheimschreiber Jakob Schrenck von Notzing mußte die Personen beschreiben, deren Rüstungen und Waffen in der großartigen Sammlung vorlagen, diese im Bilde verewigen und so entstand das 1601 als „Armamentarium Ambra= sianum" mit 125 Biographien in Innsbruck herausgegebene Kupfer= werk. 1806 kam fast die ganze Ambraser Sammlung nach Wien.

Wissenschaft und Kunst fanden an Ferdinand einen kennt= nißvollen und verständigen Freund, Würdiger und Mäcen. Er legte in Innsbruck eine beliebte Druckerei und eine Bibliothek an, deren Stolz sehr werthvolle Handschriften waren; über sie setzte er den gelehrten Gerard van Roo, der für ihn außer anderem die hochwichtigen „Annales" der österreichischen Geschichte schrieb. Groß= müthig wurden Gelehrte und Künstler beschenkt und unterstützt; sie fanden bei Ferdinand Beschäftigung und Aufmunterung und mancher lebte länger an seinem Hofe. Ursinus Velius, der Historiker des ungarischen Kriegs, Christian Putsch, der eine Tyroler Geschichte in Jahrbüchern entwarf, Decius von Weydenberg, Franz Cosiander, der die tyrolische Landesordnung verfaßte, Jakob Frankfurter, der berühmte Orientalist Augier Ghislain de Busbecq, Johann Severus, der Mathematiker und Astronom Georg Thannstetler (Collimitius), der Tyroler Petrus Collatinus weilten hier neben den Dichtern Adamus Carolus, Franciscus Marius und Johannes Rosinus. Der niederländische Miniaturmaler Hufnagel schmückte Ferdinand's Ge= betbücher aus, eifrig arbeitete der Hofmaler Franz Tertius, die Kölner Gebrüder Bernhard und Arnold Abel begannen die Mar= morreliefs an Kaiser Maximilian's Grabmal in Innsbruck, deren

11 *

weit meiste aber Alexander Colin aus Mecheln schuf, auch die
Grabmäler Ferdinands und Philippinens wurden Zeugen seiner
Thätigkeit; die Broncegießer Stephan und Melchior Godel, Gregor
Löffler und Hans Lendenstrauch (Lendenstreich) gossen die großen
schönen Broncefiguren um das Grab „des letzten Ritters" und
Ludwig be la Duca schuf seine knieende Figur; Nillas Theuring
und Max della Bocca, die Erbauer der Innsbrucker Hofkirche, waren
geehrte Glieder in der Kette ausgezeichneter Geister, die Ferdinand
umschlang, und Maximilian's Verherrlichung war ein Bindemittel
mehr für die Künstler und Forscher.

   Dies war der Kreis voll geistiger Anregung, voll Talent und
Wissen, voll Kunstsinn und Intelligenz, in dem sich Philippine, die
Markgräfin von Burgau, bewegte. Gewöhnt an „die Augsburger
Pracht", fand sie auf Schloß Ambras und in Innsbruck Alles, was
Prunk und Prachtliebe vereinigen konnten; ihr feiner Kunstsinn, im
Vaterhause ausgebildet, empfing die reichhaltigste Befriedigung; ihr
Geschmack an Poesie, an Literatur, an Musik begegnete immer neuen
Reizen und Erscheinungen. Philippine genoß bei Allen, die sie
kannten, unbegrenzter Verehrung; ihre strenge Tugend und Sitt=
samkeit, ihre Herzensgüte und Menschenliebe, ihre Klugheit und
Schönheit fesselten Gemüther und Herzen; sie erschien als ein
hehres Frauenbild, ausgestattet mit allen Tugenden, und das Tyroler
Volk schaute zu ihr wie zu einer echten Landesmutter vertrauend
und liebend empor, wie seine Nachkommen noch heute ihr Gedächtniß
als ein theures Eigenthum hegen und verehren. Wußten auch nur
Wenige von ihrer Ehe mit dem Erzherzoge, so sah man doch in ihr,
die stets mitten im Lande lebte, eine bei ihm einflußreiche Frau
und gar oft war sie es, die seinen zu eigenwilligen und leidenschaft=
lichen Sinn besänftigte und ihn zur Gerechtigkeit gegen seine Unter=
thanen ermahnte. Ferdinand liebte seine tugendhafte Gemahlin, die
Mutter aller Nothleidenden, von ganzer Seele und blieb ihr unver=
brüchlich treu; es war ein musterhaftes Familienleben. Im Testamente
vom 30. März 1570 bestätigte der Erzherzog Philippinen ihre
Morgengabe von 15,000 Thalern, die Schenkung von Ambras, aller
Kleinodien u. s. w., verwies seine Söhne mit dem ihnen bestimmten
Deputate von 30,000 Gulden auf mehrere vorderösterreichische und an
der welschen Grenze gelegene Herrschaften und vermachte ihnen

ein Guthaben an Maximilian II. von 200,000 Gulden, die Herrschaften Kommotau und Bürglitz in Böhmen, seinen ganzen Nachlaß
an Kleinodien und Baarschaft sowie die Ambraser Sammlungen.
Auf Philippine lastete aber immer noch der harte Druck des Ehegeheim-
nisses, jetzt war sie achtundzwanzig Jahre mit dem Erzherzoge vereinigt und noch zum Schweigen verurtheilt. Ferdinand konnte sie
nicht länger leiden sehen und wandte sich 1576 an Papst Gregor XIII.
Dieser forderte einen vollgültigen Beweis der Ehe und sah hierfür
das einfache Zeugniß des kopulirenden Geistlichen nicht als genügend
an. Ferdinand ging auf eine neue Einsegnung nicht ein, weil er
sie für sehr bedenklich hielt; machte sie nicht die Gültigkeit der ersten
Trauung fraglich, trat sie nicht der Ehre seines Weibes, der legi-
timen Geburt seiner Kinder in den Weg? Lieber als zu einer
neuen Einsegnung zu schreiten, ziehe er sein Gesuch zurück, ließ er
in Rom erklären. Gregor lenkte ein, bezweifelte nicht länger die
Thatsache der Ehevollziehung, erkannte sie, als ihm der vor Notar
und Zeugen geleistete Eid des Ehepaares und das Zeugniß der bei
der Trauung gegenwärtigen Katharina von Loxan vorgelegt wurden,
als erwiesen an und erklärte in einem eigenhändigen Schreiben an
Erzherzog Ferdinand vom 21. August 1576: er erlaube ihm aus
gültigen Gründen die Bekanntmachung seiner Ehe und entbinde ihn
von dem seinem Vater geschworenen Eide, sie geheim zu halten.

Endlich war Philippine vor der Welt gerechtfertigt, die ange-
traute Gemahlin des Erzherzogs von Oesterreich, die geschmähte
Mutter seiner Kinder; der Schleier, der Verdacht an ihr zuließ, zerriß und die goldene Sonne des Glücks umstrahlte sie. Einen
ungeheuren Eindruck erweckte die Nachricht von Ferdinand's Verbindung an den europäischen Höfen; jetzt wurde es erklär-
lich, warum der schöne Fürst von Tyrol sich nie mit einer
ihrer Prinzessinnen zum Altare begeben wollte, und da sie Philippinens Vorzüge nicht kannten, fiel ihr Urtheil meist wenig günstig
aus. Ferdinand, voll Glück über den päpstlichen Erlaß, dankte am
6. September 1576 Gregor XIII. in den innigsten Ausdrücken,
sandte den Bischof von Brixen an ihn ab, um seine Ehe mit neuen
Beweisen zu ergänzen und er, Philippine, Cavalleriis und Frau
von Loxan beschworen am 6. September zu Innsbruck den Trau-
ungsakt vom Januar 1557, desjenigen von 1548 wurde nicht er-

wähnt. Aber nicht lange durfte sich Philippine ihres neuen Glückes freuen, ihre Tage waren gezählt. Das Ableben der treuesten Freundin, ihrer Tante Loxan, die bei ihr das Amt einer Oberhofmeisterin ver- sah, war am 13. April 1580 der Vorbote ihres eigenen Todes. Kaum war die Frau in die kalte Gruft gesenkt, die an Philippinens Wiege gesessen, ihre Wonne und ihr Leid in stiller Verborgenheit getheilt und mitgetragen, die endlich mit ihr aufgejauchzt hatte, als die sieben Siegel vom Buche ihres Lebens fielen — da trat der Tod am 24. April 1580 auf Schloß Ambras an sie selbst heran und nahm sie hinweg in das unerforschliche Reich der Ewigkeiten. Das ganze Land Tyrol beweinte sie mit dem Erzherzoge, der Me- daillen auf die „Diva Philippina" prägen ließ und auf ihr herr- liches Grabmal in der silbernen Kapelle zu Innsbruck als be- redtesten Nekrolog das Wort „conjux carrissima" setzte. In Bild und Wort lebt sie in Tyrol fort, Ambras bewahrt noch viele Ge- genstände aus ihren Tagen.

Kaum der Widerlegung werth ist das Mährchen, Philippine sei als ein Opfer der Hinneigung zum Protestantismus gefallen; katholische Herren hätten ihr Opium beigebracht und im Bade zu Ambras die Adern geöffnet; ebenso absurd tritt die Version auf, dieser Mord sei geschehen, weil sie zu lange „und mit allzugroßer Frucht- barkeit" für Alle lebte, die nach einer standesgemäßen Landesmutter und erbsähigen Prinzen verlangten.

Am 14. Mai 1582 feierte der Erzherzog in Innsbruck das prunkvolle Beilager mit seiner Nichte Anna Katharina, der Tochter des Herzogs Wilhelm von Mantua aus dem Hause Gonzaga, mit der er in sehr glücklicher Ehe lebte, die Gregor XIII. durch Verleihung der goldenen Rose auszeichnete und die ihm drei Töchter gebar, von denen Anna 1611 den nachmaligen Kaiser Matthias heirathete. Ferdinand blieb im besten Einvernehmen mit Philip- pinens Söhnen, in denen er die theure Mutter liebte. Der ältere, Andreas, hatte sich der Kirche, der jüngere, Karl, dem Kriegerstande gewidmet. Andreas wurde Administrator der fürstlichen Stifter Murbach und Lüders, 1580 Coadjutor zu Brixen, erhielt 1579 den Cardinalshut, obgleich noch nicht 21 Jahre alt, wurde 1580 Statt- halter der vorderösterreichischen Lande, 1589 Fürstbischof von Kon- stanz, 1591 von Brixen, empfing die Abtei Reichenau am Bodensee,

nahm als Cardinal an einer Reihe von Papstwahlen Theil und
reiste wiederholt nach Rom. Als Brixener Bischof fühlte er sich
äußerst beengt und kam infolge seiner Ehrsucht mit dem Vater in
einen unfruchtbaren Streit wegen der Stellung des Brixener Adels
zu ihm und diesem, der ja sein Landesfürst war. 1598—99 lebte
er als Statthalter in den Niederlanden. Er bemühte sich in seinen
Sprengeln Gottesfurcht und Sittlichkeit zur Herrschaft zu bringen,
die katholische Lehre zu fördern, alle nach seiner Ansicht irrthüm-
lichen Ueberzeugungen auszurotten u. s. w., war aber weit mehr
weltlich als geistlich interessirt und strebte nach der Regierung der
väterlichen Lande. Glanz und Prunk hatten für ihn ungewöhnlichen
Reiz. An seinem Hofe lebte in Meersburg als Rath und General-
vikar jener nichtswürdige Dr. Johann Pistorius, den ich in meinem
Werke „Jakob III., Markgraf zu Baden und Hochberg, der erste
regierende Convertit in Deutschland" (Frankfurt a. Main 1875) er-
schöpfend charakterisirt habe. In Tyrol war der Cardinal Andreas
von Oesterreich durchaus unbeliebt. 1600 begab er sich zum Jubi-
läum nach Rom, wo ihn der Papst mit besonderen Ehrenbezeugungen
empfing, starb aber daselbst am 12. November 1600, mit Hinter-
lassung eines Bastards Hans Georg Albizi, dem sein Bruder, Markgraf Karl, 1618 25,000 Gulden und ein Haus in Innsbruck vermachte; weitere Kinder werden ihm zugeschrieben, sind aber nicht
genügend beglaubigt.

Philippinens zweiter Sohn Karl, Markgraf von Burgau, war
munter, feurig und kriegerisch; das Leben zu Pferde und im Kriege
erschien ihm als Ideal. Schon mit achtzehn Jahren trat er in
spanische Dienste in den Niederlanden, warb selbst ein Reiterregiment
und führte es unter dem großen Meister Alexander Farnese von
Parma 1588 bei der Eroberung von Wachtendonk und der Belagerung von Bergen op Zoom; für seine Tapferkeit gab ihm der
König lebenslang ein bedeutendes Jahrgehalt. In die Heimath
zurückgekehrt, stand er dem Vater treu zur Seite, leistete ihm werthvolle Dienste und blieb in Tyrol, bis er 1594 mit einem hier geworbenen Regimente dem Kaiser Rudolph II. nach Ungarn zu Hülfe
zog und nun fast ununterbrochen ein Decennium im Felde verlebte.
Sein Vater gab sich alle erdenkliche Mühe, ihm die Markgrafschaft
Burgau zuzuwenden, zumal er in zweiter Ehe keine Söhne besaß,

aber seine Brüder wollten davon nichts hören, sondern seine Lande
ungeschmälert erben. Am 15. Mai 1588 traf Ferdinand eine
Vereinbarung mit seinen Söhnen; er gab ihnen die Herrschaft Ir-
metzhofen im Walde und Günzburg, erhielt dafür Schloß und Herrschaft Ambras zurück, gab den Söhnen für ihre Hofhaltung auf seine
Lebenszeit 10,000 Gulden und versicherte ihnen ihr Deputat von
30,000 Gulden auf die Pfandschaft Salurn, die Vogtei Blubenz
und Sonnenburg, die Gerichte Hörtenberg und Stubay und die
Frundsbergischen Herrschaften Sterzing, Gufidaun und Villan-
ders. In einem Codicille vom 18. Juni 1594 aber vermachte der
Erzherzog Herrschaft und Schloß Ambras mit allem Zugehöre und
mit den Sammlungen seinem Sohne Karl, doch sollte Ambras Lehen
des Landesherrn bleiben und stets der älteste Lehensfähige aus
Karl's Stamm vom Tyroler Landesherrn damit begabt werden;
sollte Karl's Stamm erlöschen, so verbleibe Ambras bei dem Hause
des Landesherrn aus Ferdinand's Blut; die Ambraser Sammlungen
dürften nie vertheilt und zerstreut werden. Zu den früher ange-
wiesenen Geldern und Besitzungen wurde beiden Söhnen noch die
Herrschaft Rottenburg als Pfandschaft zuertheilt. Erzherzog Ferdinand, als Herr Tyrols der Zweite seines Namens, verschied in
seinem Schlosse Ruhelust zu Innsbruck am 24. Januar 1595 und
wurde im Juli 1596 neben seiner geliebten Philippine in der silbernen Kapelle der Hofkirche beigesetzt.

Markgraf Karl trat die Erbschaft an und bezog „die Platt-
nerei" in der Innsbrucker Vorstadt; in seinem Hofstaate begegnen
wir dem Edelknaben Albrecht von Waldstein, dessen Ruhm einst
Europa erfüllen sollte. (Andere leugnen seinen Aufenthalt in Innsbruck.) Das Erzhaus Oesterreich ließ Karl nicht in den Besitz der
Markgrafschaft Burgau treten und hielt ihm alle Herrschaften in
Vorderösterreich, die ihm zugetheilt worden, zurück. So vergingen
vierzehn volle Jahre in Fehde und Streit mit der Dynastie Habsburg, bis sich Kaiser Rudolph II. bestimmen ließ, Karl's Wünschen
gerecht zu werden und seinen Bruder, den Erzherzog Maximilian,
mit der gütigen Beilegung des Erbfolgestreits betraute. Am
21. Februar 1605 schloß Karl mit dem Kaiser und dem Erzhause
einen von Rudolph II. am 25. August 1606 in Prag ratificirten
Vergleich ab, in welchem er die Herrschaften Ambras und Rotten-

burg am Inn, das Schloß Kolbenthurn und die dazu gehörenden
Höfe abtrat und dafür und für die Ambraſer Sammlungen 170,000
Gulden erhielt; Karl hatte die Waffenkammer ſelbſt noch bereichert;
1613 übergab er die Sammlungen dem Kaiſerhauſe, das ſie der
Abmachung gemäß in Ambras beließ. Markgraf Karl mußte auf
Feldkirch, Bregenz und andere Herrſchaften verzichten, erhielt hingegen die Markgrafſchaft Burgau, die Landgrafſchaft Nellenburg mit
den Vogteien Aach und Theugen, die Grafſchaft Hohenberg mit allen
Regalien und Rechten als Manns- und Afterlehen, lauter Gebiete,
von denen ſchon Philippine die Titel geführt. 1608 wurden Karl
die Freiheiten öſterreichiſcher Erzherzoge zu Theil, doch mußte er
ſich ihres Titels und Wappens enthalten und auf die Erbfolge in
den öſterreichiſchen Erblanden für ſich und ſeine eventuelle Deſcen-
denz verzichten. Seine Unterthanen durften weder vor das Reichskammergericht noch vor andere Gerichte gezogen werden. Er empfing ſeine Lehen von dem Aelteſten des Erzhauſes, die Steuern daraus aber gebührten dem Landesherrn von Oberöſterreich. Der Lehens-
folge ſollten nur ſeine männlichen Deſcendenten aus fürſtlichem Ehe-
bunde fähig ſein und bei ſeinem wie ſeiner ehelichen Mannserben
erfolgenden Ableben hatten alle Lande an das Erzhaus zurückzu-
fallen. In einer Urkunde vom 21. Januar 1608 genehmigte Karl
dieſen Vergleich, aber erſt 1609 gelangte er in den wirklichen Beſitz
der Markgrafſchaft Burgau; die Immiſſion in dieſe Lande und die
Schwarzwälder Herrſchaft Schramberg erfolgte im Namen des Kai-
ſers am 6. September 1609. Der Markgraf nahm an der Mün-
dung der Günz in die Donau ſeinen Wohnſitz und baute das Schloß
Günzburg, wo er zurückgezogen lebte. 1612 kam er nach Nürnberg,
um ſeinen Vetter, den neuen Kaiſer Matthias, zu begrüßen; gar
mancher aus altfürſtlichem Geblüte aber ſah ihn nie als vollgültig
an. Als ihm die Ligua 1618 ein Direktorium in Schwaben übertragen wollte, widerſprach Herzog Maximilian von Baiern, der
ſpätere „große Kurfürſt", entſchieden und weigerte ſich, den Befehl
mit ihm zuſammen zu führen, reſp. zu theilen. In jungen Jahren
hatte Karl, wie er im Teſtamente vom 20. Oktober 1618 aus Ueberlingen naiv bekennt, „aus menſchlicher Blödigkeit" mit einer Geliebten Eliſabeth Ferrerh zwei Söhne Karl und Ferdinand und eine
Tochter Anna Eliſabeth erzeugt, denen er den Namen „von Hohen-

berg" beilegte; Ersterem hinterließ er das Dorf Bübisheim und das Schlößchen Weiherburg bei Innsbruck, Ferdinand das Dorf Holzheim und eine Mühle zu Weitingen im Hohenberger Ländchen, Anna Elisabeth 25,000 Gulden wie dem Sohne des Cardinals (s. oben), der mit seinen zwei Söhnen sich in Garderobe und Sattelkammer theilen sollte..

Die Descendenz dieser Söhne wurde nach Keyßler (Hannover 1740) 1677 mit dem Namen „von Hohenberg" baronisirt, starb aber schon 1728 in der vierten Generation aus. Am 4. März 1601 schritt Markgraf Karl zu einer fürstlichen Verbindung. Geboren am 26. August 1557, war Sibylle, die jüngste Tochter des Herzogs Wilhelm von Jülich, Kleve und Berg, eine ränkesüchtige Frau, deren Einflüsterungen wesentlich dazu beitrugen, daß ihr Bruder, der blödsinnige Herzog Johann Wilhelm, seine badische Gemahlin Jakobäa des Ehebruchs zieh und 1597 erdrosseln ließ, 1585 mit dem Markgrafen Philipp II. von Baden=Baden verlobt worden; Papst Sixtus V. selbst hatte sich ungemein für diese Wahl verwendet. Aber Philipp starb als Letzter der älteren Linie Baden=Baden am 17. Juni 1588 vor Vollziehung der Ehe, und seine nun 44jährige Braut wurde die Gemahlin Karl's von Burgau. Ihre Ehe blieb kinderlos, sie starb 1628. Ihr Gemahl ging ihr zu Ueberlingen am 30. Oktober 1618 im Tode voraus und am 15. April 1619 fand auf Schloß Günzburg unter großem Gepränge seine Beisetzung statt. Augsburg betheiligte sich hervorragend an dem Trauerzuge für den letzten Sprossen der lieblichen Welserin; als erzherzogliche Kämmerer schritten die Glieder der Familie Böhlin einher, Hans Erhard geleitete die blaue Hauptfahne mit dem fürstlichen Wappen, Hans Ferdinand führte das Klageroß am Zügel, Hans Christoph trug mit am schweren Schilde des Verblichenen und Hans Adam hielt sein Schwert. Es war dies wie ein Scheidegruß aus Philippinens Heimath, getragen an den Sarg des Sohnes. Noch ein Jahr verrauschte und auf der Bahre lag die Fürstentochter, die Philippinens Nachfolgerin an der Seite Erzherzog Ferdinand's geworden, ohne jemals das Bild des Engels verdrängen zu können, zu dem ihn die erste Liebe und jugendfrischer Herzensdrang geführt hatten.

Achtes Kapitel.

Kunst und Wissenschaft in Augsburg und Nürnberg.

Kunst und Wissenschaft sind die Leuchtthürme, die aus dem Meere des politischen Lebens emporragen; um ihren Sockel drängen und treiben die stürmenden Wogen, sich überfluthend und vernichtend, um sich neu zu gebären; um ihre Spitze heult und rast die Windsbraut; sie aber stehen unerschütterlich, unberührt vom Aufruhre der Elemente, und das friedliche Licht, das von ihnen ausstrahlt, der beseligende Leitstern für Alle, die auf den Wellen treiben, sänftigt mit milder Gewalt das tosende Meer. Wo Kunst und Wissenschaft ihren Thron aufschlagen, wo Fürsten des Talentes von Gottes Gnaden leben, an solch geweihter Stätte schweigt das nüchterne Streiten politischer Fehde oder tritt wenigstens zurück vor dem Triumphzuge des Genius; unblutige Siege werden errungen, nicht bezahlt mit dem Marke eines Volkes, sondern belohnt mit seinem Ruhmeskranze. So gedenkt man bei dem Namen Nürnberg weit weniger an die Kämpfe der Stadt mit den Hohenzollern, so erbittert sie auch waren, als an Dürer, Wolgemut, Pirkheimer, Hans Sachs, bei Augsburg nicht so wohl an den entscheidungsvollen Krieg der Vorburg des Protestantismus mit dem Kaiser als an die Holbein und Peutinger. Wo aber gab es auch solche Sammelstätten aller idealen Güter, solch unerschöpfliche Schatzhäuser menschlichen Könnens und Wissens wie Augsburg und Nürnberg? wo waren ihres Gleichen zu finden, Centren der Künste und Gewerbe, Metropolen der heiteren und ernsten Wissenschaften?

Wie in den Niederlanden Brügge durch Hubert van Eyck die Wiege der modernen Malerei wurde, so gewann Nürnberg, wohin wie nach Ulm und Augsburg deren Einfluß rasch vordrang,

eine maßgebende Stellung für Oberdeutschland; hier entwickelte sich
die Malerei des deutschen Bürgerthums, die manches Fremde willig
aufnahm, ohne aber irgend ihre Originalität zu beeinträchtigen. In
der deutschen Malerei des 15. und 16. Jahrhunderts spielten der
Kupferstich und der Holzschnitt eine hervorragende Rolle, wie Thausing betont. „In ihnen gewannen die Bestrebungen der neuen Zeit
zuerst Ausdruck und Gestalt; und wo sich dieselben im Volke am
kräftigsten regten, in Franken, in Nürnberg, da mußten auch die
populären zeichnenden Künste ihren höchsten Aufschwung nehmen".
„Der Holzschnitt", sagt Stark, „zunächst ausgehend von rohen Karten-
und Heiligenbildstempeln, war so recht das Feld, wo der Künstler
im Volkstone und für das Volk seine bildlichen Gedichte hinwerfen
konnte". Der Kupferstich aber, dessen Heimath Deutschland und
Italien gewesen, war völlig das Eigenthum der Goldschmiede und
ihr Handwerk durfte wohl als die Mutter der modernen Kunst bezeichnet werden. So war auch Dürer's Vater, als er 1455 in
Nürnberg einwanderte, als Geselle bei dem Goldschmiede Hieronymus
Holper eingetreten und sein großer Sohn arbeitete bei ihm, der
ein bedeutender Meister geworden, bis er sich der Malerei ganz
hingab, in der ihm die bisherige Lehrzeit trefflich zu Nutzen kam.
Michaël Wolgemut, in der Blüthe seines Lebens stehend und mit
Aufträgen reichlich versehen, besaß das erste bedeutende Maleratelier
in Nürnberg; bei aller Größe seiner Leistungen aber betrachtete er
die Kunst stets zu sehr als Erwerbsmittel, wies keine Arbeit zurück
und lieferte darum manches Werk gleichsam fabrikmäßig; wie seine
Collegen erhob er sich nicht über die hergebrachte niedere Auffassung
der Kunst. Die besten Holzschnitte in den bei dem bekannten Anton
Koburger in Nürnberg 1491 und 1493 erschienenen Werken „Schatz-
behalter des Reichthums des ewigen Heils und Seligkeit" und „Hartmann Schedel's neue Weltchronik" stammen von Wolgemut, der mit
dem Maler Wilhelm Pleydenwurf, seinem Stiefsohne, daran arbeitete
und den Holzschnitt auf die Höhe damaliger Künstlerschaft erhob.
Den Kupferstich bürgerte er eigentlich in Nürnberg ein, wie Thausing hervorhebt, während sein vorzüglichstes Gemälde die vier großen
Flügel zum Hauptaltare der Nürnberger Augustinerkirche sind, 1488
für Sebald Peringsdörfer gemalt und gegenwärtig in der Sammlung der St. Moritz-Kapelle. Er starb, von seinem großen Schüler

Dürer betrauert, 85 Jahre alt, 1519. Keine fränkische Stadt außer Nürnberg besaß eine Malerschule. Außer Wolgemut stand bei Dürer der alte Hans Traut sehr in Ehren, der den Kreuzgang der Augustinerkirche malte, am Abende des Lebens erblindete und von seinem 1520 verstorbenen Sohne, dem Maler Wolf Traut, als Künstler übertroffen wurde; der jüngere Traut war der unzertrennliche Freund des Rothschmiedes Hermann Vischer, des Sohnes des weltberühmten Peter Vischer.

Gewissermaßen zum Losungsworte deutscher Kunst wurde der Name Albrecht Dürer's, des erlauchten Schülers Wolgemut's und Schongauer's. Wie auf den Bildhauer Adam Krafft, hatte Wolgemut auch nachhaltigen Einfluß auf Dürer's Entwickelungsgang.

Es kann hier nicht meine Aufgabe sein, den Unvergleichlichen zu schildern, dem die competentesten Beurtheiler glänzend gerecht geworden sind; Melanchthon hat gewiß das edelste Wort über ihn ausgesprochen: an ihm sei die Malerkunst trotz ihres grandiosen Charakters nur das mindest Bedeutende im Vergleiche zu seinem Geiste gewesen, mit dem er alle Dinge erfaßt und in sich verarbeitet habe. Noch heute betritt jeder Fremde das alte Dürer-Haus unterhalb der Burg von Nürnberg, aus der die Hohenzollern ihren Weg zum deutschen Kaiserthrone fanden; am Thiergärtner Thore steht es, ein kleines einfaches Gebäude, in den oberen Stockwerken nur aus hölzernem Fachwerke; der Erker, in dem Dürer gewöhnlich arbeitete, ist leider verschwunden und nur noch die Küche und ein Zimmerchen im Erdgeschosse gehören der alten Zeit an. Der 1817 gegründete Albrecht-Dürer-Verein miethete das von der Stadt 1816 erworbene Haus, ließ es von Karl Alexander Heideloff, dem gründlichen Kenner des gothischen Styls, der Zeit des Meisters entsprechend restauriren und mit seinem Medaillon in Erz schmücken. Auch Dürer's enges Geburtshaus ist noch erhalten und mit einer Tafel versehen, in der Nähe der ehemaligen Stadtwage gelegen, an der ein gutes Hautrelief Adam Krafft's seit 1497 prangt; es war das nach der Winklerstraße gehende Hofgebäude in dem schönen Hause der Pirkheimer auf dem Herrenmarkte. Und wer von den Besuchern der altehrwürdigen Reichsstadt wäre nicht in jenem als Merkwürdigkeit geltenden „Wurstglöckchen" (Bratwurstglöcklein) hinter der St. Moritz-Kapelle gewesen, in Dürer's Kneipzimmer, wo er mit

ben Genossen alltäglich frühstückte, und hätte nicht Würste, auf demselben uralten Herde und Kraut, in demselben Raume bereitet, ge-
gessen wie der große Künstler, der so gerne sich hier in ernsten und
lustigen Weisen mit den Freunden erging; es ist ein finsteres, un-
schönes Eckchen, aber stets überfüllt von Menschen, die alle die Luft
einathmen wollen, in der es Dürer so wohl gefiel. Dort aber bei
der alten Sebaldus-Kirche steht er selbst in ganzer Pracht und
Herrlichkeit, just wie er war, und blickt auf sein geliebtes Nürnberg
nieder. Auf Anregung des kunstsinnigen Königs Ludwig I. von
Baiern, der eine hohe Summe aussetzte, beschloß der Magistrat, den
größten Sohn der Stadt in einem meisterhaften Standbilde würdig
zu verewigen. Nach dem Modelle des großen Rauch goß Daniel
Burgschmiet aus Nürnberg, Crossatière's hochbegabter Schüler, die
Statue, zu der am 7. April 1828 unter großen Feierlichkeiten der
Grundstein gelegt und die am 21. Mai 1840 an Dürer's Geburts-
tag enthüllt wurde. Der freie Platz, auf dem sein Monument steht,
erhielt den Namen Albrecht Dürer-Platz, die Zistelgasse wurde zur
Albrecht Dürer-Straße und das zu ihr führende Gäßchen seiner
Gattin zu Ehren zum Agnes-Gäßchen. 1820 ließ die Stadt auf
dem Maximilians-Platze nach Angabe Heideloff's einen Obelisken
mit Brunnen errichten und mit den Broncemedaillons der Busen-
freunde Albrecht Dürer und Willibald Pirkheimer ausstatten. So
ist Nürnberg reich an Denkstätten des Meisters, der seit 1528
draußen auf dem St. Johannis-Kirchhofe ruht.

Ein Nürnberger von echtem Schrot und Korn, voll Liebe für
die glänzende Vaterstadt, ragte er mit seinem eminenten Geiste weit
über ihr Weichbild hinaus und warf Licht ringsum in Europa. Mit
vollem Rechte ist behauptet worden, es habe kaum ein anderer
Meister mit so verschwenderischer Hand die Fülle des deutschen Gemüthes an Innigem, Rührendem, Herzergreifendem über seine Werke
ausgegossen, ohne je dem Gewaltigen und Erhabenen Abbruch zu
thun. Dürer war der glänzendste Darsteller des deutschen Fühlens,
des deutschen Herzschlags, ein Mann von tiefster Religiosität und darum der Freundschaft Melanchthon's würdig, der echte Maler der
Reformation, für die er mit Luther, Melanchthon und Hans Sachs
schwärmte, nachdem er die Tage des Humanismus mit Pirkheimer
köstlich genossen hatte. Im Kreise der Humanisten fand er das

erfehnte geiftige Leben voll vielfeitiger Intereffen, in der litera-
rifchen Gefellfchaft des Celtes, Dalberg, Pirkheimer, Stabius u. A.
lebte er reiche, anregende, beglückende Tage. Als Maler, Kupfer-
ftecher, Holzfchneider, Bildner, Architekt ein Stern erfter Größe,
als Schriftfteller auf dem Kunftgebiete ausgezeichnet, als Dichter
gefchätzt, ja durch die vorzüglichen Leiftungen feines Schwiegervaters,
des Mufikers und Mechanikers Hans Frey, zum Componiren hin-
geführt, fteht Dürer als einer jener Riefen vor uns, die über alle
Talente fouverain zu gebieten fcheinen, als ein Geiftesbruder Lio-
nardo's da Vinci und Pico's de Mirandola.   Wie fehr Maximilian I. ihn hoch hielt, habe ich fchon erwähnt; was den Kaifer zu-
nächft umgab, rührte von Dürer's kunftfertiger Hand her, der Knopf
feines Degens, das Medaillon an feinem Hute, die Randzeichnungen
feines lateinifchen Gebetbuchs, fein Feldaltar u. f. w.   Auf dem
letzten Augsburger Reichstage, den Maximilian, der Theuerdank,
1518 abhielt, fand fich auch Dürer ein und zeichnete den fürftlichen
Freund „hoch oben awff der pfalz in feinem kleinen ftüble"; nach
der genialen in der Albertina zu Wien befindlichen Kohlenzeichnung
wurden die nach Maximilian's Tod erfcheinenden Holzfchnitte gefertigt.   Von Nürnberg aus wurde nicht nur mit echten Werken
Dürer's ein großartiger Handel getrieben, fondern auch mit Zeichnungen und Bildern, denen man fälfchlich Dürer's Namen beilegte;
die Imhoff und andere Kaufleute machten damit große Gefchäfte.
So fehr wie Dürer wurde kein einziger Meifter von der Fälfchung aus-
gebeutet, eine ganze Fälfcherfchule lebte von ihm.   Was einft Phidias
für Athen, war Dürer für Franken; für die Welt find feine zahl-
lofen Werke Gemeingut geworden.   Dürer hinterließ eine Schule
angefehener und tüchtiger Künftler, aus der Hans Schäufelein
(Schäuffelin), Erhard Schön, Hans Springinklee, Hans Sebald Beham, Hans von Kulmbach, Georg Pencz, Albrecht Altdorffer, Johann Neubörfer hervorragen.   Hans Leonhard Schäufelein war einer
Nördlinger Familie in Nürnberg entfproffen, arbeitete lange bei
Dürer, wurde dann felbftändiger Meifter und führte die Patriciers-
tochter Afra Tucher heim.   Noch prangt in der Hirfchelgaffe das
intereffante burgartige Haus, welches Hans Tucher nach feiner Rückkehr aus dem gelobten Lande in theils morgenländifchem theils alt-
deutfchem Style 1533—44 erbauen ließ und welches mit feinem

schönen Thörlein, den Thürmen, Bogenfenstern, Säulen und reichen
Skulpturen das Auge des Beschauers fesselt. Schäufelein, der 1515 nach
Nördlingen zog, wo er 1540 starb, schloß sich früher als alle An-
deren an Dürer's Darstellungsweise an und leistete troß einiger
Neigung zum Manierirten und wiederholt ungleicher und flüchtiger
Arbeit sehr Werthvolles, besonders die Ziegler'schen Altarbilder in
Nördlingen; von ihm waren auch die Holzstöcke zum Theuerdank
und Dürer nahm 1520 auf die niederländische Reise von ihm wie
von Baldung Grien Holzschnitte und Bilder mit, um sie zu ver-
laufen, gleichsam einen Commissionshandel in Kunstsachen treibend.
Von Hans Baldung Grien, dem eine Locke Dürer's ein heiliges
Vermächtniß wurde, wissen wir, daß er anfänglich Schongauer's
Schüler war, sich aber später völlig Dürer's Richtung hingab; sein
Hauptwerk ist das Hochaltarbild im Münster zu Freiburg im Breis-
gau; er starb in Straßburg 1545. Der deutschthümelnden Richtung in der italienischen Kunstgeschichte gehörte Jacopo be' Barbari
an, der neben Dürer der Lehrer Hans von Kulmbach's wurde; mit
Nürnberg stand er in den innigsten Beziehungen und die Tradition
rechnete ihn als Jakob Walch (der Wälsche) schon frühe zu den
Nürnberger Künstlern; Anton Kolb, einer der angesehensten Kaufleute der deutschen Faktorei im Fondaco dei Tedeschi zu Venedig,
ermöglichte es 1500, daß die Holzschnitte seines Plans der Lagu-
nenkönigin erscheinen konnten, bei denen zuerst in Italien alle Fortschritte der deutschen Holzschneidekunst benützt waren. Der Meister
mit dem Merkurstabe, wie man ihn nach seinem Zeichen gerne
nannte, lebte längere Zeit in Nürnberg, wo er mit Dürer in nahe
Berührung trat, den er zuerst merkwürdig fesselte und anregte, dann
aber mit seiner ganzen Manier zurückstieß; der deutsche und der
welsche Meister konnten sich nicht verstehen. Hans Sebald's und
Barthel's Beham, der vorzüglichen Schüler Dürer's, gedachte ich
schon bei ihrer Betheiligung an der wiedertäuferischen Bewegung in
Nürnberg; in Malerei und Kupferstich waren sie und Pencz Dürer's
beste Nachahmer, während Albrecht Aldegrever hauptsächlich seine
Schattenseiten wiedergab. Die Gebrüder wurden 1524 nebst Georg
Pencz als „gottlose Maler" aus Nürnberg verbannt, doch durfte
Pencz später zurückkehren; Barthel Beham arbeitete mit großem
Beifalle in München am herzoglichen Hofe und starb auf einer

italienischen Kunstreise 1540, während der derbkomische Hans Sebald 1550 als Bordellwirth in Frankfurt a. M. ertränkt wurde. Pencz starb 1550 trotz seiner tüchtigen Leistungen arm und elend.

Als Techniker besonders geschickt war Hans von Kulmbach, der lange für Dürer arbeitete und nach seiner Zeichnung als Meisterwerk die Madonna auf dem Throne, das herrliche Altarbild in der ehrwürdigen Sebaldus-Kirche, 1513 für die Familie Tucher (Tucher'sche Tafel) malte; Hans starb um 1522. Albrecht Altdorffer war es, der unter allen Schülern Dürer's am meisten sich der Natur anschloß und sie in seinen Landschaften zur vollsten Geltung brachte; seit 1506 wirkte er selbständig in Regensburg, eigentlich der erste Landschaftsmaler in Deutschland, als Kupferstecher mit dem Ruhmesnamen des kleinen Dürer ausgestattet, und verschied 1538. Johann Neudörfer aber, verstorben 1563, erwarb sich die größten Verdienste um die Feststellung der Schönschreibekunst, deren Gründer er zu nennen ist. Schuf er sich hierdurch ein ewiges Denkmal, so förderte sein gleichnamiger Sohn, wie er als Schreibkünstler bewundert, hauptsächlich die deutsche Currentschrift.

Neben dem imposanten Malerkreise, der sich um die erhabene Gestalt Dürer's gruppirte, bot Nürnberg in seiner Blüthezeit einer Reihe von Specialitäten in der Malerei einen goldenen Boden. Die Miniaturmalerei fand ihre hervorragendsten Vertreter in der Familie Glockendon (Glockenthon); eine Serie von Malern dieses Namens schien im erblichen Besitze seltener Kunstfertigkeit zu sein, als Illuministen, Briefmaler, Holzschneider und Miniaturkünstler thätig; bei weitem der bedeutendste war Nikolaus, dessen Hauptstärke in seiner Technik lag; einige seiner besten Missalien und Gebetbücher entstanden im Auftrage des Cardinals-Erzbischofs von Mainz, Albrecht von Brandenburg und sind in Aschaffenburg; er starb 1534 und trotz zwölf Söhnen erlosch sein Name bald in Nürnberg.

Die Glasmalerei erreichte in Nürnberg eine weithin gefeierte Vollendung. Neben Wolf Katzheimer (1493) und Martin Grüneberger (1523) war unter den Glasmalern wiederum eine Dynastie zu finden, deren Ruf durch alle Lande drang, die der Hirschvogel. Aus einfachen Glasern wurden sie die vollendetsten Glasmaler. Der alte Meister Veit, seine Söhne Veit und Augustin und andere Sprossen der Familie zeichneten sich wetteifernd aus.

12

Unter den Glasgemälden an den Chorfenstern der prachtvollen St. Lorenz-Kirche ist das weitaus merkwürdigste das am Ende des 15. Jahrhunderts gemalte Vollamer'sche Fenster rechts vom Chore mit dem Stammbaume Christi; doch scheint Veit Hirschvogel der Aeltere nicht sein Schöpfer gewesen zu sein. Hingegen rühren von ihm die vorzüglichen „Maximilians-" und „Markgrafenfenster" in der Sebalduskirche; er starb 1526, sein Sohn Veit, der auch im Kupferstiche Tüchtiges leistete, 1553, Augustin hatte ein höchst bewegtes Leben, ging vom Glasmaler zum Häfner über, zog nach Venedig, bereicherte hier seine Kunstfertigkeit im Glasschmelzen u. s. w., bis er sich der Wappenschneiderei zuwandte; aber auch dieser wurde er überdrüssig, machte große Reisen und beschrieb sie im Drucke mit Beigabe von Tafeln; er widmete Ferdinand I. diese Arbeiten und erhielt zum Lohne ein eigenes Wappen, ja eine Medaille wurde auf ihn geschlagen. Christoph Maurer (1558—1614), ein Schüler der Glasmaler Stimmer, machte sich einen sehr bekannten Namen. Mit der Reformation nahm die Anwendung der Glasmalerei auf größere Arbeiten, z. B. Kirchenfenster, bedeutend ab; die bunte Mannigfaltigkeit des katholischen Cultus war ihr Boden gewesen. Wie ein köstlicher Schnitzrahmen umgeben diese Specialbranchen das erhabene Gemälde der Nürnberger Malerei, die ihren Brennpunkt in Dürer fand.

Wenn ich oben, eines Ausspruchs Stark's eingedenk, die Goldschmiedekunst als die Mutter der modernen Kunst bezeichnete, so verdient als ihr glänzendster Vertreter der Wiener Wenzel Jamnitzer Erwähnung, der seit 1534 in Nürnberg Meister war, 1556 Genannter des größeren Rathes und 1571 Mitglied des engeren Rathes wurde, seitdem amtlich als „Herr" erscheint und 1588 starb, der Goldschmied Karl's V. und seiner Nachfolger. Mit seinem Bruder Albrecht und seinem Neffen Christoph, der auch ein tüchtiger Kupferstecher war, arbeitete er gemeinsam, ja mit Albrecht so einmüthig, daß die Brüder ihr Werk stets als ein einiges betrachteten. Neudörfer schreibt 1547 von ihnen: „Sie arbeiten beide von Silber und Gold, haben der Perspectiv und Meßwerk einen großen Verstand, schneiden beide Wappen und Siegel in Silber, Stein und Eisen. Sie schmelzen die schönsten Farben von Glas, und haben das Silberätzen am höchsten gebracht; was sie aber von Thierlein, Würmlein, Kräutern und Schnecken von Silber gießen und die silbernen Gefäße

damit zieren, das ist vorhin nicht erhöret worden. , .e sie mich
dann mit einer ganzen silbernen Schnecken, von allerlei Blümlein
und Kräutlein gegossen, verehret haben, welche Blättlein und Kräutlein also subtil und dünn sind, daß sie auch ein Anblasen wehig
macht, aber in dem allen geben sie Gott allein die Ehre." Alle
Werke Jamnitzer's tragen den Geist der Renaissance; besonders erhob
Wenzel's Kenntniß der Perspective und sein Talent, die Metalle so
schön in Formen zu pressen, als ob sie getrieben wären, seine Kunst
zur Vollendung. Als eine seiner vorzüglichsten Leistungen gilt der
silberne Tafelaufsatz in der Sammlung des Banquier Merkel in
Nürnberg, von den Kunstkritikern in höchstem Maße bewundert.
„Er besteht aus einem mit Blumen, Kräutern und Thierchen über-
säeten Fuße, aus welchem sich ein schönes Weib, die Mutter Natur,
erhebt. Sie trägt einen kelchförmigen Aufsatz, aus dessen Mitte eine
Urne mit Blumen emporsteigt. Diese ganze kleine Welt der Natur,
die Grashalme, die Blümchen, die Heuschrecken und die Eidechsen,
Alles mit bewunderungswürdiger Feinheit gearbeitet." Arnold Wenk,
Georg Schulthess, Gabriel Tetzel und Mercurius Herbegen, als
Goldschmiede in großem Rufe, lieferten sehr werthvolle Schmuck-
sachen jeder Art an fremde Höfe; die Herzoge von Preußen bezogen
auch viel von ihnen, mußten aber gar manchmal an das Zahlen
gemahnt werden.

Von Kugler als „das höchste Heiligthum deutscher Kunst"
gepriesen, der edelste Schlußstein mittelalterlicher Plastik, erhebt sich
in der alten Sebaldus-Kirche hinter den schwarzen Mauern mit
buntschimmernden Fenstern das St. Sebaldus-Grab; an der einen
Schmalseite des Sarges steht in Pilgertracht der Heilige selbst, an
der anderen der Bildner des Grabmals, der gefeierte Erzgießer
Peter Vischer mit Schurzfell und Hammer, wie er in seinem Atelier
zu arbeiten pflegte. Seit sehr langer Zeit war Nürnberg wegen Be-
reitung und Bearbeitung der Bronce berühmt und man nannte die
Handwerker, welche sich ihr widmeten, Messing- oder Rothschmiede;
von ihrer Leistungsfähigkeit sang schon 1447 Hans Rosenpluet:

„Und keinerley Stuck ist in zu schwer."

1489 zum Meister ernannt, galt der Nürnberger Peter Vischer
bald für eine ausgezeichnete Kraft und wurde zu bedeutenderen Arbeiten herangezogen. Die Förderung der Kunstthätigkeit lag in

Nürnberg weniger dem Rathe als den wohlhabenden und kunstsinnigen Bürgern am Herzen, die durch von ihnen veranlaßte Kunst-
werke den Namen ihres Geschlechts verewigen wollten; unter ihnen ragte
der 1522 dahin geschiedene gelehrte Kirchenmeister von St. Sebald,
Sebald Schreyer, hervor, der als kinderloser Mann sein großes
Vermögen gerne gemeinnützigen Zwecken dienstbar machte; sein gast-
freies Haus war der Tummelplatz der Gelehrten und Künstler;
Celtes, Petrus Dannhauser und Andere bildeten seine stete Gesellschaft und wiederholt begegnen wir ihm bei unserer Wanderung
durch Alt-Nürnberg, bis wir vor seinem wundervollen Grabmale
in der St. Sebalduskirche anlangen. Mit einigen Kunst- und Alter-
thumsfreunden trat Schreyer lebhaft für den Gedanken ein, dem
Schutzheiligen der Vaterstadt, nach dem er selbst genannt war, ein
würdiges Denkmal errichten zu lassen; schon 1488 veranlaßten diese
Männer Jemanden (wahrscheinlich Adam Krafft) zu einem Entwurfe,
der eigentlich den Charakter eines Sakramentshäuschens trug und
von dem man abstand. Als aber der Sarg des Heiligen 1506
von Diebstahl heimgesucht worden war, forderten Schreyer, Anton
Tucher, Lazarus Holzschuher, Peter Imhof und Sigmund Fürer
zu Beiträgen für eine schützende Ueberdachung desselben auf und
Peter Vischer wurde 1507 mit der Arbeit betraut. Mit dem Metalle betrugen die Kosten des Denkmals die damals bedeutende
Summe von 3145 Gulden.

Mit seinen fünf Söhnen schuf es Vischer, der ihm unsterblichen
Namen verdankte, 1507—1519, wo es im Juli aufgestellt wurde.
Der beste Theil des broncenen Meisterwerks sind die zwölf Apostel
in den Blenden, auf den Spitzen der Pfeiler zwölf kleine Propheten
und die überall vertheilten an siebzig Genien, Kinder, Seejungfrauen,
Thiere u. s. w. in der mannigfaltigsten Gruppirung. Die fremden
Fürsten und Großen unterließen es nicht, wenn sie nach Nürnberg
kamen, den Meister in seiner Werkstätte aufzusuchen und seine Werke
wanderten als Zeugen seines Fleißes nach Polen, Böhmen, Ungarn
und allen Theilen des Reichs.

Seit 1520 Genannter des Größeren Rathes, starb er 1529
und ruht auf dem St. Rochus-Friedhofe. Durch eine Gedenktafel
vom Rathe kenntlich gemacht, steht heute noch sein Wohnhaus in der
Peter Vischer-Gasse. Auch für das Grabmal Kaiser Maximilian's und

für die Fugger war seine Gießerei thätig; Ulrich, Georg und Jakob, die Stifter der Fuggerei, bestellten bei ihm um 1513, da er für den besten Erzgießer Deutschland's galt, ein prachtvolles Gitter in Messing für ihre Kapelle in der Augsburger St. Annen-Kirche, geriethen aber mit ihm über die Ausführung in Streit und das „Fugger'sche Gitter" kam nie in ihren Besitz. Die Fugger schlossen mit Vischer's Erben 1529 einen gütlichen Vertrag, durch den sie auf das Gitter wie auf ihre Anzahlung von 1437 Gulden verzichteten. Der älteste der Söhne, Hans Vischer, vollendete es mit Labenwolf und verkaufte es 1530 an den Rath von Nürnberg. Am Westende des großen Rath-haussaals 1540 aufgestellt, diente das Gitter als Schranke für den Raum, in dem das Stadtgericht tagte, und noch sieht man die Säulen, in die es eingefügt war. Als Nürnberg 1806 an Baiern gefallen, kam das berühmte Gitter auf Befehl des General-Landes-Commissariats von Franken unter den Hammer, wurde von einem Fürther Kauf-manne nach dem Gewichte für 12057 Gulden ersteigert, aber alsbald mit tausend Gulden Nutzen an das Nürnberger Handelshaus Kästner und Schnell abgetreten, welches es nach Lyon verkaufte; über sein späteres Schicksal ist trotz aller Nachforschungen nichts zu ergründen gewesen; eine Thür ließ Schnell einschmelzen. Die Krone Baiern war damals durch die steten Kriege Napoleon's zu gewaltigen Geldopfern verurtheilt und machte, um sie bringen zu können, manches Kunstwerk zu Geld; so erging es auch dem Gitter um die Fontaine auf dem Max-Platze, „dem Wasserspeier", und demjenigen um den bekannten ehernen Tugendbrunnen bei der St. Lorenz-Kirche, den Benedikt Wurzelbauer 1589 mit meisterhafter Technik goß; unter seinen zahlreichen Figuren heben sich die der Tugenden ab, aus deren Brüsten das Wasser strömt. Von einem Schüler Peter Vischer's, Pancraz Labenwolf, rührt das niedliche kleine Brunnenstandbild in Erz hinter der Frauenkirche Karl's IV. her, welches einen Bauern darstellt, der unter den Armen wasserspeiende Gänse trägt, „das Gänsemännchen". Alle Brunnen aber, an denen Nürnberg überreich ist, stehen weit zurück hinter dem „schönen Brunnen", der für den schönsten und dekorativ geschmackvollsten in ganz Deutschland gilt; nach neuen Forschungen wurde derselbe nicht von den Baumeistern Georg und Fritz Rupprecht, denen man den Bau der gegenüber liegenden Frauenkirche zuschreibt, sondern von Heinrich „dem Polier"

1385—1396 errichtet und kann, wie Schnaase sagt, in der ganzen
Erscheinung „als das Modell eines reich geschmückten durchbrochenen
Thurmes gelten." Im unteren Stockwerke erheben sich die meisterhaften Gestalten der sieben Kurfürsten, neun berühmter biblischer
und historischer Helden, und im zweiten Stockwerke prangen Moses
und sieben Propheten. Das von den Nürnbergern außerordentlich
hoch gehaltene Kunstwerk ging nach dem dreißigjährigen Kriege seinem
Verfalle entgegen; als in unserem Jahrhunderte der Geschmack an
der mittelalterlichen Kunst wieder zur Geltung kam, schritt man
1821 zur Restauration, mußte aber wegen des weit vorgeschrittenen
Verfalls das ganze Werk abtragen. Die Bildhauer von Bandel,
Burgschmiet, Capeller, Gottfried Rotermundt und seine Söhne
unternahmen die gründliche Restauration, nur ein geringer Theil der
alten Steine war zu benutzen und von den 24 Statuen mußten 19
fast ganz nach neuen Modellen gefertigt werden. Im Oktober 1824
wurde der restaurirte Brunnen enthüllt.

Kehren wir von dieser Abschweifung zu den Söhnen Peter Vischer's,
des gefeierten Gießers, zurück, so verunglückte der tüchtige Hermann, der
auf eigene Kosten in Rom sich vervollkommnet hatte, schon um 1516; ein
echter Künstler, führte er eigentlich die Renaissance in sein Vaterhaus ein,
mit ihr in Rom vertraut geworden; sein Einfluß am Sebaldusgrabe
ist sehr bedeutend gewesen und seinem Kopfe entsprang der Entwurf
zum Fugger'schen Gitter. Sein Bruder Peter eignete sich eine
gewisse klassische Bildung an, hatte „seine Lust an Historien und
Poeten zu lesen, daraus er dann mit Hilf Pancrazen Schwenters viel
schöner Poeterei aufriß und mit Farben absetzte." Während der älteste Sohn
Hans, ein sehr geschickter Gießer und mit Aufträgen reichlich versehen,
schließlich herunter kam, sich ohne Arbeit sah, weil er sich sehr ver-
schlechtert hatte, und in Armuth und Dunkelheit verkam, leitete Peter
den künstlerischen Theil der Gesammtthätigkeit der Werkstätte und
die meisten seit 1520 daselbst entstandenen Arbeiten sind nach
Bergau's Ansicht „nach seinen Zeichnungen, zum großen Theil wohl
auch nach seinen Modellen", wobei ihm Hermann's italienische
Studien trefflich zu Statten kamen. Eine seiner schönsten Arbeiten
ist die in der Gemäldegalerie des Nürnberger Rathhauses befindliche,
äußerst lebendig und elegant gehaltene Statuette eines Bogenschützen
oder Apollo, welche sofort an den Apollo von Belvedere erinnert,

aber eine Copie nach Jacopo be' Barbari ist. Wie weit die Rothschmiedekunst auch in allerhand Spielereien und Merkwürdigkeiten
ging, ersehen wir am besten aus Neudörfer's Besprechung des Rothschmieds Hans Wolf Löhner, von dem es heißt: „Dieser, wiewohl
er ingemein sein Nahrung mit Zurichtung und Verfertigung messingener so gestalter Citronen und Pomeranzen, daraus man allerhand
wolriechende Wasser sprengen kann, suchet, so ist er doch benebenst in
mechanischen Künsten und Wasserwerken wol erfahren, auch von
besondern Erfindungen. Er macht Springbrunnen, so man in Gemächer, wohin man will, tragen kann, die von eingefangener Luft
getrieben werden und anmuthig zu schauen sind. Item von Messing
Crucifix, da aus der Seite Christi rother Wein, gleich als Blut,
springt. Von vornehmen Leuten wird er geliebet und in denen
Behausungen zu Wasserleitungen und Springwerk gebraucht, wie er
dann in Herrn Hans Peter Herdans Haus am Roßmarkt einen
Berg und Garten zugerichtet, worin nicht allein viel bewegliches
Dings von Bildern und andern zu sehen, sondern auch unterschiedliche Melodeien geistlicher Lieder zu hören, so Alles vom Wasser
getrieben wird. In der sogenannten Lanzingerischen jetzt Schützischen
Behausung an der Fleischbrücke hat er das darin befindliche lebendige Wasser vermittelst eines sonderbaren mechanischen Werks, durch
Rohr, auf die sechsunddreißig Schuh in die Höhe geführt, daß nicht
allein in obern Zimmern und Sälen, mit Verwunderung, sondern
auch wieder unten in dem Hof und Garten von dem Abfall lebendige Springbrunnen und kurzweilige Spiel und Springwerk angerichtet werden können. Er ist auch im Werk begriffen eine schlagende
Stunduhr, durch Trieb des Wassers zu verfertigen. Ist sonst ein
frommer, ehrlicher und gottesfürchtiger Mann, lebt bei wenigem
Einkommen, in großer Vergnüglichkeit."

Was ist aus diesen Kunstwerken und Künsteleien geworden?
Wen erinnern sie nicht an die allen Fremden Bewunderung abnöthigenden Anlagen bei den Fugger, Herbrot, Höchstetter und andern
Geldfürsten Augsburgs?

Dürer's und Vischer's erhabene Gestalten pflegen meist mit
denen zweier Zeitgenossen, die wie sie Künstler ersten Ranges waren,
als ein vierblätteriges Kleeblatt zusammen gestellt zu werden; ich
meine, mit dem Steinbildner Adam Krafft und dem Bildschnitzer

Veit Stoß. Es ist uns überliefert, daß Adam Krafft, eine komische etwas barsche Natur, noch im Alter Sonntags mit Vischer und dem gewandten Kupferschmiede Sebastian Lindenast, der die meisterlichen Figuren an der Uhr der Frauenkirche arbeitete, mit seinen un= zertrenulichen Freunden, zusammenkam und sich die drei im Zeichnen übten „als wären sie Lehrjungen". Krafft, ein Altersgenosse Wol= gemut's, folgte vorwiegend dessen malerischer Richtung und Thausing sagt: „Indeß nun Wolgemut als Maler die plastischen Figuren seiner Altarwerke sichtlich vernachlässigte, bildete Krafft die Sculptur in seinem Sinne weiter. Auf dem Gebiete der architektonischen Ver= zierung gehen beide Meister vollends Hand in Hand. Bei ihrer Nürnberger Umgebung, dem herrschenden Zeitgeschmacke und dem Mangel jeder anderen Ueberlieferung boten sich ihnen blos gothische Zierformen dar, so wenig dieselben auch der erwachenden Natur= empfindung der Künstler entsprachen. In Ermangelung der inneren Eingebung eines bereits entschwundenen Stilgefühls geriethen sie in eine virtuose Ausbeutung ihrer Mittel bis an die Grenze der Un= möglichkeit. Den überschlanken, allzu lustigen Gebilden ihrer Phan= tasie wurden die constructiven Gesetze zum Opfer gebracht, das Maß= werk ging bunt durcheinander, bald überlastet durch die einge= fügten Figuren, bald durch das Eindringen vegetabilischer und willkürlicher Motive verschnörkelt. Das Kühnste in dieser Art hat Adam Krafft in seinen verschiedenen Sakramentshäuschen oder Weihbrodgehäusen zu Nürnberg, Schwabach, Heilsbronn ge= leistet; dem Material ist dabei so sehr Gewalt angethan, daß sich allerdings daran leicht die Sage knüpfen konnte, er habe das Ge= heimniß besessen, Steine zu erweichen und nach ihrer Modelung wieder zu verhärten". Wanderer nennt den Meister „im drama= tischen Affekt sehr fein und wahr", und meint: „ein gesunder Rea= lismus blickt überall hervor unter dem starren traditionellen Gewand. Diese Vorzüge werden ihm auch ohne Zweifel den Rang des besten deutschen Plastikers seiner Zeit bewahren". Um endlich Bergau's Worte zu erwähnen, war Krafft „der krönende Abschluß und das Haupt einer langen Reihe schulmäßig tüchtiger Steinmetzen, welche während zweier Jahrhunderte in Nürnberg fleißig gearbeitet haben" und trat „aus der Reihe seiner Zunftgenossen als selb= ständiger schaffender Künstler hervor, welcher sowohl das Gebiet

der Architektur als auch das der Sculptur vollständig und mit voller
Freiheit beherrschte und beide so enge mit einander verband, daß
das Eine von dem Andern nicht zu trennen war". Krafft wurde
ein Künstler von seltener Größe und „war mit der linken Hand
zu arbeiten gleich so fertig als mit der rechten". Zahlreichen anderen Werken reihte sich das prachtvolle Grabmal der Familien
Schreyer und Landauer vor dem Ostchore der St. Sebaldus-Kirche
an. Sebald Schreyer und sein Neffe Matthäus Landauer, der nach-
herige Gründer des Landauer Brüderhauses, übertrugen Krafft 1490
die Anfertigung und 1492 stand das Werk, den Meister lobend, an
der Kirchenwand. Sebald Schreyer bestimmte den Bischof von Bamberg 1508, allen vor diesem Grabe Betenden einen Ablaß zu gewähren und so sein Familienandenken zu illustriren. Die Landauer
ließen sich von Krafft ein zweites Grabmal in der Schotten-Abtei
St. Aegidien errichten, welches äußerst geschmackvoll ausfiel und
Jedermann's Beifall finden mußte; seitdem ein Brand 1696 den
größten Theil von Kloster und Kirche zerstörte, steht es, freilich durch
die Zeit beschädigt, in der Kapelle der Familie Tetzel, die an jene
Kirche angebaut ist. Dem Landauer'schen ähnelt sehr das Pergen-
storffer'sche Grabmal in der Frauenkirche, welches früher in der nach
Nürnbergs Einverleibung abgebrochenen schönen Augustinerkloster-
Kirche stand. Bei weitem das populairste, mit seinem Namen unauflöslich verknüpfte Werk Krafft's, dem er geradezu seine Unsterblichkeit verdankt, ist das unvergleichlich schöne Sakramentshäuschen
an einem Pfeiler nördlich vom Altare im Chore der St. Lorenz-
Kirche. „Jahrhunderte schon", sagt Wanderer bewegten Herzens,
„steht der schöne Bau, abgesehen davon, daß die Kirche eine protestantische wurde, unbenützt und vereinsamt. Kein celebrirender
Priester in schwerem Rauchmantel betritt mehr die Stufen, die zu
ihm führen und hebt die funkelnde Monstranz aus dem geweihten
Innern, die reiche, hohe Baldachinbekrönung durchzieht nicht mehr
aufsteigender Weihrauch. Aber es bleibt dennoch jedem Nürnberger
ein theures, stets bewundertes Vermächtniß seiner Altvordern, und
bis in die jetzige Zeit herein wurde das kunstreich durchbrochene
Steingeländer am Kirchweihfeste mit frischen Blumen geschmückt.
Ein Beweis auch, wie die protestantische Bevölkerung der Stadt den
durch die Kunst verherrlichten Ueberbleibseln des katholischen Cultus,

wenn auch in religiöser Beziehung ihnen entfremdet, doch mit tra-
ditioneller Pietät und hoher Achtung begegnet".

Die Familie Imhof (Imhoff) war nicht nur eine der reichsten
und durch großartigen Handelsbetrieb hervorleuchtenden Nürnbergs,
sondern zeichnete sich auch durch Kunstsinn und Geschmack aus. Waren
die Imhof die Banquiers Dürer's, so waren sie ebenso seine Verehrer und Würdiger und traten ihm durch Willibald Pirkheimer
freundschaftlich sehr nahe. Dort, auf dem Rochus-Friedhofe, wohin
wir Peter Vischer zur Ruhe geleiteten, steht die alte Kapelle, welche
Konrad Imhof 1519 als Ruhestätte seiner Familie errichten ließ
und in der sich ein sehenswerther Hauptaltar von 1521 mit häufig
Dürer zugeschriebenen Gemälden befindet. Und in einer Empore
der erhabenen St. Lorenz-Kirche erhebt sich der mit Recht berühmte
Imhof'sche Altar mit der Krönung Maria's durch Christum, dessen
Entstehung von Schnaase kurz vor das Jahr 1400 gesetzt wird, und
wie dies Bild auf Goldgrund gemalt, hängt an der Sakristeiwand
derselben Kirche eine von den Imhof gestiftete Maria mit dem
nackten Jesusknäblein, ein mehr als jedes andere Nürnbergs an die
italienische Kunst erinnerndes Gemälde.

Ein Mitglied dieser Familie, der Kirchenpfleger von St. Lorenz,
Hans Imhof, schloß 1493 mit Adam Krafft den Vertrag, dem das wunder-
volle Sakramentshäuschen seine Entstehung verdankte. Alten Chronisten
zufolge bestimmte ihn dazu ein trauriger Vorfall, den er damit sühnen
wollte. Es war bei einem Gastmahle in seinem Hause ein goldener Pokal
verloren gegangen, Imhof hatte einen Diener für den Dieb gehalten, dieser
sich aus Furcht vor der Folter als schuldig bekannt und den Tod
durch den Strang erlitten, als man nach kurzer Zeit den mit Wein ge-
füllten Becher unter einem Bette fand, wohin ihn ein trunkener Gast
in der Gedankenlosigkeit gestellt hatte. Zur Sühne soll Imhof das
Weihbrodhäuschen und einen Altar mit Pfründe in der St. Lorenz-
Kirche gestiftet haben. Die Familie war mit Krafft's Werk, dem
pomphaftesten aller bekannten Sakramentshäuschen, so überaus zufrieden, daß ihm Konrad Imhof, der Sohn des 1499 verstorbenen
Hans, noch siebzig Gulden über den Accord hinaus bezahlte, ihm
also 1500 die damals gewaltige Summe von 770 Gulden nach
siebenjährigem Schaffen zahlte. Die Großartigkeit der ganzen An-
lage und Ausführung mit all ihren Figuren und Zierrathen begin-

trächtigt in nichts den Eindruck lieblichster Harmonie und doch kann
man über den kühnen Bau sich nicht genug verwundern, da Alles
bis zum äußersten Abschlusse, der keck in die Luft hinausragt, aus
Stein ist. Als knieende Träger der Brüstung und scheinbar des
ganzen Gehäuses erscheinen die lebensgroßen trefflichen Gestalten von
Krafft und zweier Gesellen in Arbeitstracht. Als ein Wunder-
werk angestaunt, wurde Krafft's Meisterwerk 1532 von Eobanus
Hessus besungen; im Laufe der Zeit mehrfach restaurirt, erfuhr es
1838 eine gründliche Erneuerung und erweckt heute wie vor 380
Jahren das Entzücken und den Beifall eines Jeden. Im Steine
verewigt, überdauert der Ruhm des Künstlers die Jahrhunderte,
ihre Fluthen verwischen nicht das Gepräge seiner Persönlichkeit und
den Vollwerth der Münze, in der er seinen Tribut zum Ruhmes-
tempel der Vaterstadt niederlegte. Um die Zeit, da Krafft an dem
Imhof'schen Sakramentshäuschen arbeitete, hatte er ein zweites ge-
waltiges Werk für Nürnberg unter dem Meißel, die Ketzel'schen
Stationen. Der Nürnberger Adelsfamilie Ketzel (Kötzel) angehörig,
aus der acht Sprossen in der zweiten Hälfte des fünfzehnten Jahrhunderts nach Palästina zogen und hier Ritter des heiligen Grab-
Ordens wurden, ging Martin Ketzel zweimal in's gelobte Land,
maß hier genau in Schrittlängen die sieben Fälle Christi bis zur
Schädelstätte von Golgatha ab und ließ nach seiner Rückkehr durch
Krafft sieben Reliefs mit den Darstellungen der Fälle, die sieben
Stationen, in Sandstein ausführen; sie beginnen am sogenannten
Pilatus-Hause, Ketzel's Heim, welches mit dem gewappneten Ritter
an der Ecke noch heute am Thiergärtner-Thore steht und in unseren
Tagen dem bekannten Reichsfreiherrn von Aufseß, dem Gründer des
germanischen Museums, gehörte, und finden ihren Abschluß nach 1150
Schritten bei dem späteren St. Johannis-Kirchhofe in einem Cal-
varienberge. In diesen Reliefs steht Krafft im Zenithe seiner Kunstleistungen und die einem Dürer eigene innige Empfindung liegt auf
diesen Steingebilden, ihnen warmes Leben einhauchend. „Dazu geben
die Nürnberger Trachten" — bemerkt von Rettberg — „dem Be-
schauer ein eigenes heimathliches Gefühl; dieser Christus ist unser
Christus, der theuerste Leichnam, den wir je beweinten, diese Be-
weinenden sind wir und unsre lieben, treuen Weiber, mit der ganzen
Schönheit ihres frommen Gemüthes!" Der Zahn der Zeit hat gar

sehr an diesen Reliefs genagt, die drei letzten wurden aus dem Ertrage von Privatmitteln 1850—60 durch den tüchtigen Schüler
von Cornelius und Schwanthaler, August Kreling, gründlich restaurirt. Bergau bezeichnet Krafft's Stationen als ältesten Cyklus von
Passionsdarstellungen, wie solche später so oft unternommen wurden.
Als Krafft's letztes größeres Werk gilt die aus fünfzehn überlebens-
großen Figuren bestehende Grablegung Christi in einer Nische der
1374 gestifteten Grabkapelle der in Nürnberg hervorragenden Familie
Holzschuher auf dem St. Johannis-Friedhofe, doch sind die Figuren
so ungleich an Werth, daß man viel von der auch bedeutend kälter
gehaltenen Arbeit den Gesellen des alten Meisters zuschreiben darf,
welche sie 1508 vollendeten. Krafft war in sehr bescheidenen Verhältnissen 1507 gestorben und sein Peter Imhof verpfändetes Haus,
wahrscheinlich der heutige „Entenhof", wurde diesem Patricier zuge-
sprochen. Er war der letzte mittelalterliche Bildhauer in Nürnberg,
denn alsbald zog hier die Renaissance ein und in ihrem Geiste wirkte am
Vorzüglichsten zuerst Sebald Beck, als Bildhauer, Steinmetz, Architekt
und Schreiner gleich bedeutend, von dem der Chronist naiv versichert, er
habe „seine Kunst, dazu einen bösen Magen, aus Welschland gebracht".

In einer Reihe prachtvoller Gebäude spricht sich das Auftreten der Renaissance aus; ich erinnere an das Haus 1308
der interessanten Hirschelgasse, welches einst den Kaufherren Hirschvogel gehörte, jetzt einem Fabrikanten eigen ist; an seiner Vor-
hofmauer prangt ein köstliches Madonnenbild in Stein, im edelsten
Geschmacke ausgeführt, und der große Saal in dem an decorativen
Schönheiten reichen Inneren gilt „als ein Unicum in Nürnberg, ja
in ganz Deutschland". Geht man von dem Panierplatze gegen die
Burg der Hohenzollern hin, so fällt Einem vor allem ein impo-
santes Gebäude auf mit drei durch alle Stockwerke sich fortsetzenden
„Thörlein", wie man hier die Erker nennt; in ihnen herrscht das
spätgothische Fischblasenmuster vor; unweit des Dacherkers ist noch
ein Thörlein von trotz der unreinen Form malerischer Wirkung;
1590 gebaut, gehörte das Haus der Familie Topler, später dem
bekannten Gründer einer Nürnberger Malerakademie, Joachim von
Sandrart, jetzt besitzt es der Kupferstecher Petersen. Das Gloß-
ner'sche Haus in der Adlergasse bietet ein wunderliches Gewirre
von altdeutschen Knopfsäulchen an den Ecken von Stockwerk zu Stock-

werk bis zum Dache, von gothischen reizenden Eckthürmchen und einem völlig verzopften Mittelgebäude, das sich in lauter Erkern mit dreieckigen Giebeln hinaufbaut. Ein besonderer Stolz der guten Nürnberger ist die in e i n e m vortrefflich gewölbten Bogen über die Pegniß führende Fleischbrücke, eine Nachahmung des Ponte Rialto in Venedig, an dem das Fondaco dei Tedeschi lag, und von ihnen stets damit zusammen gehalten; unter der Leitung des Baumeisters Wolf Stromer errichtete sie 1598 der äußerst gewandte Zimmermann und Baumeister Peter Carl für über 82,000 Gulden; Nürnbergs enge Beziehungen zu Venedig gaben hierzu den Anlaß. Peter Carl arbeitete auch an dem im venetianisch-neumodischen Style aufgeführten Hause des Bartholomäus Viatis und seines Schwiegersohns Martin Peller. Dies Peller'sche (jetzt Fuchs'sche) Prachtgebäude aus starken Sandsteinquadern ist die Zierde des Aegidienplatzes und 1601—1605 erbaut. Die Façade fesselt das Auge, so merkwürdig auch die Gestalt des heiligen Martin in der Gesellschaft des Donnerers Jupiter uns berührt. Im herrlichen Hofe erhebt sich vor allen Stockwerken eine reich ausgestattete Bogengalerie mit flachen Kreuzgewölben und eine zierliche Wendeltreppe führt in die Gemächer, unter denen der große Saal ein wirklicher Schatz genannt werden darf; wie wunderbar reich ist dies Getäfel voll Zierrath, wie verschwenderisch ist die Fülle der Pracht über den Plafond ausgegossen, wo mythologische und historische Erinnerungen sich gruppiren! Denselben italienischen Palastgeschmack trägt auch das Rathhaus in seinen neueren Theilen auf den Zügen; es ist ein Renaissance-Werk und an Kunstwerth dem Augsburger Rathhause wohl ebenbürtig. „Aber Nürnberg", sagt Riehl, „blieb trotz dieses Rathhauses dieselbe mittelalterliche Stadt, die es gewesen; Holl dagegen baute mit seinem Rathhause zugleich ganz Augsburg um." Gerade noch vor dem Ausbruche des Deutschland verheerenden Riesenkrieges begann der Baumeister Eustach Karl Holzschuher 1616 den Neubau, den er bis 1619 vollendete. Die lange Façade hat zwei Stockwerke mit je 30 Fenstern und wird durch drei Vorbaue mit dorischen Säulenportalen unterbrochen; die halbliegenden Sandsteinfiguren an den Portalen, Arbeiten Leonhard Kern's († 1663), sind mittelmäßig. Eine von drei Pfeilern gestützte Kreuzbogenhalle führt in einen nur an drei Seiten vollendeten quadratischen Hof mit offener Bogenhalle;

der Krieg verhinderte die weitere Ausführung. Der zierliche Brunnen inmitten des Hofs wurde schon 1556 von Pankraz Labenwolf ge= gossen. Weit interessanter aber als die neuen Theile des Rath= hauses sind die noch vom Baue der Jahre 1332—1340 datirenden mit dem von Philipp Groß erbauten großen Rathhaussaale und Spuren alter Gemälde von Hans Graf (1340), die Georg Pencz 1521 renovirte. Von Hans Behaim dem Aelteren, der 1538 starb, rührt die treffliche Spitzbogenthüre an einem Anbaue des alten Rath= hauses (1515), von Hans Wilhelm Behaim die prachtvolle Decke des großen Saales mit dem in Holzschnitzerei ausgeführten vergol= deten Kronleuchter (1613). Außer Glasmalereien von Veit Hirsch= vogel sind an den Wänden des Saals besonders die Gemälde von und nach Dürer zu erwähnen, voran der Triumphwagen des Kaisers Maximilian und die Nürnberger Stadtmusikanten. Der Name Hans Wilhelm Behaim's erinnert mich an die fabelhafte Fertigkeit, mit der man in Nürnberg Holz zu schnitzen verstand. So heißt es bei Neudörfer von dem 1540 verstorbenen Ingenieur und Schnitzer Hieronymus Gärtner: „Er war aus der Hand zu schnitzen sehr fleißig, denn er hat aus einem Hölzlein, ungefähr des Zeigefingers länge, eine Weichsel oder Kirsche mit ihrem Stiel ganz künstlich ge= schnitzt, aber das Größte und Lobwürdigste ist, daß er von selbigem Hölzlein oben auf das Kirschlein eine Mücke von Flügeln, Füßen und allem andern, so conterfettlich schnitt, als wäre sie lebendig, es war auch alles so subtil, wo man ein einig daran blies, so be= weget sich der Kirschenstiel und die Mücke. Er machte dem König aus England eine schöne Visirung von Holz, ungefähr einer Ellen lang, das war ein einig Wasserrad und trieb, daß man darauf mahlen, schleifen, polieren und mangen mocht." Wir sehen hieraus, wie die Holzschnitzerei sich bis zu eben solchen Wundern der Zierlich= keit verstieg wie die Kunst der Goldschmiede und der Rothschmiede, und daß die Schlosser in derartigen Spielereien gleichfalls erfahren waren, zeigt uns der Chronist an dem um 1545 verstorbenen Caspar Werner: „Er machte ein Schiff ungefähr, wie ichs gesehen hab, ¾ Ellen lang, das ging auf einen Tisch, und darinnen saß ein Weibs= bild, ungefähr einer Spannen lang, die schlug mit beiden Händen auf ein Hackbrett mit Saiten eine rechte gemessene Mensur; zuvör= derst aber auf dem Schiff stand ein Kindlein, eines Fingers lang,

das beweget seinen Kopf und ruderte mit beiden Armen, zu hinterst
des Schiffs stund auch ein Kindlein mit zwcien Flügeln, dem in der
Läng gleich; das hatte einen gespanuten Bogen und auf der Senne
ein Pfeil liegen. Das war also zugerichtet, welchen man am
Tisch wollt haben, auf denselben wendet sich das Kindlein und schoß
auf ihn ab."

Den größten Ruhm als Bildschnitzer erwarb sich der Nürn=
berger Veit Stoß, allem Anscheine nach wie Dürer in Wolgemut's
Schule herangebildet; auch als Kupferstecher tüchtig, ohne darin her=
vorzuragen. Nachdem er längere Zeit in Nürnberg gearbeitet, ging
er 1477 nach Polen, wo viele sehr werthvolle Schöpfungen noch
heute an den bedeutendsten Bildschnitzer seiner Zeit erinnern; von da
kehrte er 1496 nach der Vaterstadt zurück und erhielt gegen drei
Gulden sein Bürgerrecht wieder; er nahm in dem engen Prechtels=
gäßchen seine Wohnung und warf sich mit Entzücken in die rege
Kunstströmung, welche gerade im Flusse war. Als berühmter Künstler
Dürer, Krafft, Vischer ebenbürtig, in enger Verbindung mit Wol=
gemut, wurde er alsbald mit den ehrenvollsten Aufträgen bedacht;
sann doch der behäbige Nürnberger immerfort darauf, wie er die
Vaterstadt durch Kunst und Pracht hoch über alle Städte des Reichs
erheben könne! Die Werke von Veit Stoß in der Aegidien=, Ma=
rien= und vielen anderen Kirchen Nürnbergs, seine leider verstüm=
melte reich geschmückte Rosenkranz=Tafel u. s. w. treten trotz aller
Vorzüge sämmtlich weit zurück hinter jenem unvergleichlichen Bild=
werk, welches an einer Kette frei schwebend vom Gewölbe im Chore
der St. Lorenz=Kirche herabhängt, dem „englischen Gruß." Anton
Tucher stiftete ihn 1518, „eine in mehr als lebensgroßen, vollrunden
Figuren ausgeführte Darstellung der Verkündigung Mariä durch den
Erzengel Gabriel, umgeben von einer Anzahl schwebender Engel,
umschlossen von einem großen (mehr als 3 Meter Durchmesser hal=
tenden) Kranz goldener Rosen und umgeben von sieben kleinen,
kreisrunden Reliefs mit Darstellungen der Freuden Mariä." Wun=
derbar schön sind die Figuren Maria's und Gabriel's und die
sieben Freuden der Gottesmutter und Rettberg hebt als Haupt=
vorzug des Künstlers die fromme Anmuth und zarte Weiblichkeit
seiner Frauengestalten hervor. Als der Prediger Andreas Osiander
mit seiner excentrischen Richtung die Oberhand in Nürnberg gewann,

wetterte er gegen den Bilderschmuck und besonders gegen Stoß's Madonna im englischen Gruße; bei dem Rathe setzte er es durch, daß „die goldene Grasmagd" in ein Tuch mit dem Tucher'schen Wappen eingehüllt wurde. Unsinnigerweise vertauschte man später die schön gearbeitete Kette mit einem Stricke, schaffte das ganze Kunstwerk in die Kaiserkapelle der Burg, von da in die Frauen= kirche, schließlich wieder in die Lorenz=Kirche, befestigte es jedoch ungenügend, es stürzte 1817 fünfzig Fuß herab und zerbrach zu Trümmern. Nach einigen Jahren setzten unter Heideloff's Leitung die Brüder Rotermundt, geschickte Bildhauer, unter den größten Mühen das unschätzbare Werk zusammen, konnten jedoch die mächtige Krone, die ursprünglich das Ganze zierte, nicht mehr zusammenfügen. In dieser Restauration hängt „der englische Gruß" seit März 1826 wieder vor dem Altare der Lorenz=Kirche. Alle Holzschnitzereien von Veit Stoß waren, dem allgemeinen Gebrauche des Mittelalters gemäß, bunt bemalt und theilweise vergoldet. Er war sehr fleißig, arbeitete schnell und viel, manches auch wohl fabrikmäßig mit seinen Gesellen. Er besuchte mit seinen Arbeiten häufig die Märkte von Frankfurt, Nördlingen u. s. w., seine Handelsverbindungen waren ausgedehnt und sein Ruf durfte als ein europäischer gelten.

Auf der Scheide zweier Zeiten stehend, hielt Veit Stoß an dem überlieferten kirchlichen Typus des Mittelalters fest, bildete aber seine Figuren und Stoffe mit vollendeter Technik aus und wahrte sich sein individuelles Gestaltungsrecht. Das gewaltige Vordringen der Reformation beeinträchtigte in hohem Grade Veit's Atelier, es wurden fast keine Holzschnitzereien für Kirchenzwecke mehr verlangt; an die Stelle pomphaften, überreichen Schmucks trat nüchternste Einfachheit und bald starb das Handwerk der Bildschnitzer an Ent= kräftung. Ein Sohn des mit reichem Kindersegen begnadeten Mei= sters, der Carmeliterprior Dr. Andreas Stoß, ist uns bei der Be= trachtung der Reformation in Nürnberg als einer ihrer Hauptwider= sacher begegnet. Der Charakter des großen Künstlers konnte wenig Sympathie einflößen; Veit Stoß war streitsüchtig, leidenschaftlich, unlauter und pochte bei seinen zahlreichen Processen und Händeln gerne auf die specielle Gunst des Kaisers Maximilian. Wegen Fälschung eines Schuldbriefes, die er eingestand, zum Tode verur= theilt, wurde er auf vielseitige Fürbitte vom Rathe zur Brand=

markung begnadigt und der Henker durchbohrte ihm mit einem
glühenden Eisen am 5. December 1503 die Wangen; auch mußte
er schwören, niemals mehr Nürnberg zu verlassen. Sein Schwiegersohn Georg Trummer, ein unvernünftiger Kopf, hetzte nun die Erb-
marschälle von Hessen, Freiherren von Riedesel, und die Grafen von
Hanau zu einer Fehde gegen das reiche Nürnberg und veranlaßte
sie, vom Rathe Genugthuung für Stoß zu fordern. Da dieser
fürchtete, man werde ihn für den Schwiegersohn büßen lassen, entfloh er trotz seines Ehrenwortes, ließ sich aber zur Umkehr bewegen
und kam auf vier Wochen im Juni 1504 in den Thurm. Obwohl
ihm der Rath von neuem verbot, Nürnberg zu verlassen, gab er
ihm wiederholt Erlaubniß, mehrwöchentliche Geschäftsreisen anzutreten, verweigerte ihm aber trotz alles Petitionirens die volle Freiheit
und als Veit Stoß den Kaiser beschwatzt hatte, ihm einen Restitu-
tions- und Rehabilitationsbrief zu ertheilen, der ihn von aller
Schmach reinigte, ließ sich der Rath durch nichts vermögen, das
kaiserliche Mandat öffentlich bekannt zu geben. Nach mancher trüben
Erfahrung vergoldete den Abend von Veit's Lebens der ungetheilte Beifall, den „der englische Gruß" fand, und erblindet starb er 1533
in sehr vorgerückten Jahren.

So war Nürnberg in allen Gebieten der bildenden Kunst ein
Stern erster Größe, dessen Licht weithin strahlte, während breite
Schatten noch auf so mancher Gegend lagen; in den verschiedensten Gewerben stand es auf dem Gipfelpunkte der Leistung und eine Er-
findung wurde die Mutter oder Schwester der anderen; ja der
Kaiser Ferdinand ließ den greisen Schlosser Bullmann in einer Sänfte
nach Wien bringen, einzig um ihm ein besonderes Uhrwerk zu zeigen.

Auch die Musik hatte in Nürnberg einen großen Kreis von
Verehrern und Meistern, das Reich der Töne zählte hier viele
Unterthanen. Hans Neuschel Vater und Sohn waren ausgezeichnete
Posaunenmacher und erregten die größte Bewunderung, als sie vor
Leo X. bliesen; auch bestellte der Königsberger Hof bei ihnen und
anderen Nürnbergern musikalische Instrumente. Kunstverständige
Bürger sammelten Messen, Motetten, Gesänge u. s. w. und ver-
trieben sie an den zahllosen Höfen des Erdtheils; in Nürnberg war
Alles leicht zu beziehen, was an Vorzüglichem in der Kunst geleistet
wurde. „Um die Moderation des Klaviers den Singstimmen con-

form zu machen", erfand Hans Hayden 1610 ein besonderes Clavi-cymbel. Um diese Zeit war der Nürnberger Hans Leo Haßler (Hasler), der längere Zeit in Augsburg bei den Fugger Organist gewesen († 1612), der größte Orgelspieler der Zeit und ein Meister im geistlichen und weltlichen Liede; er legte den Grund zu den be-liebteren Melodien der evangelischen Kirchenlieder. Auch sein Bruder Kaspar, der als Organist 1618 in Nürnberg starb, war als Com-ponist tüchtig; ihn übertraf noch der Organist an der Lorenz-Kirche Johann Staden († 1634). Die erste Kunde von einer größeren Musikproduktion findet sich jedoch erst 1643.

Nachdem der ritterliche Minnesang verklungen war, fand die Poesie ihre Pflege im Bürgerstande, und im Volksliede klang überall der Spott durch. Langsam bahnte sich durch die verworrenen poli-tischen Zustände die bürgerliche Literatur, im Volksliede reich ent-wickelt, ihren Weg. Unter den Dichtern und Dichterlingen machten manche aus ihren Produktionen ein Gewerbe und in besonderen Vereinen wirkten die Meistersänger. Seit der Reformation traten sie vorzüglich in protestantischen Städten und vor allen in Nürn-berg auf. Nürnberg war es, wo nach Stark's Worten „das Drama als geistliches Osterspiel und als Fastnachtsspiel am ersten und meisten gedieh, wo die Ureltern der Menschheit, die Propheten und Erzväter, dann die heilige Geschichte des Neuen Testaments, mit manchen komischen Zuthaten, leibhaftig in Gestalt und Tracht Nürn-berger Bürger erschienen." Der erste Vertreter dieser ältesten Form deutschen Schauspieles war Hans Rosenplut der Schnepperer (Schwätzer); seinen dichterischen Erzählungen, Trinkliedern und Spott-liedern, seinem beschreibenden Lobgedichte „Der Spruch von Nürn-berg" (1447) reihen sich die Fastnachtspiele mit ihrem grobkörnigen, derben Humore und dem Hohne über die politischen Mißverhältnisse würdigst an. Sein jüngerer Mitbürger Hans Folz, ein Barbier, erfand neue Gesangsweisen, dichtete mehrere Fastnachtspiele und errichtete eine eigene Druckerei.

Leonhard Nunnenbeck, der Leineweber, wurde der Lehrer des größten aller Meistersänger, des Hans Sachs. Schneidersohn und Schuhmacherlehrling, war Hans Sachs zeitlebens der echte Repräsentant des Volks in seinen liebenswürdigen und gemüthlichen Regungen, ein biederer Hausvater und Bürger, von sittlichem Ernste durchdrungen und doch zu herzlichem Humore stets aufgelegt. Als reichsten und vielseitigsten unserer Dichter im 16. Jahrhunderte und als namentlich um unser Drama hochverdient, hat ihn Georg Zimmermann trefflich charakterisirt. „Alle kirchlichen und politischen Vorgänge seiner Zeit, die mannigfaltigsten Gestalten des Einzellebens und eine reiche Kenntniß der Geschichte, Sage und Literatur nahm er in seine Darstellungen auf. Im Frühling des Lebens war der Gegenstand seiner Dichtung züchtige Liebe und Heiligkeit des Ehestandes. Dann wurde sein Herz durch Luther's Auftreten mächtig ergriffen; er blieb dem Reformator treu und wirkte nun im protestantischen Geiste für die sittliche Bildung des Volkes, die er vielfach im Argen sah. Mit urchristlichem Sinne vereinigte sich bei ihm die Hingebung an die Schriftsteller des classischen Alterthums; bei ihnen fand er jene Maßhaltung, die er einem wildbewegten Zeitalter unablässig empfahl und die er in allen seinen literarischen Erzeugnissen durchführte. Die ihm eigene Beobachtungsgabe nährte sich an den Forschungen der Alten über die innere Natur des Menschen; ihre anschauliche Weisheit entsprach seinem plastischen Sinne. Bei dieser Mischung des christlichen und des antiken Elements wurde er zu einem humanistischen Lehrer des Volkes, insbesondere des Handwerkerstandes, den er in seinen Dichtungen getreulich und liebenswürdig abspiegelt. Bis in die 50 er Lebensjahre beschäftigten ihn zumeist Kirche und Politik; er wandte sich gegen das Unheil, das Pfaffen und Rechtsgelehrte über Deutschland brachten, gegen den Druck von oben, die Streitlust von unten; Eintracht, Gemeinsinn erschien ihm als das einzige Rettungsmittel. Seit dem sechsten Lebensjahrzehnt werden seine unmittelbaren Beziehungen auf die Gegenwart seltener, das öffentliche Leben steht nun bei ihm zurück, das Privatleben tritt in den Vordergrund, die Belehrung weicht der Anschaulichkeit, die Allegorie der Fabel; Schwänke, Erzählungen, Fastnachtsspiele sind nun des Dichters Lieblingsbeschäftigung, vor Allem zieht es ihn zur dramatischen Gestaltung; er drängt sich in das Gewimmel der Menge, auch des gemeinen Pöbels, er will sich unterhalten und erheitern; aber auch hier verläßt ihn die Mäßigung nicht, er sagt die Wahrheit und lehrt die Tugend mit lachendem Munde. Seine Sprache ist kräftig, reich, lebendig, klar, gesund, insbesondere auf dem humoristischen und sati-

13 *

rischen Gebiete ausgezeichnet. Unter seinen epischen Dichtungen ge-
bührt den Schwänken die erste Stelle; häufig kleidet er, dem Zeitgeschmacke folgend, seine Erzählungen in das allegorische Gewand.
Seine komischen Legenden und einzelne seiner Fabeln sind vortrefflich." Auch als Dichter geistlicher Lieder hat sich Hans Sachs
einen Namen gemacht und in der Lehrdichtung ist er einer der
größten Meister gewesen. Der fleißige Schuhmacher von Nürnberg
war „billig ein deutscher Poet zu nennen.", wie Neudörfer meint,
und an Fruchtbarkeit übertraf ihn wohl keiner unserer Dichter;
sind ja der Meistergesänge allein 4275, wie sein Inventar besagt.
Er war unser erster Schauspieldichter, viele seiner Tragödien und
Komödien wurden in den deutschen Städten aufgeführt. Nachdem
sein Ruhm mit den Jahrhunderten bedeutend abgenommen, brachten
Wieland und Goethe den Altmeister, von dem es hieß

> „Hans Sachse war ein Schuh-
> Macher und Poet dazu"

wieder zu vollen Ehren. Hans Sachs starb im 82. Lebensjahre
1576.

Noch steht das Haus des Mannes, der für die Reformation
so begeistert auftrat, daß der Rath ihm 1527 wegen Verhöhnung
des Papstthums ein „Schuster, bleibe bei Deinem Leisten" zuzurufen
für gut fand, in dem Mehlgäßlein, der jetzigen Hans Sachsen-Gasse,
mit einer Gedenktafel geziert. Sein Grab ist auf dem Johannis-
Kirchhofe. Nachdem man Jahre lang auf Errichtung eines Denkmals für den größten aller Meistersänger gesonnen hatte, begann die
Sammlung zu Beiträgen dafür Ende 1863, das Modell fertigte der
Bildhauer Johann Konrad Krauß er aus Nürnberg; Fürsten, Private
und Corporationen gaben bedeutende Summen, Hans von Bülow
hielt mehrere Concerte zu Gunsten des Monumentes und 1874 wurde
auf dem Spitalplatze die schöne Erzstatue enthüllt.

Wenn Eduard Devrient behauptete, in Nürnberg sei 1550
das erste deutsche Theater entstanden, so ist er im Irrthume.
Spielten auch Handwerker, wie sie uns Shakespeare im Sommer-
nachtstraume so drastisch vorführt, als erste Schauspieler in Gast-
wirthschaften, bis ihnen 1526 die Martha-Kirche dazu eingeräumt
wurde, in der sie bis 1614 Vorstellungen gegeben haben sollen, so
war dies doch mehr zu ihrer Ergötzung als würdig des Namens

theatralischer Leistungen. Mit fremden Fürsten kamen bisweilen Schauspielergesellschaften nach Nürnberg, so 1612 und 1613, und traten im Heilsbronnerhofe auf. 1628 erbaute der Rath als Asyl für alle theatralischen Belustigungen, die bisher gleichsam obdachlos gewesen waren, das „Fechthaus" auf der Schütt und erst 1667 entstand das Opernhaus, im Gegensatze zu dem nur bei Tage besuchten Fechthause das „Nachtkomödienhaus" genannt.

Nächst Hans Sachs der beste Schauspieldichter des 16. Jahrhunderts war Jakob Ayrer in Nürnberg, früher Eisenhändler, dann bis zu seinem 1605 erfolgten Ableben kaiserlicher Notar und geschworener Gerichtsprokurator. Wenn er Sachs in der Composition seiner Stoffe übertrifft, wobei die Einwirkung des englischen Theaters sehr bemerklich ist, so erreicht er ihn hingegen nicht an Frische, Kindlichkeit, Heiterkeit, sinnigem Humor, dramatischer Lebendigkeit und Gewandtheit der Sprache. Neben diesen Dichtern soll noch, freilich auf anderem Gebiete seinen Lorbeer pflückend, der Nürnberger Melchior Pfinzing, Dichter des Theuerdank, erwähnt werden, der kaiserliche Rath und Propst zu St. Sebald, der 1553 starb. Früher sind wir ihm bereits begegnet; der edle fromme Mann, dem Maximilian so wohl wollte, bewohnte den Pfarrhof von St. Sebald, dessen schönes gothisches Thörlein von 1318 noch heute bewundert wird; einfach mit seinem achteckigen Fuße aus dem Boden hervorwachsend, um sich oben wie eine reiche Blume zu entfalten, ist es in seiner Art von unübertroffener Anmuth.

Welch ein Boden Nürnberg zur Zeit des Humanismus für die Wissenschaft war, habe ich des Näheren an seinem Orte geschildert. Ein Kreis wie der Pirkheimer's durfte sich kecklich neben jeden im Reiche stellen, ohne Verdunkelung befürchten zu müssen. Kaum hatte sich Nürnberg für die Reformation erklärt, als man schon an die Errichtung einer höheren Studienanstalt ging; eine Art Universität sollte über der Lateinschule zu St. Aegidien stehen. Besonders ereiferten sich hierfür der gelehrte Hieronymus Ebner und der kraftvolle Kaspar Nützel, die beiden Losunger des Jahres 1524; mit ihnen wirkte der Rathsschreiber Lazarus Spengler; eine Reihe Patricier begrüßte das Vorhaben mit hellem Jubel und der Praeceptor Germaniae, Philipp Melanchthon, dessen Denkmal 1826 von Burgschmiet Nürnberg zu Theil werden sollte, erklärte sich auf

ihre Bitten bereit, an der Einrichtung der neuen Anstalt mitzu-
wirken; am 23. Mai 1526 wurde das Gymnasium von ihm eröffnet.
Es war ein neuer Glanzpunkt für Nürnberg. Unter den Professoren
waren Gelehrte hervorragendster Bedeutung. Joachim Camerarius
(eigentlich Liebhard), dessen Schriften nahezu alle Zweige menschlichen
Wissens umfaßten, lehrte Geschichte und griechische Sprache, Helius
Eobanus Hesse (Hessus) Poesie, Johann Schoner (Schöner) Mathematik
und Geographie, u. s. w. Als Schoner's Vermächtniß befindet sich
noch heute auf der Stadtbibliothek ein merkwürdiger Erdglobus, den
er 1520 nach seinen Angaben anfertigen ließ. Da er keine Quellen
kannte, die ihn zu seiner Vermuthung veranlaßten, es müsse zwischen
Südamerika und dem Australgebiete eine Wasserstraße geben, so nahm
er, wahrscheinlich auf die irrige Aussage eines portugiesischen Reisenden aus den ersten Jahren seines Jahrhunderts, den Matthias-
Golf als die ersehnte südliche Durchfahrt an; viele spätere Gelehrte,
auch Mercator haben aus ihm geschöpft*). In Nürnberg als „Pa-
tricierschule" bezeichnet, erlangte das Gymnasium großen Ruf im
Auslande; Luther nannte es „eine feine, herrliche Schule" und
meinte, „vorhin sei keine Hochschule, wenn's gleich Paris wäre, so
wohl mit Legenten versorget gewesen." Aber sehr bald wich der
große Erfolg, dessen sie sich erfreut hatte, von der jungen Anstalt
und 1552 fand sie Melanchthon bereits im Niedergange. Nürnberg
schien zu sehr von dem Handel beeinflußt, um eine Stätte stiller
Ausbildung zu sein, und man dachte schon an Verlegung des Gymnasiums, neben dem nach wie vor vier Lateinschulen fortbestanden,
an einen ruhigeren Ort. Diesen Plan führte der Rath 1571 aus;
er bestimmte Altdorf zum Sitze des Gymnasiums und 1575 siedelte
dasselbe in das neu erbaute Collegium daselbst über. Valentin
Erythräus von Straßburg wurde der erste Rektor und auf dringendes
Anliegen des Rathes erhob Rudolph II. durch Privilegium vom
6. November 1578 das Gymnasium zur Akademie; ihr erster Pro-
kanzler wurde Philipp Camerarius. Während die Lateinschule zu
St. Aegidien 1633 sich zu einem Gymnasium gestaltete, welches
heute noch in Nürnberg in hoher Blüthe steht, wurde die Altdorfer
Akademie am 3. Oktober 1622 von Kaiser Ferdinand II. zur Uni-

---

*) Vgl. Wieser, Magelhaens-Straße und Austral-Continent auf den
Globen des Johannes Schöner, Innsbruck 1881.

versität erhoben, was am 29. Juli 1623 feierlich promulgirt ward,
und Nürnberg konnte sich somit rühmen, seine eigene Universität zu
besitzen; die Beseitigung Nürnbergs als freien Staates zog am
24. August 1809 auch die Aufhebung der sehr tüchtigen und anerkannten Hochschule nach sich. Nürnberg zählte eine Reihe der bedeutendsten Theologen unter seinen Geistlichen, so Georg Major,
Andreas Osiander, Thomas Venatorius, Veit Dietrich, eines Schusters
Sohn, u. A. Ueberall geistiges Streben, reiches und fruchtbringendes
Wirken war der Grundzug des Nürnberger Lebens. Verlassen wir
nun das schöne Franken und betreten wiederum den Boden Schwabens.

Augsburg mit seinem Humanistenkreise ist von mir früher
geschildert worden, wo ich die Zierden der Wissenschaft um die Person
Konrad Peutinger's zu gruppiren versuchte. Tycho de Brahe, der
gewaltige Astronom, hatte so viel von Augsburgs Ruhm gehört,
daß er daselbst eine Zeit lang den Studien oblag und mit einem
Paulus Hainzel und anderen Freunden ernster Wissenschaft den
Himmel und seine Wunder betrachtete. Welche Bibliotheken Peutinger, die Familie Fugger u. A. anlegten, ist bereits erwähnt;
1563 wurde die jetzt sehr werthvolle Stadtbibliothek eröffnet. Veit
Bild, seit 1503 im Kloster zu St. Ulrich, bekannt mit den berühmtesten Mechanikern und Mathematikern seiner Zeit, beschäftigte sich
mit der mathematischen Geographie und verwandten Disciplinen in
eingehendster Weise, suchte z. B. Augsburgs geographische Breite
festzustellen, verfertigte astronomische, zu Beobachtungen dienende
Uhren, schrieb über Construction und Anwendung der Sonnenuhren
und bewies eine solche Vielseitigkeit des Wissens, daß er, der Kenner
vieler Sprachen, ein ausgezeichneter Philologe und Grammatiker,
Theologe, Musiker, Redner und Dichter war. Oft weilte in Augsburg der Astronom und Mathematiker Peter Apianus bei Raimund und Georg Fugger, die Mathematik und Physik in hohem
Maße liebten; Karl V. schätzte ihn ungemein, ließ sich Instrumente
von ihm machen, rief ihn zu sich auf die Reichstage und nahm 1548
bei ihm während des Augsburger Reichstags täglich mathematischen
Unterricht. In gleichem Maße stand der Augsburger Astronom
und Mechaniker Christoph Schißler in besonderen Ehren und
arbeitete viel für den träumerischen Rudolph II., der mit gläubigstem

Eifer Astrologie und Alchymie trieb. Die Rathsherren Johann
Baptist und Paulus Hainzel begünstigten sehr das astronomische Studium und die Lehrer der Arithmetik und Astronomie am Gymna=
sium bei St. Anna, Höschel, galten als vorzügliche Gelehrte. Auch
die Uhrmacherkunst vervollkommnete sich durch Ausbeutung aller
mechanischen Neuerungen sehr wesentlich und ein Matthäus Busch=
mann, Gerhard Emmoser, Benedikt und Jakob Marquart, Hans
Schlottheim, Georg Roll hatten weithin Ruf, ja die Kaiser schenkten
ihre Uhren Potentaten bis nach Konstantinopel und Peking hin.
Ein in Augsburg befindliches Uhrwerk mit künstlicher Angabe des
Laufes der Sonne, des Mondes und der Planeten und der Bewe=
gung der Figsterne erschien dem im Jahre 1600 durchreisenden
Petrus Eremita als ein Wunderding. Hierbei dürfte auch „der
Perlach=Michel" oder „Thurm=Michel" zu erwähnen sein; es ist
eine kleine bemalte Holzfigur des Erzengels Michaël, der dem Teufel
den Speer in den Leib stößt, und diese wird seit Menschengedenken
am Michaëlis=Tage bei jedem Stundenschlage aus dem unteren
Fenster des Perlach=Thurms geschoben, worauf sie zur allgemeinen
Ergötzlichkeit den Teufel so oft durchbohrt, als die Glocke schlägt.
Der große Baumeister Elias Holl restaurirte den Perlach=Thurm
im Beginne des 17. Jahrhunderts und gab dem „Michel" neue
Mechanik, die aber gebrochen ist; er wird jetzt mit der Hand hin=
ausgeschoben. Riehl sagt über dies alte Wahrzeichen: „Was dem
Westphalen sein Hermannsdenkmal, das ist dem Augsburger sein
Perlachmichel. Als der sieggewaltigste unter den Christenheiligen
trat der Erzengel an die Stelle des Wodan und verkündet so zu=
gleich hier den Sieg des Christenthums über das Heidenthum, wie
des Germanenthums über das Römerthum." Unter den Augsburger
Gelehrten ragten der Chronist der Vaterstadt, Achilles Priminus
Gasser (Gassarius) und der Mönch Clemens Sender hervor, der
1525 eine Geschichte des römischen Reichs von Augustus an, resp.
Weltgeschichte begann, welche er bis 1533 fortsetzte. Wie sehr för=
derten und liebten die Fugger und Welser Wissenschaft und Kunst,
wie anregend war für sie der Verkehr mit ihren Aposteln!

Zu den vorhandenen Klosterschulen wurde in Folge der Refor=
mation 1531 vom Rathe die Lateinschule zu St. Anna errichtet
und alsbald zum Gymnasium erhoben. Der bisher in Diensten der

Fugger als Bibliothekar gewesene Gelehrte Hieronymus Wolf, auf seinem Grabsteine pomphaft als „der schwäbische Sokrates" bezeichnet, wurde 1557 der Reformator der neuen Schule, theilte sie in fünf Klassen und beseitigte manchen Mißbrauch; er starb, nachdem er dem Gymnasium hohes Ansehen verliehen, 1580; neben und nach ihm wirkten gleich segensreich Simon Fabricius bis 1593, Georg Henisch bis 1618 und der Augsburger David Höschel bis 1617. Das Jesuitencolleg zu St. Salvator, womit 1588 die Domschule vereinigt wurde, konnte gegen die vorzügliche Anstalt nicht aufkommen. Daß in Folge des Auftretens der Jesuiten das protestantische Collegium zu St. Anna gegründet und mit 32 Stipendiaten am 3. December 1582 feierlich eröffnet wurde, erwähnte ich bei Ulrich Fugger, seinem Gönner; Johann Baptist Hainzel hatte wohl das be= deutendste Verdienst um das Zustandekommen des hochherzigen Vorha= bens; für Stipendiaten dieses Collegiums sorgte dasselbe sogar noch auf der Universität weiter und wenn einer den Magistergrad erlangte, empfing er 30 bis 36 Gulden.   Konnte man sich eine liberalere und humanere Anstalt denken?   Sie war ein würdiges Seitenstück zu dem Nürnberger Gymnasium von St. Aegidien.

Die Meistersänger hatten zwar in Augsburg keinen Hans Sachs aufzuweisen, waren aber ziemlich zahlreich.   Um 1534 baten sie, sich auf eine alte ihnen verliehene Ordnung berufend, den Rath, es möge ihnen gestattet werden, künftig anstatt der heidnischen Fabeln und Historien geistliche Lieder zu singen, wie ihre Vorfahren „schon vor 600 Jahren" gethan hätten.   Zu ihren Schulen wurde ihnen die Barfüßerkirche, später eine Stube in der St. Jakobs=Pfründe bewilligt, wo sie nach besonderen, oft höchst komisch betitelten Weisen sangen.   Mit der Zeit hielten sie bald in dieser bald in jener Kirche, auch wohl in Privathäusern ihre Schule ab; ihre Lieder mußten eine biblische Geschichte oder Glaubenslehre behandeln, doch hatten sie in der Gestaltung vollste Freiheit.   Diese Singschulen dauerten bis 1701, wo sie eingingen.

Gleichzeitig waren diese Meistersänger Schauspieler.   Die ersten Schauspiele in Augsburg waren Schulkomödien; ein gewisser Joseph Grünpeck ließ sie 1497 daselbst drucken und widmete sie dem Augsburger Canonicus und Professor Bernhard von Waldkirch; vorzugsweise für Schulzwecke bestimmt, wurden sie von patricischen

Knaben aufgeführt, verfolgten in ungeschickter und oft über die
Maßen unschicklicher Weise moralische Absichten und waren gewiß
ein zweischneidiges Schwert, ein höchst bedenkliches pädagogisches
Experiment. Der Rektor Xystus Birk (Betulejus) ließ seine Schüler
im Gymnasium zu St. Anna Schulkomödien aufführen, die sehr be-
wundert wurden und den Schülern wie ihm Belohnung aus dem
Bauamte eintrugen; die erste, Lucineris, wurde 1538 gespielt.
Sehr oft fanden solche Aufführungen in einem besonderen Theater-
saale unter der Stadtbibliothek statt, die letzte 1737 unter dem
Rektor Crophius; von Stetten nennt die Themata „Haupt- und
Staatsactionen, mit untermischten Chören und Tänzen". Derartigen
Schulkomödien begegnen wir in mehreren Anstalten.

Der .stummen Komödie, die in Augsburg 1530 vor Karl V.
gespielt wurde, that ich schon Erwähnung. Die Meistersänger erhielten sich als Akteurs bis in's 18. Jahrhundert und spielten,
meistens Handwerker ihres Zeichens, in einem eigenen Komödienhause
der Jakober Vorstadt; 1540 ging ihr erstes Stück „Die fünf Betrachtungen" bei St. Martin in Scene, wobei der jüngste Meister
die Damenrolle spielte. Die besten Dichter unter ihnen waren der
Notar Hans Spreng, der viele griechische und lateinische Autoren
übersetzte, der Hammerschmied Hans Ulrich Cristeiner und der Maler
Johann Daniel Holzmann. Die meisten dieser Sangesbrüder waren
Lutheraner und wie Hans Sachs begeistert für die Ziele der Reformation, dichteten Kirchenlieder und führten neue Kirchenweisen
ein. Arme Schüler der öffentlichen Schulen sangen die neuen
Lieder um ein Almosen vor den Thüren der Wohlhabenden, was
mit der Zeit polizeilich geordnet und begrenzt wurde; 1559 wurde
ein Musiklehrer am Gymnasium St. Anna angestellt, der viermal
wöchentlich Singunterricht gab, 1560 entstand die Cantorei, in der
sich nach zwanzig Jahren schon 80 Sänger befanden und die bis
1806 blühte. Die Fugger und andere reiche Familien suchten
Tonkunst und Composition zu fördern. Damals vertrat das Spiel
von Zither und Laute unseren Flügel, die Tanzmusik bestand
aus Zinkenisten, Posaunisten und Pfeifern; bei Tafel sang wohl
auch ein Knabe zum Spiele des Lautenschlägers. Unter letzteren
ragte Melchior Neusiedel sonderlich hervor.

Für die Kirchenmusik componirte der Wiedertäufer Sigmund

Salminger, der 1545 ein Gesangbuch herausgab; als tüchtige Organisten erscheinen Gregor Aichinger, von dem ebenfalls Cantionen gedruckt wurden, Jakob Paix, Christian Erbach und Andere, theilweise in Fugger'schen Diensten, in denen auch Hans Leo Hasler, dessen ich in Nürnberg gedachte, längere Zeit stand. Im Anfange des 17. Jahrhunderts wurde die Musik in Augsburg sehr gepflegt, bis der dreißigjährige Krieg sie auf lange verstummen ließ. Eine Reihe trefflicher Orgelmacher verdienten bemerkt zu werden: Joseph Faber, Samuel Bidermann, Eusebius Ammerbach, der auf Kosten Jakob Fugger's 1581 die Orgel in der Fugger'schen St. Ulrichs-Kapelle baute, und Marcus Günzer. Riehl hebt hervor, der confessionelle Wetteifer sei in Augsburg sehr vortheilhaft für die Ausbildung der Kirchenmusik gewesen, Protestanten und Katholiken seien bis auf unsere Tage Concurrenten hierin geblieben. War einst Hasler, der wackere Genosse Orlando's di Lasso, die größte musikalische Zierde Augsburgs, so gehörte der unsterbliche Tondichter der Neuzeit, Mozart, auch Augsburg an: sein Vater Leopold, der tüchtige Kapellmeister, war ein Augsburger Kind.

Ungemein kam das republikanische Selbstgefühl der schwäbischen Reichsstädte der Kunst zu Nutzen. Die Richtung der schwäbischen Schule war vorwiegend realistisch, doch war damit ein ideales Element verbunden; der schwäbische Realismus „begnügte sich nicht mit der äußeren Wahrheit", — sagt Schnaase — „nicht mit dem Wohlgefallen an der glänzenden Erscheinung der Dinge, sondern beruhte auf einer innigen, warmen, fast schwärmerischen Anhänglichkeit an das Nahe und Einzelne, auf einer Weichheit des Gefühls, der lyrischen Stimmung, die sich zu allen Zeiten hier poetisch geäußert hat". Keine Schule wandte sich der flandrischen Kunstrichtung der Eyck so enthusiastisch zu wie die schwäbische. An Künstlern fehlte es der reichen Handelsmetropole Augsburg nie; schon im 14. Jahrhunderte traten Maler, Bildhauer, Glaser und Goldschläger zu einer Gilde zusammen und ihr mit 1489 beginnendes „Gerechtigkeitsbuch" führt Malerfamilien auf, deren Mitglieder fast ein Jahrhundert lang die ererbte Kunst pflegten. Zu diesen gehört die Familie von Köz (Köt), aus der Hans im Jahre 1400 für die St. Ulrichs-Kirche eine Altartafel um den damals enormen Preis von 300 Gulden malte. Bland Nase, den von Stetten „Prenk

ober Plank mit der langen Nase" nennt, stellte am Perlach=Thurme
1450 (nach Welser 1437) die Kämpfe der Cimbern und Cherusker
mit den Römern und Otto's des Großen mit den Ungarn bei
Augsburg dar, Bilder, die leider bei der Restauration durch Holl
1615 zu Grunde gingen. Ebenso verschwanden die wiederholt über=
malten Gemälde Peter Kaltenhofer's von 1457 in der Amtsstube
des Weberhauses, auf denen „wie in einem Guckkasten, die ganze
biblische Geschichte, alte und neue Helden, Könige und Kaiser, zu
gutem Glücke mit beygesetzten Namen" zu finden waren; die der
Decke hingegen erhielten sich gut und sind nach Lübke jetzt im Na=
tionalmuseum zu München; Schnaase bezeichnet sie als roh und
handwerksmäßig. Die Wandmalerei erfreute sich besonderer Pflege in der
Stadt, während die Tafelmalerei sich nicht so rasch wie in anderen
Gegenden des Reichs entwickelte. Als einziges, auf uns gekommenes
Werk der Augsburger Malerei dieser Zeit führt Woltmann das den
Tod Mariä vorstellende große Wandbild im Chore der St. Jakobs=
Kirche an, welches er im Gegensatze zu Waagen, Schnaase und
Anderen in das Jahr 1469 setzt und voll Anerkennung der tüchtigen
Kunst schildert; der Maler ist unbekannt. Mit der Ulmer Schule
stand die Augsburger in nahen Beziehungen und Ulmer Maler ar=
beiteten wiederholt im St. Ulrichs=Kloster.

Die Glasmalerei wurde gleichfalls gepflegt. Der Maler
Gumpolt Gültlinger, verstorben 1522, war besonders für die St.
Ulrichs=Kirche sehr thätig und erhielt für einen einzigen Altar 1481
400 Gulden, was der beste Grabmesser für sein Ansehen ist; im Re=
fectorium stellte er landschaftliche Ansichten von Jerusalem und anderen
Städten des gelobten Landes dar. Aber von allen Werken der Ulrichs=
Kirche kam nichts auf uns; bei dem Bildersturme der Reformation
wurden sie 1537 schmählich vernichtet.

Mit der Zeit brach sich in der Augsburger Schule eine mehr
subjektive, individuelle Auffassung Bahn, welche in das volle Leben
griff, seine Poesie auch in der Kunst darstellen wollte und ihre
Hauptvertreter in den Malerfamilien Burgkmair und Holbein zählte.
Thoman Burgkmair, der das Gerechtigkeitsbuch der Maler anlegte,
lebte bis 1523; es ist fraglich, ob wir von ihm Bilder besitzen,
denn die unter seinem Namen gehenden können nicht als seine
Kinder erhärtet werden. Neben dem jüngeren Holbein gewiß der

bedeutendste Künstler, der in Augsburg zur Welt kam, war Thoman's Sohn, Hans Burgkmair. Er zuerst nahm die Formen der italienischen Renaissance in sich auf, gab sie in seinen Werken wieder und übte einen sehr bedeutenden Einfluß auf beide Holbein, während er in regen Beziehungen zu Dürer stand, ohne sein Schüler zu sein. Obwohl der Schüler Martin Schongauer's, wahrte er sich doch stets die volle Selbständigkeit. Burgkmair brach völlig mit der Gothik, blieb aber trotz des Erfassens der italienischen Renaissance ein deutscher Maler, der sich — um die Worte von Huber's zu benutzen — logisch aus sich heraus entwickelte, dessen Ausdrucksweise sich nicht umgestaltete, sondern nur vergeistigte und verfeinerte. Seine Männergestalten sind kernige Deutsche, seine Frauen Augsburgerinnen aus dem schönen Kranze, der Maximilian I., Philipp I., Karl V. und den Erzherzog Ferdinand entzückte. Woltmann, Lübke und Andere stellen ihn sehr hoch und von Huber fügt hinzu: „Burgkmair ist ein sittlicher Künstler, der nicht leicht in die Satyre und das Profane verfiel, was sich in den Bildern seiner Zeitgenossen oft breit macht. Wenn seine Farbe auch nicht die Farbengluth des Vater-Holbein erreicht, bleibt sie doch immer rein und harmonisch. Trotzdem sie oft nur wie hingehaucht ist, daß die geniale Zeichnung und Schraffirung an manchen Stellen durchschimmert, hat sie sich, als Zeichen seiner vorzüglichen Technik, bis auf heute erhalten". Zu seinen trefflichsten Gemälden gehören in Augsburg die mit Holbein gemeinsam ausgeführten großen Basilikenbilder für das Katharinen-Kloster, jetzt in der Augsburger Galerie, das Triptychon Christus am Kreuze und die beiden Schächer, Kaiser Heinrich II. und St. Georg, das Triptychon Jesus, Maria und Chöre von Heiligen, die Schlacht bei Cannae ebenda, in der St. Anna-Kirche eine Auferweckung der Todten und Himmelfahrt, u. s. w. Auch in Nürnberg sind viele Werke von dem in den verschiedensten Galerien reich vertretenen Künstler. Am produktivsten war er im Holzschnitte, worin er auch zuerst Ruhm erwarb; mit kleineren Dingen zusammen dürften wohl tausend Holzschnitte auf sein Theil kommen, von denen die berühmtesten die im Weißkunig und im Triumphzuge Maximilian's I. sind, der ihn viel beschäftigte. Auch für Glasmalereien lieferte er die Zeichnungen, außerdem herrliche Miniaturen, darunter das köstliche Tournierbuch in Sigmaringen, Metallstiche, und von ihm rührten die Malereien (Fresken) am Fuggerhause und am evangelischen Armenhause. In sehr traurigen Verhältnissen starb Burgkmair 1559. Seine Familie blieb bei dem Malerberufe, ohne hervorragendes mehr zu leisten; seine Schwester soll die Gattin des älteren Hans Holbein gewesen sein.

Es gab fünf Maler dieses Namens: Sigmund, Hans Vater und seine Söhne Ambrosius, Bruno und Hans. Sigmund und Hans der Aeltere waren Söhne eines Lederarbeiters aus Schönefeld bei Augsburg, der 1448 in diese Stadt übersiedelte. Von Sigmund be= sitzen wir nur ein sicheres Werk, das meisterhafte kleine Madonnen= bild auf der Burg zu Nürnberg (früher im Landauerbrüderhause); es sichert ihm aber für immer einen hohen Rang als Künst= ler; er wandte sich nach der Schweiz und starb in Bern 1540. Von Ambrosius sind in Basel eine Reihe Gemälde und Zeichnungen und in München ein Joseph mit Potiphar's Weib; ohne hervor= ragend gewirkt zu haben, starb er in Basel gegen 1520. Bruno, dem ohne bindenden Beweis eine Zeichnung in Bernburg und eine in der Albertina zu Wien zugeschrieben werden, ist uns so gut wie unbekannt. Desto bekannter sind wir mit Hans Vater und Hans Sohn. Obgleich Schongauer wie Burgkmair von wesentlichem Ein= fluß auf den älteren Holbein waren, wußte er durch Ausbildung ihm allein eigener Züge eine besondere Rolle in der Geschichte der altdeutschen Malerei des 15. Jahrhunderts zu spielen, besaß eine feine malerische Empfindung, dramatische Lebendigkeit und scharf aus= geprägte Beobachtung für die einzelne Persönlichkeit, welch letzterer Vorzug seinem Sohne Hans noch weit mehr eignete. Bald galt er in der Heimath und im Auslande für einen der ersten Maler; unfraglich sein Glanzwerk und das beste der Augsburger Schule überhaupt ist die Paulus=Basilika von 1504, welche er für Veronika Welser in das Katharinen=Kloster malte. Er erscheint Schnaase als ein lebendig, ja fast unruhig strebender Geist, der sich nie befriedigt, nie wiederholt, sondern nach einem höhern, noch un= bekannten Ziele ringt, und „dieser Geist", versichert Lübke, „führt den Meister in der That noch in vorgerücktem Alter zu einer für ihn höchsten Stufe der Entwickelung. Er läßt ihn die Fesseln des Mittelalters, die das 15. Jahrhundert zwar gelockert, aber noch nicht völlig abgestreift, überwinden und Werke schaffen, die zum Er= freulichsten gehören, was die altdeutsche Kunst hervorgebracht. Es

sind gleichsam Knospen der deutschen Renaissance, die dann sein
Sohn Hans zu voller Blüthe erschlossen." Von ihm sind das
1507/8 gemalte Votivbild des tyrannischen Bürgermeisters Ulrich
Schwartz, von dessen Familie in die St. Ulrichs-Kirche gestiftet, jetzt
im Besitze des Banquiers von Stetten in Augsburg, die für das
Katharinen-Kloster gemalten Bilder von 1512, gemeinsam mit Burgkmair geschaffen und jetzt in der städtischen Galerie, ein Diptychon
von 1513 in Wien und der bewundernswerthe Sebastians-Altar
in München. Aus vollstem Herzen unterschreibe ich die Worte
Schnaase's über die heilige Elisabeth am Sebastians-Altare: "Jede
Kritik aber schweigt vor der Erscheinung der Landgräfin Elisabeth,
die wie eine Königin des Himmels niedergestiegen zu sein scheint,
nicht allein durch ihre Güte die Armen und Kranken, sondern durch
ihre liebliche Grazie die Blicke Aller zu erquicken. Ein unbeschreib-
licher Adel liegt in dieser Figur und doch zugleich eine solch' fromme
Innigkeit, daß man sagen muß, zu ihrer Vollendung haben sich der
Geist des Mittelalters und die Formvollendung der Renaissance die
Hand gereicht." So lernte Holbein der Vater noch bis in's späteste
Alter, trat noch als blühender Greis den Ritt in's Wunderland der
Renaissance an und hat darum gar Viele zu dem Glauben verführt,
die Werke seines Alters seien die seines jugendfrischen Sohnes.
1516 oder 17 scheint er Augsburg verlassen zu haben, lebte in sehr
dürftigen Verhältnissen und starb, wo ist unbekannt, 1524. Eine
lange Reihe von Werken hat den Meister überlebt und sein Einfluß
war in der ganzen schwäbischen Malerei mächtig. War sein Wirken
ein Proceß der Ueberwindung des älteren Kunststyls, so trat sein
Sohn, Hans der Jüngere, bereits auf den Boden der neuen Kunst,
„eroberte" nach Riehl's Worte „für seine Kunst eine neue Welt des
Naturstudiums, der klassischen Formenanmuth und der freien modernen Gedankenfülle". Er wurde der größte Portraitmaler seiner
Zeit und brachte mehr als irgend ein Zweiter die volle Schönheit
der menschlichen Gestalt und ihre mannigfache Individualität zum
beredten Ausdrucke; in seinen religiösen Compositionen überwiegt
das Wahrhaftige und rein Menschliche den kirchlichen Ton. Schon
1516 verließ er Augsburg und siedelte nach Basel über; welch
eminente Stellung hat er hier und am englischen Hofe eingenommen!
Am Populairsten aber haben ihn seine Todtentänze gemacht, gewiß

seine bedeutendste Schöpfung. 1543 erlag Hans Holbein der Pest, die in London grassirte; obgleich der größte Maler im ganzen Norden, war auch er nicht zu Vermögen gekommen. Ju einem Vergleiche Holbein's mit Dürer kommt der vortreffliche, leider so frühe geschiedene Biograph des Ersteren, Woltmann, zu dem Schlusse: „Dürer ist größer als Genius überhaupt, Holbein dagegen überlegen als Künstler oder, noch genauer, als Maler. Was Dürer schafft, ist die höchste künstlerische Offenbarung des specifisch deutschen Geistes, Holbein dagegen setzt die Kunst des Vaterlandes in Einklang mit der großen modernen Kunstentwickelung überhaupt." Holbein's Portraits, Gemälde, Holz- und Metallschnitte, Zeichnungen, Studien u. s. w. sind zahllos; in Augsburg befinden sich einige Gemälde in der städtischen Galerie u. s. w. Von einer Schule Holbein's kann man nicht reden, wenn auch natürlich mancher Künstler von dem großen Manne berührt wurde. Viel von ihm, noch mehr von Hans Burgkmair hat Christoph Amberger, der 1562 starb. Bei ihm vermählen sich oft in günstigster Weise die Einwirkung der oberitalienischen Richtung und der deutsche Charakter und so gehört zu den besten unserer Gemälde sein Altarbild von 1554 im Augsburger Dome. Leider sind seine Fresken, womit er viele Augsburger Häuserwände schmückte, z. B. an den Fuggerhäusern, durch die Zeit vernichtet worden, „sinnreiche Inventionen und Historien", die von Sandrart nicht genug preisen kann. Als Portraitmaler leistete er Vorzügliches, wie sein Bild des bekannten Kosmographen Sebastian Münster (jetzt im Berliner Museum), ein Meisterwerk, bekundet. Karl V. saß ihm 1530 in Augsburg, schätzte ihn so hoch wie Tizian und verehrte ihm anstatt der geforderten zehn dreißig Thaler sowie eine goldene Kette mit Gnadenpfennig; ich glaube, dies Bild ist jetzt in Prag; man hielt es für so gut, daß Liebhaber tausend Gulden dafür boten, um jene Zeit eine riesenhafte Summe. Auch der Niederländer Abraham de Hell ließ sich in Augsburg als Bürger nieder, kaufte sich an und wurde als Maler so geschätzt, daß sich die kaiserliche Familie 1576 in Regensburg von ihm malen ließ; er verschied in Augsburg 1598. Als Friedrich Hagenauer aus Straßburg sich in den Dreißiger Jahren des 16. Jahrhunderts in Augsburg heimisch machen wollte, als Maler und Bildhauer an vielen Höfen geschätzt, setzte ihm der Neid der eingeborenen Maler nicht wenig zu. Bekannter durch seine Holzschnitte als durch seine Bilder war Heinrich Vogtherr (1541), der später nach Straßburg übersiedelte. Der als Maler seiner Zeit gefeierte Joseph Hainz erwarb das Augsburger Bürgerrecht; nach seinen Bildern stachen die ersten Kupferstecher und Rudolph II. hielt ihn so hoch, daß er ihn nach Prag rief, wo er starb. Seine Wittwe heirathete den Casselaner Matthäus Gundelach, der mit seinen Stiefsöhnen nach Augsburg zurückkehrte und mit seinen Gemälden in Kirchen und im Rathhause sich zu hohem Ansehen brachte; sein Stiefsohn Joseph wurde in Italien als Maler berühmt und vom Papste Urban VIII. zum Ritter des goldenen Sporns erhoben. Als geschickter Landschafts- und Figurenmaler in Breughel's Manier wird Anton Mozart, denklich ein Vorfahr des Tondichters, erwähnt; unter die bedeutenderen Maler rechnete man Lorenz Stör und Thomas Maurer.

Früher weit mehr als heute, wo die Zeit unendlich viel hinweg gewischt hat, waren die Wände der Augsburger Häuser mit Fresken übermalt, aber selbst die zerrissene „Fibel" lehrt, wie Riehl so schön sagt, mehr Augsburgische Geschichte als eine Chronik. Die Augsburger Hausfresken wurden von manchen anerkannten Künstlern mit mehr Genie und Tüchtigkeit hingeworfen als andere ihrer Bilder. Die besten sind von H. Burgkmair, Altdorfer, Rottenhammer, Kager, Holzer, Licinius und Ponzano. Der Fresken der beiden Ersteren und Antonio's Ponzano an den Fuggerhäusern ist schon gedacht worden; ich spreche darum jetzt von den Anderen, die sich gleichfalls der Gunst von Geldfürsten wie Fugger erfreuten und reiche Beschäftigung fanden. Von Johann Rottenhammer's Fresken in der Grottenau zu Augsburg meint Riehl, dem seine Bilder in der Münchener Pinakothek kalt und manierirt vorkommen, sie gehörten gewiß zum Edelsten und Anmuthenbsten, was je ein Deutscher im Geiste der venetianischen Schule gemalt habe; die Composition und Zeichnung der nackten Kindergruppen, in denen die vier Jahreszeiten dargestellt werden, sei „so rein, maßvoll und lieblich, daß sie uns in die schönste Zeit der italienischen Malerei des sechzehnten Jahrhunderts zurückversetzt. Und diese Perle der Augsburgischen Hausfresken befindet sich in einem engen, dunkeln Gäßchen, wo kein Mensch venezianische Schule an den rauchigen alten Häusern sucht, von welcher es auch einem Inwohner jenes Hauses nicht geträumt

14

zu haben scheint, als er vor längerer Zeit einem der mit raphaelischer
Grazie gezeichneten Genien Rottenhammers einen Hacken durch den
Leib schlagen ließ, um ein Aushängeschild daran zu befestigen". Durch
die Lehrzeit bei Tintoretto bildete sich der Münchener Rottenhammer
zum genialen Künstler, ließ sich in Augsburg nieder und blieb
hier bis zu seinem Tode, 1623. Aus einer großen Zahl tüchtiger
Werke in und außerhalb Augsburg sei nur ein Bild von ausneh=
mender Schönheit erwähnt: die vier Flußgötter über einem Haupt=
portale des goldenen Saales auf dem Augsburger Rathhause. In
diesem Prunksaale rühren bei weitem die meisten Deckengemälde von
dem fleißigen Münchener Matthias Kager her, der das prächtige
Bild, das jüngste Gericht, im Rathszimmer lieferte. Auch als Architekt
verdienstreich, malte er in Miniatur, Wasserfarbe, Oel u. s. w.,
wurde bairischer Hofmaler, siedelte nach Augsburg über, wurde hier
Bürger und schließlich Bürgermeister. In würdevollstem Style
schmückten seine Fresken Rathhaus, Weberhaus, Stadtgefängniß und
zwei Stadtthürme und Riehl stellt abermals diese edlen Fresken
aus der sonst so trostlosen Zeit des dreißigjährigen Krieges hoch über
seine Oelgemälde, selbst über die im goldenen Saale. Leider gingen
die Fresken am Weberhause zu Grunde. Kager starb 1634. Der
Tyroler Historienmaler Johann Holzer gehört dem achtzehnten Jahr=
hunderte an, seine Fresken dürfen sich mit denen Kager's messen.
Am besten erhalten sind die des Italieners Julius Licinius, den
man den jüngeren Pordenone nach seinem bekannten Lehrer nannte
und der seit 1559 in Augsburg lebte. Sind auch seine Gemälde
vergessen, so steht doch noch frisch und wohlerhalten in der Philip=
pine=Welser=Straße die von ihm gemalte Façade, ein enormes
mythologisch=allegorisches Werk, von Riehl bezeichnet als „ein Ro=
cocostück voll der abenteuerlichsten Phantasie, dessen Sinn und Ver=
stand gewiß kein Sterblicher mehr enträthseln kann, aber bei aller
barocken Manier so übermüthig keck und mit so flottem breitem Pinsel
auf den Kalk geworfen, daß man vor Staunen über des Meisters
Muth und Vermessenheit und über manchen wahrhaft pompösen
Einzelzug erst nachträglich dazu kommt, sich über die Geschmacklosigkeit
des Ganzen zu ärgern. Hätte er viele solcher Bilder gemalt, so
würde er als der riesenhafteste Geschmacksverderber unsterblich ge=
worden sein". Ihre Hausfresken waren den alten Augsburgern

hoch und hehr; sie erschienen ihnen als künstlerisch verewigte Kunde von ihrer politischen Bedeutung und Eigenart; darum ließen sie manche in Kupfer stechen und Beschreibungen über andere drucken. An Denkmalen der Bildhauerkunst ist aus dem fünfzehnten Jahrhunderte nur wenig erhalten, einige Grabsteine im Dome und Trümmer eines Basrelief von 1415 mit einer Bildsäule des Kaisers Sigismund, das am Jakober=Thore eingemauert war. Später zeich= nete sich der Baumeister Engelberger, dessen Manier ganz gothisch war, auch als Bildhauer aus und neben einem Meister Gregori wird Adolph Dawher als Bildhauer und Bildschnitzer im Anfange des 16. Jahrhunderts genannt. Allem Anscheine nach gab es in diesem Säculum in Augsburg keine hervorragenden Bildhauer und Steinmetzen; ein Adam Krafft war hier nicht zu finden. Hingegen stand die Siegel= und Stempelschneiderei im Flore, im sechzehnten Jahrhunderte besonders vertreten durch die Familie Schweiger. Als Holz= und Elfenbeinschnitzer wurde Georg Petel, der 1634 starb, sehr hoch geschätzt und von den Fugger viel beschäftigt. In Silber= und Goldarbeiten that sich Augsburg schon frühe hervor, wie es be= kanntlich heute noch darin excellirt. Die Goldschmiede lebten nach eigenen Gesetzen und Artikeln und waren frei von Raths= und Ge= richtspflichten. Einen bedeutenden Ruf besaß der Goldschmied Georg Selb, dessen Sohn Reichs=Vicekanzler werden sollte; Christoph Steu= bitz arbeitete meisterhaft zumal Bilder und empfing 1530 von Karl V. eine Begnadigung wegen der Meisterrechte der Goldschmiede, Joachim Forster schuf die schönsten Bilder in Gold und Silber, Hans Schöbel fertigte in getriebenem Silber zwei auf mehrere tau= send Gulden geschätzte Schreibtische mit biblischen und römischen Historien. Die bairischen Herzoge bezogen besonders viel Silber= und Goldgeräthe aus Augsburg; für sie arbeiteten Andreas Attem= stett, Balduin Drentwett u. A. Kaiserliche, königliche und fürstliche Höfe beschäftigten die Augsburger Werkstätten. Ohne einem Peter Bischer sich vergleichen zu können, war Gregor Löffler ein sehr be= rühmter Erzgießer, der nicht nur Geschütze für Karl V., sondern u. a. 28 Statuen von Habsburger Fürsten goß, die auf Schloß Ambras ihre Stätte fanden. Wolfgang Neidhardt goß Bildsäulen wie Brunnen, z. B. den Neptunsbrunnen, die Brustbilder der römischen Kaiser und die Leuchter auf dem Rathhause. Am Bedeutendsten aber waren

14*

als Gießer fremde Meister, die Augsburg mit Werken ihrer Kunst und ihres Geschmackes zierten, die Niederländer Hubert Gerhard und Adrian de Vries und der Baier Johannes Reichel.

Augsburg hat in Folge seines Wasserüberflusses eine Reihe öffentlicher Brunnen und es war in früheren Jahrhunderten sein Stolz, deren mehr als irgend eine Stadt im Reiche zu besitzen; auch im Inneren der Höfe stehen viel prächtige, oft mit Metallfiguren gezierte Brunnen, was einen sehr behaglichen und gemüthlichen Eindruck hervorruft. Inmitten des Ludwigsplatzes steigt der Augustus-Brunnen empor, 1594 von Gerhard gegossen, welcher längere Zeit für die Fugger in Kirchheim und für die bairischen Herzoge gearbeitet hatte. Ueber zwölf Genien mit Delphinen, Nymphen und Flußgöttern erhebt sich Kaiser Augustus im vollen Waffenschmucke und breitet segnend die Hand aus über seine zu höchstem Glanze gelangte Colonie, die ihres römischen Ursprungs stets eingedenk blieb und darum vor allen berufen war, die Geburtsstadt des Malers der Renaissance zu werden. Gerhard's Figuren haben bei manchen Vorzügen starke Mängel, überall leuchtet falsch verstanden Michel Angelo durch. Weit vorzüglicher sind die Brunnen des 1596 von Rom berufenen de Vries in der Maximiliansstraße. Auf dem Merkursbrunnen, der 1599 vollendet wurde, steht Merkur, ein ausgezeichnetes Erzbild, wie ihm Amor die Flügel am Heroldsstabe befestigt, und auf dem Herkulesbrunnen von 1602 ein sehr manierirter kolossaler Herkules im Kampfe mit der Hydra; hier sitzen auf den Ecken des vorspringenden Gesimses drei ganz ausgezeichnete Najaden. Von Reichel endlich rühren der Heilige Kreuz-Altar in der St. Ulrichs-Kirche von 1605 und der gewaltig große Genius des Friedens, wie er den Genius des Kriegs zerschmettert, nach Anderen ein Michaël im Kampfe mit Satan, über dem Portale des Zeughauses (1607) her.

Von je her war Augsburg berühmt ob seiner herrlichen Bauten; seiner Häuser und Paläste wegen will man immer wieder die größte Aehnlichkeit mit italienischen Städten finden, voran mit der gleich Augsburg von der einstigen Höhe gesunkenen Königin der Adria.

Am 9. Juli 1830 schreibt der später so berühmte Forscher und Diplomat Prokesch von Osten aus Augsburg seinem Gönner

Friedrich von Genz: „Augsburg zeigt viel Alterthümliches. Im Entstehen und Untergange Venedig verwandt, ist es eine barbarische Ruine neben diesem eingestürzten Palaste." Es ist der Geist der Renaissance, welcher Prokesch an Italien erinnerte, jener Geist, um dessentwillen Riehl die Lechstadt „das Pompeji der Renaissance" genannt hat.

Zu den ältesten Gebäuden zählt der Dom, 994 begonnen und 1321 bis 1431 zu einer Kirche mit fünf Schiffen erweitert; die Verschiedenartigkeit der Style beeinträchtigt sehr den Eindruck; der merkwürdigen Erzthürflügel erwähnte ich schon früher. Auf dem höchst gelegenen Punkte der Stadt thront stolz die schlanke und weit ausgedehnte Kirche von St. Ulrich und St. Afra, 1467 bis 1594 erbaut; ihr hohes luftiges Mittelschiff wurde von dem am Ulmer Münster hervorragend thätigen württembergischen Architekten Burkard Engelberger, der 1512 als Augsburger Bürger und Werkmeister starb, aufgeführt. Ihn ehrten die sinnigen Augsburger, indem sie seiner Familie auf ewig eigene Kirchenstühle in dem Ulrichs- und Afra-Gotteshause einräumten.

Der späten Gothik gehört auch die 1472 bis 1510 errichtete St. Annen-Kirche an, in der wir die Gruft der Fugger besuchten.

Das interessanteste Gebäude ist unbestritten das Rathhaus, welches auf dem vorderen Giebel das Stadtwappen, die Zirbelnuß des Kaisers Augustus, trägt. Es ist ein Werk der vollen Renaissance und hat seinem Schöpfer, dem 1636 verstorbenen Stadtbaumeister Elias Holl, unsterblichen Ruhm gebracht; 1614 bis 1620 hat er es in überraschender Schnelligkeit geschaffen. Außer dem früher geschilderten goldenen Saale mit seinen Stuccaturen, Gemälden und seinem Getäfel wie den vier schönen Fürstenzimmern macht einen sehr guten Effekt das Gewölbe des unteren Saales, getragen von acht rothbraunen dorischen Marmorsäulen und geziert durch eine reiche Renaissance-Holzdecke. Wagenseil schätzt die Kosten des wundervollen Baues auf mindestens 100,000 Gulden; im dreißigjährigen Kriege wurde derselbe gerade wie der Nürnberger Rathhausbau vollendet. Auch das stattliche Zeughaus ist ein Werk Holl's von 1607, mit Broncestatuen von Reichel, wie vorhin bemerkt, geschmückt. Andere Zeugen seiner Augsburg zu neuer Gestalt führenden Thätigkeit sind verschwunden, z. B. das 1806 abgebrochene Siegelhaus mit einem als Kunstwerk gepriesenen Adler in Metallguß. Holl's Geist aber lebt in Augsburg fort, wo er die Renaissance zum vollkommenen Siege geführt hat, und sein Name ist heute noch der populairste im Volksmunde.

Der alte Augsburger und Nürnberger Kunstfleiß wie die Liebe zur Kunst gingen auch durch den dreißigjährigen Krieg nicht zu Grunde; sie feierten nach seinem Ende ihre Auferstehung aus dem Grabe, nicht aber der Geist der reichsstädtischen Selbständigkeit; er war in Nürnberg und Augsburg vernichtet. Groß und glorreich, machtvoll und gesegnet waren beide Städte im 15. und 16. Jahrhunderte die Mittelpunkte des Handels und Verkehrs wie der Kunst und Wissenschaft, leuchtende Zierden der Kaiserkrone gewesen; einmal gesunken, konnten sie den Weg zu dem Capitole des Weltruhms nicht mehr wandeln.

www.ingramcontent.com/pod-product-compliance
Lightning Source LLC
Chambersburg PA
CBHW030131030726
47498CB00007B/2649